"十四五"时期国家重点出版物出版专项规划项目

中国经济学创新成果文库

# 国家经济安全概论

主　编　李孟刚

副主编　贾晓俊　华国伟

中国教育出版传媒集团

高等教育出版社·北京

内容简介

本书在总体国家安全观框架下梳理了与国家经济安全相关的基本理论,辨析了与经济安全相关的概念,构建了国家经济安全理论体系,分别从经济制度、经济秩序、经济主权及经济发展等几个方面探讨了国家经济安全的保障目标,详细介绍了财政安全和金融安全,粮食、能源和其他重要资源安全等重要领域经济安全以及评价预警理论模型,阐述了维护国家经济安全的具体措施,构建了国家经济安全保障体系,探讨了如何统筹发展和安全以实现经济高质量发展。全书的主要内容包括:绪论,国家经济安全概述,国家经济安全理论体系,国家经济安全的保障目标,财政安全和金融安全,粮食、能源和其他重要资源安全,其他重要领域安全,国家经济安全评价与预警,维护国家经济安全,统筹经济发展和经济安全等。

本书在框架内容上有所创新,既保持了本学科经典的理论基础和内容,又结合新形势、新问题增加了新的研究内容和方法,拓宽和丰富了国家经济安全的理论及应用研究。

本书既可以作为普通高等学校国家安全学、经济学、管理学类本科生的专业教学用书和全校通识课程教材,也可以供相关专业研究生作为参考用书,还可以作为广大党员干部学习国家经济安全知识、提高经济安全意识的培训教材。

## 图书在版编目(CIP)数据

国家经济安全概论/李孟刚主编;贾晓俊,华国伟副主编.--北京:高等教育出版社,2022.11
ISBN 978-7-04-059514-7

Ⅰ.①国… Ⅱ.①李… ②贾… ③华… Ⅲ.①中国经济-经济安全-高等学校-教材 Ⅳ.①F125.7

中国版本图书馆 CIP 数据核字(2022)第 210397 号

国家经济安全概论
Guojia Jingji Anquan Gailun

| 策划编辑 | 于 明 施春花 | 责任编辑 | 施春花 | 封面设计 | 李小璐 | 版式设计 | 杨 树 |
| 责任绘图 | 于 博 | 责任校对 | 刁丽丽 | 责任印制 | 田 甜 | | |

| 出版发行 | 高等教育出版社 | | 网 址 | http://www.hep.edu.cn |
| 社 址 | 北京市西城区德外大街 4 号 | | | http://www.hep.com.cn |
| 邮政编码 | 100120 | | 网上订购 | http://www.hepmall.com.cn |
| 印 刷 | 中煤(北京)印务有限公司 | | | http://www.hepmall.com |
| 开 本 | 787mm×1092mm 1/16 | | | http://www.hepmall.cn |
| 印 张 | 14.5 | | | |
| 字 数 | 320 千字 | | 版 次 | 2023 年 1 月第 1 版 |
| 购书热线 | 010-58581118 | | 印 次 | 2023 年 11 月第 2 次印刷 |
| 咨询电话 | 400-810-0598 | | 定 价 | 39.00 元 |

# 前　言

当今世界正经历百年未有之大变局,新一轮科技革命和产业变革深入发展,国际力量对比深刻调整,和平与发展仍然是时代主题,人类命运共同体理念深入人心。与此同时,国际环境日趋复杂,不稳定性不确定性明显增加,新冠肺炎疫情影响广泛深远,经济全球化遭遇逆流,世界进入动荡变革期,单边主义、保护主义、霸权主义对世界和平与发展构成威胁。为此,如何统筹好发展和安全这两件大事,成为当前和今后一段时期需要我们深入研究和解决的重大课题。

国家经济安全作为国家安全体系的重要组成部分,是国家安全的基础,是对国家、民族经济利益的维护和拓展,是国家和民族最基本的生存安全,是决定国际安全关系的基础。20世纪80年代以来,经济全球化迅猛发展,各国经济相互依存度不断提高,由此导致国家经济安全的战略地位越发凸显,其不仅成为制定对外政策的重要依据,还成为制定国家战略的重要目标;不仅改变着各国的行为方式,还重塑了国际对抗模式。特别是随着2018年中美贸易摩擦、高新技术产业脱钩等逆全球化行径的出现,使得传统国家经济安全的相关理论已不能更好地阐释和分析现实问题,亟须以总体国家安全观为支撑,丰富国家经济安全的内涵和外延,提高经济安全风险识别和评估能力,实现中国经济高质量发展。

本书结合现实对国家经济安全的相关知识进行了系统、全面的阐述,针对重要领域经济安全问题,在党中央统筹发展与安全政策指引下,在科学研判我国国家经济安全与发展态势的基础上,从经济制度、经济秩序、经济主权及经济发展等几个方面探讨了国家经济安全的保障目标,详细介绍了与国家经济安全息息相关的财政安全和金融安全,粮食、能源和其他重要资源安全等重要领域经济安全问题。

我国经济社会发展面临的外部环境正在发生复杂而严峻的深刻变化,加强经济安全风险预警、防控机制和能力建设变得日益紧迫,针对这些现实问题,本书尝试科学筛选经济安全评价与预警指标、梳理评价与预警方法、构建经济安全评价与预警模型,以实现对国家经济安全发展的模拟、仿真与预测。为切实保障国家经济安全,本书还致力于从基本经济制度、新型举国体制、法律制度体系、国际通行规则、威胁识别评估、模拟仿真预警等方面系统搭建国家经济安全保障体系。

本书的最大特色和亮点是:第一,以总体国家安全观为指引和统领,将国家经济安全作为国家安全体系的有机组成部分进行研究。本书立足新型国家安全观,基于历史的梳理和当今新的经济安全业态,从宏观的角度研究国家经济安全,总结中国经济发展的理论,客观地反映了党的十八大以来经济社会发展中存在的各种现象和主旋律,及时反映了党的二十大报告中有关国家经济安全的最新精神,体现了国家经济安全的核心思想,符合时代的精神。第二,将统筹发展和安全思想贯穿于国家经济安全研究,对经济发展与经济安全问题进行了统筹研究。通过发展的成果可以夯实国家实力基础、不断提高抵御风险能力,秉持安全的思维理念体系、用安全的办法去解决问题,在发展中保安全、在安全中促发展。

本书由北京交通大学国家经济安全研究院院长李孟刚任主编,贾晓俊、华国伟任副主编,由国家经济安全研究院、国家经济安全预警工程北京实验室、北京产业安全与发展研究基地及几位长期从事经济安全研究的学者共同编写完成。具体分工为:贾晓俊、孙宇负责绪论;马文军、贾晓俊、孙宇负责第一章及第二章;唐赛负责第三章、第四章、第五章及第六章除第一节外的其他内容;苗跃学和宋光负责第六章第一节;贾晓俊负责第七章;孙宇负责第八章;李霞负责第九章。国家经济安全研究院的张英杰、高伟珍、周璇等参与了后期校稿工作。在此基础上,由李孟刚、贾晓俊、华国伟对全书文稿进行统筹、定稿,并对部分章节进行了增删及修改。

在此衷心感谢中国科学院汪寿阳研究员、北京师范大学汪明教授、陕西师范大学马瑞映教授、吉林大学肖晞教授等对本书提出的宝贵意见,特别感谢高等教育出版社在本书编写、出版过程中给予的建议和帮助! 在本书编写过程中我们参阅了多方面的著述和研究资料,在此一并表示感谢!

2020 年 12 月 30 日,国务院学位委员会、教育部决定设置"交叉学科"门类"国家安全学"一级学科,国家安全学科作为新型交叉学科的设立为国家安全学科发展提供了重要战略机遇。希望本书能为国家开展安全教育及培养安全人才服务,为培养总体国家安全观指导下的国家安全理论研究人员与实务人才等目标服务。编写一部兼具理论、实践应用以及创新性的教材是一项艰巨的系统性工程,书中不足之处竭诚欢迎各位同行专家和广大读者批评指正。

李孟刚

2022 年 10 月 18 日

# 目　录

绪论 ……………………………………………………………………………………… 1

　　一、世界正经历"百年未有之大变局" ………………………………………… 1

　　二、国家经济发展步入重大风险凸显期 ………………………………………… 2

　　三、经济安全是国家安全的基础 ………………………………………………… 7

　　四、产业安全是经济安全的核心 ………………………………………………… 10

　　五、总体国家安全观是维护国家经济安全的根本遵循和行动指南 …………… 13

　　六、坚持统筹发展和安全,有效筑牢国家经济安全屏障 ……………………… 14

第一章　国家经济安全概述 …………………………………………………………… 15

　　第一节　国家经济安全的内涵、特征及主要表现形式 ………………………… 15

　　　　一、国家经济安全的定义 ………………………………………………… 15

　　　　二、国家经济安全的内涵 ………………………………………………… 17

　　　　三、国家经济安全的特征 ………………………………………………… 18

　　　　四、国家经济安全的主要表现形式 ……………………………………… 20

　　第二节　国家经济安全辨析 …………………………………………………… 22

　　　　一、经济风险与金融风险 ………………………………………………… 22

　　　　二、系统性经济风险与系统性金融风险 ………………………………… 23

　　　　三、经济危机与金融危机 ………………………………………………… 23

　　　　四、经济风险、系统性经济风险、经济危机与经济安全的关系 ………… 24

　　第三节　国家经济安全与其他领域安全的逻辑关系 ………………………… 24

第二章　国家经济安全理论体系 ……………………………………………………… 27

　　第一节　国家经济安全理论体系构成要义 …………………………………… 27

　　　　一、国家经济安全理论体系的直接构成要义 …………………………… 28

　　　　二、国家经济安全理论体系的间接构成要义 …………………………… 28

　　第二节　西方经济学中有关国家经济安全的观点 …………………………… 32

　　　　一、重商主义时期经济安全实践的早期萌芽 …………………………… 32

　　　　二、古典和新古典经济学派有关经济安全的分析 ……………………… 33

　　　　三、幼稚产业保护理论与国家经济安全 ………………………………… 34

四、贸易保护主义与国家经济安全 ⋯⋯⋯⋯⋯⋯⋯⋯⋯⋯⋯⋯⋯⋯⋯⋯⋯ 35

五、经济安全逐步上升至国家安全战略范畴 ⋯⋯⋯⋯⋯⋯⋯⋯⋯⋯⋯⋯ 36

第三节 马克思主义经典作家关于国家经济安全的思想与实践 ⋯⋯⋯⋯⋯⋯ 38

一、马克思主义政治经济学有关国家经济安全的思想 ⋯⋯⋯⋯⋯⋯⋯⋯ 38

二、列宁关于国家经济安全的有关思想及实践 ⋯⋯⋯⋯⋯⋯⋯⋯⋯⋯⋯ 39

第四节 中国共产党有关国家经济安全的思想与实践 ⋯⋯⋯⋯⋯⋯⋯⋯⋯⋯ 40

一、启蒙阶段:新民主主义革命时期 ⋯⋯⋯⋯⋯⋯⋯⋯⋯⋯⋯⋯⋯⋯⋯ 41

二、探索阶段:社会主义革命和建设时期 ⋯⋯⋯⋯⋯⋯⋯⋯⋯⋯⋯⋯⋯ 43

三、发展完善阶段:改革开放和社会主义现代化建设新时期 ⋯⋯⋯⋯⋯ 44

四、成熟阶段:中国特色社会主义新时代 ⋯⋯⋯⋯⋯⋯⋯⋯⋯⋯⋯⋯⋯ 45

第五节 总体国家安全观与国家经济安全 ⋯⋯⋯⋯⋯⋯⋯⋯⋯⋯⋯⋯⋯⋯⋯ 46

一、经济安全是国家安全体系的重要组成部分 ⋯⋯⋯⋯⋯⋯⋯⋯⋯⋯⋯ 47

二、国家经济安全与其他领域安全紧密联系 ⋯⋯⋯⋯⋯⋯⋯⋯⋯⋯⋯⋯ 48

三、处理好发展与安全的关系 ⋯⋯⋯⋯⋯⋯⋯⋯⋯⋯⋯⋯⋯⋯⋯⋯⋯⋯ 48

四、统筹好经济发展和经济安全 ⋯⋯⋯⋯⋯⋯⋯⋯⋯⋯⋯⋯⋯⋯⋯⋯⋯ 49

第三章 国家经济安全的保障目标 ⋯⋯⋯⋯⋯⋯⋯⋯⋯⋯⋯⋯⋯⋯⋯⋯⋯⋯⋯ 51

第一节 保证基本经济制度安全 ⋯⋯⋯⋯⋯⋯⋯⋯⋯⋯⋯⋯⋯⋯⋯⋯⋯⋯⋯ 51

一、社会主义市场经济体制 ⋯⋯⋯⋯⋯⋯⋯⋯⋯⋯⋯⋯⋯⋯⋯⋯⋯⋯⋯ 51

二、社会主义初级阶段的基本经济制度 ⋯⋯⋯⋯⋯⋯⋯⋯⋯⋯⋯⋯⋯⋯ 52

三、社会主义初级阶段的分配制度 ⋯⋯⋯⋯⋯⋯⋯⋯⋯⋯⋯⋯⋯⋯⋯⋯ 55

四、实现基本经济制度安全的途径与方法 ⋯⋯⋯⋯⋯⋯⋯⋯⋯⋯⋯⋯⋯ 56

第二节 经济秩序安全 ⋯⋯⋯⋯⋯⋯⋯⋯⋯⋯⋯⋯⋯⋯⋯⋯⋯⋯⋯⋯⋯⋯⋯ 59

一、生产领域秩序安全 ⋯⋯⋯⋯⋯⋯⋯⋯⋯⋯⋯⋯⋯⋯⋯⋯⋯⋯⋯⋯⋯ 60

二、流通领域秩序安全 ⋯⋯⋯⋯⋯⋯⋯⋯⋯⋯⋯⋯⋯⋯⋯⋯⋯⋯⋯⋯⋯ 62

三、其他领域秩序安全 ⋯⋯⋯⋯⋯⋯⋯⋯⋯⋯⋯⋯⋯⋯⋯⋯⋯⋯⋯⋯⋯ 65

四、实现经济秩序安全的途径与方法 ⋯⋯⋯⋯⋯⋯⋯⋯⋯⋯⋯⋯⋯⋯⋯ 66

第三节 经济主权安全 ⋯⋯⋯⋯⋯⋯⋯⋯⋯⋯⋯⋯⋯⋯⋯⋯⋯⋯⋯⋯⋯⋯⋯ 69

一、抵御外来经济威胁 ⋯⋯⋯⋯⋯⋯⋯⋯⋯⋯⋯⋯⋯⋯⋯⋯⋯⋯⋯⋯⋯ 69

二、实现经济主权安全的途径与方法 ⋯⋯⋯⋯⋯⋯⋯⋯⋯⋯⋯⋯⋯⋯⋯ 71

第四节 经济发展安全 ⋯⋯⋯⋯⋯⋯⋯⋯⋯⋯⋯⋯⋯⋯⋯⋯⋯⋯⋯⋯⋯⋯⋯ 77

一、存在发生经济危机的风险 ⋯⋯⋯⋯⋯⋯⋯⋯⋯⋯⋯⋯⋯⋯⋯⋯⋯⋯ 78

二、防范化解经济危机风险 ⋯⋯⋯⋯⋯⋯⋯⋯⋯⋯⋯⋯⋯⋯⋯⋯⋯⋯⋯ 79

三、实现经济发展安全的途径与方法 ⋯⋯⋯⋯⋯⋯⋯⋯⋯⋯⋯⋯⋯⋯⋯ 81

第四章 财政安全和金融安全 ⋯⋯⋯⋯⋯⋯⋯⋯⋯⋯⋯⋯⋯⋯⋯⋯⋯⋯⋯⋯⋯ 87

第一节 财政安全 ⋯⋯⋯⋯⋯⋯⋯⋯⋯⋯⋯⋯⋯⋯⋯⋯⋯⋯⋯⋯⋯⋯⋯⋯⋯ 87

一、财政安全的内涵 ⋯⋯⋯⋯⋯⋯⋯⋯⋯⋯⋯⋯⋯⋯⋯⋯⋯⋯⋯⋯⋯⋯ 88

二、财政安全的影响因素 …………………………………………………… 90

三、强化财政安全的途径 …………………………………………………… 92

第二节 金融安全 …………………………………………………………… 93

一、金融安全的内涵 ………………………………………………………… 93

二、我国金融安全的总体情况 ……………………………………………… 95

三、金融安全的影响因素 …………………………………………………… 96

四、强化金融安全的途径 …………………………………………………… 99

第五章 粮食、能源和其他重要资源安全 ……………………………… 102

第一节 粮食安全 …………………………………………………………… 102

一、粮食安全的内涵 ………………………………………………………… 103

二、我国粮食安全的总体状况 ……………………………………………… 104

三、我国粮食安全的主要问题 ……………………………………………… 106

四、我国粮食安全的主要工作及进展 ……………………………………… 108

五、强化粮食安全的途径 …………………………………………………… 109

第二节 能源安全 …………………………………………………………… 110

一、我国能源安全的总体情况 ……………………………………………… 111

二、我国能源安全的主要问题 ……………………………………………… 112

三、我国能源安全的主要工作及进展 ……………………………………… 114

四、强化能源安全的途径 …………………………………………………… 115

第三节 其他重要资源安全 ………………………………………………… 116

一、水资源安全 ……………………………………………………………… 116

二、其他战略物资安全 ……………………………………………………… 122

第六章 其他重要领域安全 …………………………………………… 127

第一节 产业链供应链安全 ………………………………………………… 127

一、产业链供应链安全的内涵、重要性与研究意义 ……………………… 127

二、我国产业链供应链安全的现状 ………………………………………… 130

三、我国产业链供应链安全面临的机遇和挑战 …………………………… 131

四、提升产业链供应链韧性与安全水平的途径 …………………………… 132

第二节 国际贸易安全 ……………………………………………………… 133

一、国际贸易安全的内涵 …………………………………………………… 134

二、国际贸易安全的影响因素 ……………………………………………… 134

三、强化国际贸易安全的途径 ……………………………………………… 138

第三节 海外利益安全 ……………………………………………………… 140

一、海外利益的内涵 ………………………………………………………… 140

二、中国海外利益的现状 …………………………………………………… 140

三、中国海外利益面临的风险 ……………………………………………… 143

　　　四、强化中国海外利益的途径 ·························································· 144

　第四节　支柱产业安全 ······································································ 146

　　　一、半导体产业的介绍 ·································································· 147

　　　二、半导体产业的发展特点 ·························································· 148

　　　三、半导体产业面临的风险 ·························································· 151

　　　四、强化半导体产业安全的途径 ···················································· 152

第七章　国家经济安全评价与预警 ······················································ 154

　第一节　国家经济安全评价与预警指标体系 ·········································· 154

　　　一、国家经济安全评价与预警指标体系设计 ······································ 154

　　　二、大数据时代下经济安全评价与预警面临巨大机遇和挑战 ·················· 156

　　　三、国家经济安全评价与预警指标体系设计的原则 ····························· 157

　　　四、国家经济安全评价与预警指标体系的建立 ··································· 157

　第二节　国家经济安全评价与预警方法 ················································ 158

　　　一、国家经济安全评价方法 ·························································· 158

　　　二、国家经济安全预警方法 ·························································· 160

　第三节　国家经济安全评价与预警模型 ················································ 162

　　　一、国家经济安全评价模型 ·························································· 162

　　　二、国家经济安全预警模型 ·························································· 162

　第四节　国家经济安全态势预判 ························································· 164

　　　一、我国所处国内外形势的重大判断 ·············································· 164

　　　二、我国经济安全面对的挑战 ······················································ 166

　　　三、识别重大系统性风险 ···························································· 167

　第五节　国家经济安全模拟、仿真、预测 ············································· 168

　　　一、国家经济安全模拟、仿真 ······················································ 168

　　　二、国家经济安全预测 ······························································· 169

第八章　维护国家经济安全 ······························································· 172

　第一节　坚持党对经济工作的领导,保证基本经济制度安全 ······················ 172

　　　一、以政治建设为统领,加强党对国家经济工作的全面领导 ·················· 173

　　　二、坚持和完善社会主义基本经济制度 ··········································· 174

　第二节　充分发挥新型举国体制的制度保障优势 ····································· 174

　　　一、举国体制以实现国家利益为根本目标 ········································· 175

　　　二、制度优势结合市场机制,构建新型举国体制 ································· 175

　　　三、发挥新型举国体制优势,保障国家经济安全 ································· 176

　第三节　健全国家经济安全法律制度体系 ············································· 177

　　　一、坚持依法维护国家经济安全 ···················································· 177

　　　二、我国国家经济安全法律体系初具雏形,仍亟待完善 ······················ 178

三、以《国家安全法》为基础,积极构建国家经济安全法律体系 ················ 179

第四节 坚持高水平对外开放,运用国际通行规则维护国家安全 ················ 180

一、有序扩大服务业市场开放 ················ 180

二、推动规则等制度型开放 ················ 180

三、积极构建多双边经贸合作关系,深度参与国际规则制定 ················ 181

四、完善外商投资负面清单管理制度,有序引导我国对外直接投资 ················ 182

五、优化海关服务,促进更高水平对外开放 ················ 183

第五节 大力提高安全威胁识别与评估能力 ················ 183

一、全面提升安全威胁识别能力 ················ 183

二、完善安全威胁评估方法体系 ················ 185

第六节 建立基于模拟仿真等科学手段的安全风险预警机制 ················ 189

一、预警指标体系在国家经济安全中的作用 ················ 189

二、积极构建基于模拟仿真等科学手段的安全风险预警方法体系 ················ 190

第九章 统筹经济发展和经济安全 ················ 192

第一节 深化供给侧结构性改革 经济迈入高质量发展阶段 ················ 192

一、供给侧结构性改革的重要意义 ················ 192

二、供给侧结构性改革的主要内容 ················ 193

三、供给侧结构性改革的主要成效 ················ 196

第二节 把握新发展阶段 推动发展与安全深度融合 ················ 199

一、新发展阶段的提出 ················ 199

二、准确理解新发展阶段 ················ 199

三、新发展阶段的战略要求 ················ 203

第三节 贯彻新发展理念 增强安全发展能力 ················ 204

一、贯彻新发展理念的重要意义 ················ 204

二、把握新发展理念的主要内容 ················ 206

三、落实新发展理念的具体要求 ················ 208

第四节 构建新发展格局 牢牢把握发展底线 ················ 210

一、构建新发展格局的重要意义 ················ 210

二、把握新发展格局的主要内容 ················ 212

三、构建新发展格局的主要路径 ················ 213

主要参考文献 ················ 217

# 绪论

　　当今人类社会已进入经济全球化、世界多极化的发展阶段,世界正经历"百年未有之大变局"。这是一个充满不确定性,同时又极具前瞻性的变化。霸权秩序的终结是百年未有之大变局的重要内容之一,新冠肺炎疫情的出现加速了这一进程或者说是重要的分水岭,国际力量对比格局发生深刻变化,我们必须做好应对新挑战的准备!

　　在此大背景下,保护主义、单边主义上升,世界经济低迷,全球产业链、供应链因非经济因素影响而面临重大冲击,国际经济、科技、文化、安全、政治等格局都在发生深刻调整,世界进入动荡变革期。今后一个时期,我国经济领域无疑将面对更加复杂多变且极具挑战性的外部环境,必须做好应对一系列新的风险挑战的准备。

　　做好新时代国家经济安全保障工作,要求我们以马克思主义为指导,加强国家经济安全理论的学习研究,培养大批立足中国、放眼世界、政治坚定、理论精湛、业务过硬的经济研究及管理人才。系统学习国家经济安全相关知识,了解国家经济安全理论产生与发展的历史脉络,掌握其基本概念、基本理论,尤其是总体国家安全观下的经济安全理论,并在系统深入学习国家经济安全主要内容的基础上,重点关注金融安全,粮食、能源和重要资源安全,以及产业链供应链安全、国际贸易安全、海外利益安全,从而理解并能熟练运用国家经济安全预警与评价方法,对于维护我们国家的经济安全,统筹发展和安全这两件大事具有重要的意义。

## 一、世界正经历"百年未有之大变局"

　　基于对当今时代潮流和国际大势的正确认识,着眼于中国未来中长期发展,2017 年 12 月,习近平在接见回国参加 2017 年度驻外使节工作会议代表时首次提出了"百年未有之大变局"的重要论断。2018 年 12 月,在中央经济工作会议上,习近平提出"变局中危和机同生并存"。此后,习近平又在一些重要会议和场合多次强调"百年未有之大变局"这一论断。

　　"百年未有之大变局"这一论断,是一个崭新的世界观和发展观,内含多方面的重大理论和政策要素。从历史纵深看,大变局本质上是指国际力量的对比变化,其动力来自制度变革、生产力发展和综合国力的提升,其在根本上是由创新型发展和先进生产力决定的。当今世界,一大批新兴经济体和发展中国家出现群体性崛起,世界上最强的国家美国正在从一个常量成为世界最大的变量,西方国家内部正出现前所未有的分化,多边主义与单边主义在全球范围内展开激烈较量,科学技术的进步和发展在大变局中的助推作用空前。这就告诉我们,中国在依据"百年未有之大变局"做出国家重大战略和政策决策时,一定要特别关注新的国际因素、考虑新的合作发展的可能。"百年未有之大变局"是中国选择更加主动、更具活力、更加先进、更加高效的开放经济模式的良好大环境、大背景,其核心是要发展更高层次的开放型经济。习近平指出:"要高举和平、发展、合作、共赢的旗帜,统筹国内国际两个大局,统筹发展安全两件大事,牢牢把握坚持和平发展、促进民族复兴这条主线,维护国家主权、安全、发展利益,为和平发展营造更加有利的国际环境,维护和延长我国发展的重要战略机遇期,为实现'两个一百年'奋斗目标、实现中华民族伟大复兴的中国梦提供有力保障。"①

百年未有之大变局下,我国面临更为严峻的国家安全形势,外部压力前所未有,传统安全威胁和非传统安全威胁相互交织,"黑天鹅""灰犀牛"事件时有发生。同形势任务要求相比,我国维护国家安全能力不足,应对各种重大风险能力不强,维护国家安全的统筹协调机制不健全。

习近平强调,中国特色社会主义进入新时代,面对百年未有之大变局,中国需要在正确认识当今时代潮流和国际大势的基础上,建立更加良好的国际关系,充分利用好国际资源,更高效地利用国际市场来发展中国。"国家安全和社会稳定是改革发展的前提。只有国家安全和社会稳定,改革发展才能不断推进。"②

当前,我国国家安全内涵和外延比历史上任何时候都要丰富,时空领域比历史上任何时候都要宽广,内外因素比历史上任何时候都要复杂。新冠肺炎疫情、大国博弈及主要强国"对冲"战略决策实施的常态化使得世界处于"不安的和平",未来国际秩序可能长期处于失序状态。随着当今世界不确定性的增大,逆全球化现象不断从经济领域扩展到社会、政治、环境、文化等诸多领域,给人类社会带来了普遍性的危害。国家经济安全作为国家安全体系的重要组成部分及基础,在很大程度上影响着国家总体安全,有必要对其进行系统深入研究。

## 二、国家经济发展步入重大风险凸显期

当下中国的发展建设取得了巨大成就,党的十九届六中全会指出,我国经济实力、科技实力、综合国力跃上新的大台阶,经济运行总体平稳,经济结构持续优化,脱贫攻坚成果举世瞩目,全面建成小康社会取得决定性成就,中华民族伟大复兴向前迈出了新的一大步,为开启全面建设社会主义现代化国家新征程奠定了坚实基础。然而我们必须同时看到,我国发展环境面临的深刻复杂变化,不稳定性不确定性明显增加,对国家经济安全形成了重大潜在影响和风险挑战。2022年10月16日,习近平在党的二十大报告中指出:"当前,世界之变、时代之变、历史之变正以前所未有的方式展开……人类社会面临前所未有的挑战。世界又一次站在历史的十字路口,何去何从取决于各国人民的抉择。"③

① 《习近平关于总体国家安全观论述摘编》,中央文献出版社2018年版,第7页。
② 中共中央文献研究室:《关于〈中共中央关于全面深化改革若干重大问题的决定〉的说明》//《十八大以来重要文献选编》(上),中央文献出版社2014年版,第506页。
③ 习近平:《高举中国特色社会主义伟大旗帜 为全面建设社会主义现代化国家而团结奋斗——在中国共产党第二十次全国代表大会上的报告》,人民出版社2022年版,第60页。

### (一) 国家经济安全问题日益凸显

随着中国经济融入全球化程度的不断加深,中国国家经济安全必将面临越发复杂多变的国际环境。国家经济安全是国家安全体系的重要组成部分,是国家安全的基础,是政治安全和军事安全的依托。从20世纪80年代开始,经济全球化迅速发展,随着全球经济相互依存度的不断提高,国家经济安全的战略地位越发凸显,其不仅成为制定对外政策的重要依据,还成为制定国家战略的重要目标;不仅改变着各国的行为方式,还重塑了国际对抗模式。

当前,我国发展正处于重要战略机遇期,同时也进入重大风险凸显期。在形势总体可控情况下,"危"与"机"并存,风险与时势交织,老问题与新情况叠加,所处环境更加复杂,面临的挑战更加严峻,肩负的责任也更加艰巨。若发生系统性、全局性、颠覆性的重大风险而无法化解,则中华民族伟大复兴进程就有可能出现滞缓甚至被迫中断。

我们所处的国内外环境正在经历深刻变化,世界多极化、经济全球化、社会信息化、文化多样化正深入发展,但与此同时,各类风险挑战也在加速累积,对国家经济安全形成重大潜在影响和风险挑战,"不安的和平"已经成为国际社会必须面对的新常态,世界局势的动荡性、不平衡性、不确定性更加突出。世界经济增长动能不足,霸权主义、单边主义、保护主义明显上升,大国竞争更趋激烈,地区热点此起彼伏,恐怖主义、网络安全、重大公共卫生安全、气候变化等非传统安全威胁持续蔓延。各种思潮、各种力量在经济持续低迷、贫富分化加剧中碰撞,又进一步激化了世界长期存在的不平等、不均衡的结构性矛盾。中国和平发展、"一带一路"倡议顺利实施无疑会带来利益格局调整和国际体系变革,由此一些国家的心态和行为变得极为复杂,它们既期待中国为不稳定的世界贡献力量,又担心中国实力的增长会重蹈"国强必霸"的覆辙。以美国为代表的西方霸权国家秉持强权政治的战略惯性,视中国为全球首要战略竞争对手,从政治、经济、贸易、外交、安全等多领域实施围堵,以期延缓甚至阻碍中国复兴进程。"必须清醒地看到,新形势下我国国家安全和社会安定面临的威胁和挑战增多,特别是各种威胁和挑战联动效应明显。我们必须保持清醒头脑、强化底线思维,有效防范、管理、处理国家安全风险,有力应对、处置、化解社会安定挑战。"[①]

中国特色社会主义进入新时代,中华民族迎来了从站起来、富起来到强起来的伟大飞跃。当前中国正处于"由大向强、将强未强"的关键时期,既面临过去长期积累而成的矛盾,又面临在解决旧矛盾过程中新产生的矛盾,如发展不平衡不充分的突出问题尚未解决、经济新常态带来系列挑战、城乡区域发展和收入分配差距依然较大、生态环境保护任重道远、社会矛盾和问题交织叠加、国家治理体系和治理能力有待加强等。另外,随着国家实力和国际影响力显著提升,中国国家利益边界发生历史性变化,已经从国门内走到国门外,有着越来越多的海外利益需要维护,国家安全边界和维护国家利益的能力亟待拓展。

国内、国际两个大局之间的联系前所未有地紧密,风险的联动性、倒灌性、放大性更加显著。习近平指出:"我们面临的重大风险,既包括国内的经济、政治、意识形态、社会风险以及

---

① 《习近平关于总体国家安全观论述摘编》,中央文献出版社2018年版,第6页。

来自自然界的风险,也包括国际经济、政治、军事风险等。"①必须清醒地看到,新形势下各种威胁和挑战的联动效应显著增强,国际风险演化为国内风险的倒灌趋势明显上升。境内外敌对势力和反华势力加强勾连聚合,呈现跨境联动、网络协同、跨群体合流的新动向。重点领域各种社会矛盾交织叠加,在一些方面还存在短板的情况下,极易在外部风险"诱导"下升级放大。作为有全球影响力、辐射力的世界大国,中国在做好自己事情的同时,还要积极参与全球安全治理,以有效举措、具体行动为防控全球性风险贡献智慧和力量。

### (二)引致国家经济安全问题凸显的外部因素

当前国际环境日趋复杂,新冠肺炎疫情暴发冲击、经济全球化遭遇逆流、世界急剧动荡变革等,都对国家经济安全形成了重大潜在影响和风险挑战。

第一,新冠肺炎疫情暴发冲击。2019年12月新冠肺炎疫情暴发后,各国封锁措施一度使经济大面积停摆、失业率飙升。疫情缓解后解封重启经济虽然使GDP总量大幅反弹,但也造成疫情强烈反扑。一些国家被迫重新"禁足",经济活动再次收缩。更多国家在"保生命"和"保生计"之间的艰难平衡中更倾向于后者,但经济"带病上岗",复苏势头明显减缓。

受新冠肺炎疫情冲击,2020年世界经济出现了深度衰退。一是全球GDP大幅负增长。据国际货币基金组织估计,2020年全球GDP增长率按购买力平价(PPP)计算约为-4.4%。这是第二次世界大战结束以来世界经济最大幅度的产出萎缩。二是失业率明显上升。疫情暴发前,世界主要经济体的失业率均处于历史低位。疫情暴发后,很多国家失业率明显上升。秋冬季疫情反弹,全球失业状况进一步恶化。三是国际贸易显著萎缩。受中美两国经贸摩擦以及美国与其他国家的贸易冲突影响,全球国际贸易在2019年出现了萎缩。2020年受新冠肺炎疫情冲击,国际贸易继续萎缩,且萎缩幅度显著扩大。四是国际直接投资断崖式下跌。2020年上半年,全球FDI流入额比上年同期下降49%。据联合国贸发会议统计,2020年全球国际直接投资流量比2019年大幅下降40%。

相比2008年国际金融危机后的经济恢复,2021年及之后年份的全球经济反弹难言强劲。复苏预计将很不平衡,将对世界经济格局演变产生深远的影响。②

第二,经济全球化遭遇逆流。2008年国际金融危机爆发之后,发达国家民粹主义盛行,保守政策增多增强,经济全球化出现逆流。"占领华尔街"运动曾一度波及几乎所有发达国家,只是当时还停留在民间层面。经过近十年的积累,民粹主义上升到国家层面,开始成为一些发达国家的主流意识形态。

如果说以"占领华尔街"运动为标志的反全球化指向的是国内收入分配不平等,随后一批西方政界人士则利用民粹主义倾向,把国内收入分配问题归咎于外部冲击。在他们看来,以新兴经济体为代表的发展中国家从全球化中获益相对更大,而发达国家获益相对过

---

① 《习近平关于社会主义经济建设论述摘编》,中央文献出版社2017年版,第324页。
② 陆晓明、吴丛司、李志兰:《2020年全球经济形势分析及2021年展望》,《新华财经年报》2020年12月21日;中国社会科学院世界经济与政治研究所课题组:《2021年世界经济增速将明显反弹》,《经济日报》2021年1月1日。

小。这种相对收益分配不均的原因被归结为规则本身出了问题或发展中国家破坏了现有规则。于是以美国为首的西方发达国家不断质疑自由贸易原则,倡导所谓的公平贸易原则。他们从多边主义开始转向区域主义,少数国家进而转向单边主义和保护主义。特别地,新冠肺炎疫情暴发冲击使各国政府和依赖国际供应的企业均认识到外部供应链中断带来的安全风险,供应链安全成为各国政府和企业考虑全球供应链布局的重要因素。全球供应链由此朝向三个方向发展,即更加自给自足的供应、更加多元化的供应、更加伙伴化的供应,从而进一步加剧经济全球化逆流进程。

第三,世界加剧动荡变革。受新冠肺炎疫情冲击等诸因素影响,各国内外矛盾相互激荡,世界变得更加动荡不定,风险和挑战增多增大,考验着各国的政治和外交智慧。世界不确定性增加,秩序之争趋于激烈,"中国因素"更加凸显。地缘政治对抗可能由目前的"东急西重"演变为"东急西缓"。美国两线出击,在欧洲和亚太地区均加强防御和威慑能力,同时与中俄加强战略对抗,俄欧关系有望逐步走向缓和。日本积极拓展战略空间并加强对华行动,在安理会改革、南海问题上成为"麻烦制造者",并插手东南亚、南亚、中亚、缓和日俄关系,加大对华制衡与掣肘。国际政治环境更趋复杂严峻。西方政治生态进一步恶化,民粹主义、极端主义、保守主义、分离主义将继续兴风作浪。美国的政治走向,欧盟的一体化前景,日本的修宪扩军,都具有不确定性。发展中国家可能爆发更多危机。这将对国际政治环境和国际关系产生复杂影响。全球治理将在艰难中继续推进,大国关系的两面性将继续发展,世界更加动荡不定,各国愈发难以独善其身。[①]

当前,新冠肺炎疫情全球大流行使"百年未有之大变局"加速变化,保护主义、单边主义上升,世界经济低迷,全球产业链、供应链因非经济因素而面临冲击,国际经济、科技、文化、安全、政治等格局都在发生深刻调整,世界进入了动荡变革期。

### （三）引致国家经济安全问题凸显的内部因素

就国家经济安全的外部因素而言,我国已转向高质量发展阶段,继续发展具有多方面优势和条件。然而我国发展不平衡不充分问题仍然突出,重点领域关键环节改革任务仍然艰巨,对国家经济安全形成了重大潜在影响。

第一,创新能力不适应高质量发展要求。农业方面,我国虽是农业大国,但依旧有很多种子大量依赖国外,自主创新种植能力较弱,农产品种植和加工技术相对落后,导致农业资源的极大浪费,一些地区农业面源污染、耕地重金属污染严重,对人民群众的生命安全带来了威胁。工业方面,我国经济发展起步相较西方发达国家较晚,虽然在某些科学领域取得了先机,但一些关键核心技术受制于人,部分关键元器件、零部件、原材料、芯片等严重依赖进口。能源资源方面,我国是石油消耗大国,石油资源占有率低,当前石油对外依存度达到70%以上,油气勘探开发、基础设施与世界尖端存在很大差距。社会方面,我国人口老龄化程度不断加深,人民对健康生活的要求不断提升,生物医药、医疗设备等领域科技发展滞后

---

① 陈须隆:《年中国际观察:国际格局加速演变》,《瞭望》2016 年第 29 期。

问题日益凸显。

我国科技发展水平总体不高,科技对经济社会发展的支撑能力不足,科技对经济增长的贡献率远低于发达国家水平,正如习近平所说,"创新能力不强,这是我国这个经济大块头的'阿喀琉斯之踵'"[①]。

第二,农业基础还不稳固。主要表现在三个方面:农村基础设施不足,生产性基础设施支撑力脆弱,服务性基础设施执行力减弱,社会性基础设施安全力薄弱,流通性基础设施承载力屡弱等;资金来源过于单一,农村投资份额偏小,我国农村基础设施建设所需资金多数是由农村集体及农户自主承担,政府投入、外资及金融机构贷款比例较小;作为粮食生产大国和人口大国,我国的粮食安全问题始终没有得到彻底解决。相关研究发现,温度升高、农业用水减少和耕地面积下降,将使中国 2050 年的粮食总生产水平比 2005 年下降 14% ~ 23%。另外,受气候变化影响,温度升高将加剧中国北方地区水资源短缺,特别是在北方干旱和半干旱地区情况更为严重,干旱使得农作物的生长缓慢甚至停止,造成歉收或绝收,进一步激化粮食安全问题。

第三,城乡区域发展和收入分配差距较大。据《2020 年国民经济和社会发展统计公报》数据,2020 年全国居民人均可支配收入为 32 189 元,中位数为 27 540 元。按常住地分,城镇居民人均可支配收入为 43 834 元,中位数为 40 378 元。农村居民人均可支配收入为17 131 元,中位数为 15 204 元。城乡居民人均可支配收入比值为 2.56。另外按全国居民五等份收入分组,低收入组人均可支配收入为 7 869 元,中间偏下收入组人均可支配收入为 16 443 元,中间收入组人均可支配收入为 26 249 元,中间偏上收入组人均可支配收入为 41 172 元,高收入组人均可支配收入为 80 294 元,最高收入组是最低收入组的 10.2 倍。

另外,我国经济发展仍然呈现出明显的地区差距。据《国家统计年鉴》数据,2020 年我国人均 GDP 最高的两个省市是北京和上海两大直辖市,分别为 164 220 元、157 279 元,简单平均为 160 750 元,而当年人均 GDP 最低的两个省市是甘肃和黑龙江,分别为 32 995 元、36 182 元,简单平均为 34 589 元,前者简单平均是后者简单平均的 4.65 倍。

第四,生态环保任重道远。和世界上其他国家一样,我国在经济发展中也遇到了环境恶化这个棘手的难题,森林减少、沙漠扩大、草原退化、水土流失、物种灭绝等生态破坏问题日趋严重,已经成为制约我国经济发展、影响社会安定、危害公众健康的一个重要因素。党的十八大以来,虽然加强了生态环保工作力度,但仍有一些地方企业和政府部门存在工作落实不够、心存侥幸心理的顶风作案、违法违纪问题,生态环保任重道远。

综上所述,各种外部因素和内部因素的存在,以及内部因素和外部因素的相互叠加耦合,对中国经济发展形成了重大挑战及风险。这就要求我们统筹中华民族伟大复兴战略全局和世界百年未有之大变局,深刻认识我国社会主要矛盾变化带来的新特征新要求,深刻认识错综复杂的国际环境带来的新矛盾新挑战,增强机遇意识和风险意识,立足社会主义初级阶段基本国情,保持战略定力,认识和把握发展规律,发扬斗争精神,树立底线思维,准确识

---

① 《习近平关于总体国家安全观论述摘编》,中央文献出版社 2018 年版,第 87 页。

变、科学应变、主动求变,善于在危机中育先机、于变局中开新局,抓住机遇,应对挑战,趋利避害,安全前进。

## 三、经济安全是国家安全的基础

### (一)经济安全问题提出的历史缘起

经济全球化是当今世界经济发展的客观进程,其中经济的跨国发展和国际化可追溯至一个世纪甚至更久以前,经济全球化则发端于第二次世界大战以后:发达经济体间贸易往来和相互投资获得巨大发展,各种国际经济机制开始形成,由此跨国公司成为世界经济增长的发动机,大批发展中国家随之进入国际经济体系,各国经济互相渗透、相互依存,趋于一体。20世纪80年代,经济全球化雏形初显;20世纪90年代后,伴随国际经济政治出现历史性变革,经济全球化呈加速发展趋势;21世纪以来,尽管伴随不同区域、不同程度的逆全球化思潮及事件,但经济全球化已然成为强劲的时代潮流。从总体和长远眼光来看,经济全球化无疑为世界经济增长带来了新的活力和机遇,它推动国际贸易高速增长,也促成了新兴资本市场的崛起。但与此同时,经济无国界化也使主权国家的经济安全遭受巨大压力,尤其对发展中国家的负面影响更为突出。

经济全球化进程是中国经济发展的外部环境,坚持改革开放和保持稳定则是中国发展的基本条件,实行全方位、多层次、宽领域的对外开放被确定为21世纪中国发展的基本战略。世界经济体系的发展历来遵循强国主导规律,由此在全球化的过程中就存在两个基本矛盾,一是全球化的迅速推进与保障机制未完备之间的矛盾,其中就包括贸易自由化中各国利益分配、金融危机的防范与危机解救、跨国经营与东道国发展战略协调、非经济因素制约等主要问题;二是发达国家对全球化的迫切需要和欠发达国家对外开放可能性之间的矛盾,欠发达国家通常被要求在与发达国家相同的市场机制下开放本国市场,对后发国家来说,全球化更多地体现在短期、即时的冲击,相关利益则更多的是一种长期预期,从而这些国家在外部压力下将发展战略由主动转为被动。对于一个开放的中国来说,经济全球化带来了发展机遇,同时也带来了一系列问题。在这一背景下,从理论上广泛地研究经济全球化问题,解决经济全球化进程中出现的金融安全、产业安全等现实经济问题,进而探讨对外开放战略、经济发展战略等逐渐成为学界的研究共识,国家经济安全研究应运而生。

国家、民族经济利益的维护和拓展,是国家和民族最基本的生存安全,是决定国际安全关系的基础。传统的国家经济安全观主要指资源供给充足,以强大的经济实力形成国家政治和军事力量的可靠保障。20世纪80年代以来,随着经济全球化的发展,国家之间相互交往增多,大多数国家融入了世界经济体系,并参与国际分工,对国际市场的依赖度越来越高,国家之间彼此依赖加深,经济风险在国与国之间传递,经济安全的重要性越来越显著、地位越来越突出,经济安全问题开始受到世界各国的广泛关注。随着全球化趋势的不断加强,传统安全的概念已经得到扩展,人们开始更多地关注来自军事政治以外的经济、文化、社会、环境等领域的非传统安全问题。其中,经济安全作为非传统安全的重要组成部分已经成为国家制定安全战略的重要依据。

### (二)总体国家安全观勾画出维护国家安全的现实全景图

2014 年,习近平首次将总体国家安全观定位为"以人民安全为宗旨,以政治安全为根本,以经济安全为基础,以军事、文化、社会安全为保障,以促进国际安全为依托,走出一条中国特色国家安全道路"[1],这一定位拓展了我们党和国家安全事业的理论视野与实践领域。

2020 年,结合经济社会发展现实,习近平对总体国家安全观定位做了进一步诠释:"坚持中国特色国家安全道路,贯彻总体国家安全观,坚持政治安全、人民安全、国家利益至上有机统一,以人民安全为宗旨,以政治安全为根本,以经济安全为基础,捍卫国家主权和领土完整,防范化解重大安全风险,为实现中华民族伟大复兴提供坚强安全保障。"[2]

在我国乘势而上开启全面建设社会主义现代化国家新征程、向第二个百年奋斗目标进军的关键时期,世界正经历百年未有之大变局,特别是随着我国经济发展质量的不断提高和经济总量的进一步扩大,大国博弈将更加激烈,各类矛盾和风险易发、多发,各种可以预见和难以预见的风险因素明显增多,国际环境将更加复杂险峻,国家安全所面临的压力将持续处于高位。因应国际、国内整体发展形势,以习近平同志为核心的党中央创造性地提出总体国家安全观,国家经济安全作为维护国家安全的核心,是总体国家安全观的重要组成部分,其最终目标就是不断提高国家经济整体实力、竞争力和抵御内外各种冲击与威胁的能力,实现国家可持续安全与发展。

### (三)经济安全在总体国家安全中的基础地位彰显

习近平对总体国家安全的定位明确了经济安全是国家总体安全的基础,这一论断可以从以下两个方面理解:

第一,经济安全是其他安全的基础。其一,经济是国家实力构成的重要因素,也是提高人民生活水平、保持社会稳定的重要因素。一定的经济条件、经济基础是国家存在的先决条件和基础,是引导和促进生产力不断发展的终极动力。经济发展代表着国家的发展程度和社会的进步程度,经济因素在社会发展中起着决定性的作用。其二,经济是一国军事实力的基础,是国家实现安全目标的重要支撑力量。总体国家安全观中的国家经济安全是其他领域安全的基础,只有国家经济安全、人民生活水平稳中有升,才能保障社会稳定,其他领域的安全才有实现的基础。

第二,国家经济安全直接引导国家的安全战略。"在和平发展的当今时代,国家维护安全,从根本上来说,是为了发展经济,提高人民的生活水平。从党的执政基础看,经济安全是

---

① 习近平:《坚持总体国家安全观 走中国特色国家安全道路》,《人民日报》2014 年 4 月 16 日。
② 习近平:《坚持系统思维构建大安全格局 为建设社会主义现代化国家提供坚强的保障》,《人民日报》2020 年 12 月 13 日。

赢得民心、巩固政权、稳定社会的基本条件。国家制定和实施安全战略,经济利益是基本的出发点,国家的政治、军事乃至环境政策在很大程度上都是以经济建设为中心。没有经济安全,文化、教育、社会等领域安全也就无从谈起。此外,国际的矛盾、冲突和斗争在很大程度上也围绕经济利益而展开。因此,维护经济安全成为国家最重要的职责之一。"①

因此,我们要始终坚决贯彻落实总体国家安全观,坚持底线思维、问题导向和需求牵引,善于在变局中把握规律、在乱象中趋利避害、在斗争中争取主动,着力提高识别、应对各种经济风险挑战的能力;把安全发展贯穿国家发展各领域和全过程,健全预防和化解经济安全风险的制度机制,重点防控好各种重大风险挑战,保障经济可持续发展和关系国民经济命脉的重要行业和关键领域、重点产业、重大基础设施和重大建设项目以及其他重大经济利益相对处于没有危险不受内外威胁的状态,为新时代坚持和发展中国特色社会主义提供坚强保障。

### (四)完善经济安全风险预警、防控机制被提上国家议程

在经济全球化大背景下,经济安全风险贯穿国际经济交往的全过程,且彼此经济交往越深入,经济安全风险就可能越凸显。随着经济全球化深入发展,国际经济交往活动范围不断拓展、数量不断增多,由此产生的经济安全风险及其解决方式也更加多样化。针对高度复杂、持久、多样的经济安全风险,有必要认真评估、提前预警,加强防控机制和能力建设,以确保动态化、常态化经济安全。

当前我国经济社会发展的外部环境正在发生复杂深刻变化,特别是全球产业链、供应链布局在一些区域和国家出现了本土化、多元化、区域化的趋势性变化,我国产业面临向发达国家"回流"及向劳动力等成本比较低的地方转移的现实挑战,部分领域还存在"断供"和"断链"的风险,需要主动应对国家经济安全面临的挑战,积极有效化解风险。习近平指出:"如果发生重大风险又扛不住,国家安全就可能面临重大威胁,全面建成小康社会进程就可能被迫中断。我们必须把防风险摆在突出位置,'图之于未萌,虑之于未有',力争不出现重大风险或在出现重大风险时扛得住、过得去。"②

在复杂严峻的外部环境面前,加强经济安全风险预警、防控机制和能力建设变得十分必要和紧迫。而我国经济安全风险预警、防控机制尚不健全,亟待补齐短板、堵上漏洞、增强能力。在"十四五"和今后更长时期,需要按照《国民经济和社会发展第十四个五年规划和2035年远景目标纲要》(简称《纲要》)的部署和要求,尽快补上前沿理论研究、总体战略谋划等方面的突出短板,切实完善机制、强化能力。比如,2015年颁布的《中华人民共和国国家安全法》规定:"国家建立国家安全审查和监管的制度和机制,对影响或者可能影响国家安全的外商投资、特定物项和关键技术、网络信息技术产品和服务、涉及国家安全事项的建设项

---

① 《总体国家安全观干部读本》编委会编著:《总体国家安全观干部读本》,人民出版社2016年版,第106页。

② 《习近平谈治国理政》第2卷,外文出版社2017年版,第81页。

目,以及其他重大事项和活动,进行国家安全审查,有效预防和化解国家安全风险。"目前,我国已经建立了外商投资安全审查、网络安全审查、特定物项和关键技术出口管制的具体制度。对"涉及国家安全事项的建设项目"和"其他重大事项和活动"的安全审查,也需要完善相关法律法规,建立健全具体的制度安排。

党的二十大报告特别指出,我们要健全国家安全体系,完善高效权威的国家安全领导体制,完善国家安全法治体系、战略体系、政策体系、风险监测预警体系、国家应急管理体系,构建全域联动、立体高效的国家安全防护体系。增强维护国家安全能力,坚定维护国家政权安全、制度安全、意识形态安全,确保粮食、能源资源、重要产业链供应链安全,维护我国公民、法人在海外合法权益,筑牢国家安全人民防线。①

据此,应切实加强经济安全风险预警、防控机制和能力建设,实现重要产业、基础设施、战略资源、重大科技等关键领域安全可控。实践中,可运用评价预警模型对财政、金融、资源等遭受外来风险威胁较大的重点行业进行科学评价及预警,指导行业在发展中合理规避风险,通过对经济安全进行模拟、仿真、预测,为政府宏观调控政策的出台提供理论支持。

## 四、产业安全是经济安全的核心

### (一)产业安全是经济安全的重要组成部分

国家经济的载体是产业,因此国家经济安全很大程度上要依附于该国产业的安全。随着经济社会的发展,二者之间的依存关系不断演化加深。

产业安全是国家经济安全的重要组成部分,它关系到国计民生和一国经济权益和政治地位。要使国家经济权益不受严重侵害和威胁,就必须确保本国产业的安全发展,必须把产业安全战略纳入国家战略中去,从战略的长远的高度去重视和研究产业安全问题。②

产业国际竞争力是维护国家经济安全的基础。从广义国家经济安全层面上看,一个国家经济竞争力的强弱,正是由其在一定历史阶段所具有的主要产业的国际竞争力强弱所决定的。③

### (二)维护产业安全的最终目标是经济安全

一个国家想要获得经济安全,既要考虑资源禀赋导致的国内各类产业的优势和劣势,又要从确保国家安全的要求出发,对各类产业发展进行必要的协调、规划,或者制定一定的产业发展战略和调节政策,以避免大的经济风险。从国家经济安全角度考虑产业发展和产业竞争力的提高,是制定国家产业政策的重要原则之一。

---

① 习近平:《高举中国特色社会主义伟大旗帜　为全面建设社会主义现代化国家而团结奋斗——在中国共产党第二十次全国代表大会上的报告》,人民出版社 2022 年版,第 53-54 页。
② 李孟刚:《产业安全理论研究》,经济科学出版社 2012 年版,第 103-104 页。
③ 赵英:《产业国际竞争力与国家经济安全(上)》,《经济管理》1997 年第 2 期,第 25-27 页。

一个国家关系国民经济命脉的重要行业,影响国民经济全局的重要产业的安全受到威胁,其国民经济体系必定也会受到冲击,国家经济安全问题就会凸显。产业安全已经是国家经济安全的重要组成部分,维护产业安全的最终目标就是维护国家经济安全。

### (三) 维护经济安全的重点在于防范行业重大风险,维护重点产业安全

经济新常态背景下,国内外经济环境及形势错综复杂,我国国家经济发展受到严峻挑战,产能过剩、不良贷款率上升、地方债务率攀升,股市、汇市、出口不振,各国贸易保护盛行,国际恐怖主义、国际政治局势动荡等国内外因素均对我国经济发展造成重要影响。具体来看,金融安全、战略资源安全、农业及粮食安全等诸多领域均面临不同程度的内外威胁。维护经济安全的重点在于防范行业面临的重大风险,维护重点行业和产业安全。面对当今世界复杂诡谲的外部经贸环境,党的二十大报告系统阐释了贯彻新发展理念、构建新发展格局、推动高质量发展,以中国式现代化全面推进中华民族伟大复兴的重要内容。其中,尤其要密切关注事关国家经济发展大局的能源、粮食、产业链供应链等领域面临的风险及可能的防范措施。

### (四) 中观层面的国家经济安全就是产业安全

产业安全是国家经济安全的重要组成部分,以具体产业为对象的研究更加具有针对性和指导性。对于产业安全问题的研究,国外学者是围绕两条主线展开的:一是考察产业国际竞争力;二是考察跨国公司直接投资对产业安全的影响。

20 世纪 80 年代中后期,学者们开始关注中国经济安全问题最早是从研究中国的粮食安全问题开始的。有学者分析了粮食安全的基本理论和实践中面临的主要问题,并有针对性地提出解决办法。[①] 有学者从粮食的生产、消费、储备及生态环境方面介绍了如何解决粮荒问题。[②]

20 世纪 90 年代初期,随着改革开放的不断深入,大量涌入的外资对中国传统民族工业产生了巨大的冲击,中国的产业安全问题成为国家经济安全研究的热点。主要研究热点有:利用外资存在的风险和对国家产业产生的消极影响,就如何保护产业安全提出建议;[③]外国在华直接投资迅速增长导致的外国直接投资垄断现象对我国产业安全的威胁;[④]当时中国利用外资的规模及对产业的影响,对一些幼稚产业和新兴产业必须采取措施加以保护。[⑤]

20 世纪 90 年代中后期,尤其是 1997 年亚洲金融危机以后,国内学术界从研究金融安全的角度关注国家经济安全问题。主要观点有:针对我国金融运行中不能忽视的问题,应加强

---

① 周猛:《粮食安全的理论和实践及对我国的启示》,《技术经济》1987 年第 5 期,第 1—6 页。
② 厉为民:《如何确保粮食安全》,《瞭望》1988 年第 5 期,第 35—36 页。
③ 童志军:《利用外资和国家产业安全》,《中国投资与建设》1996 年第 8 期,第 25—30 页。
④ 王晓蓉:《外资流入与产业安全》,《中国投资与建设》1996 年第 2 期,第 12—13 页。
⑤ 张志宏:《利用外资与我国产业安全若干问题的深入思考》,《中国工业经济》1998 年第 3 期,第 19—22 页。

金融监管,保障金融安全;①站在受金融危机冲击的国家角度重新审视和考察国家经济安全的含义;②从防范亚洲金融危机所产生的危害角度探讨国家经济安全;③没有金融安全,最终就没有经济安全和国家安全,从立法的角度建议把一切金融活动纳入规范化、法制化的轨道;④外商直接投资与民族产业安全的关系。⑤

　　2001 年年底,中国加入世界贸易组织,标志着中国参与经济全球化的进程全面加速。如何在全面参与的过程中,应对全球化对中国国家经济安全提出的挑战成为研究的热点问题,大部分的研究也是从产业安全的视角展开的。主要观点有:面对金融全球化趋势,我国应趋利避害,在加强管理的基础上积极稳妥地扩大金融领域对外开放,从容迎接挑战;⑥在"入世"视野下,中国如何做好钢铁、有色金属、石化、机械这四大国防配套工业,化解风险、迎接挑战、变压力为动力、化困难为机遇的准备;⑦从金融全球化的角度探讨国家经济安全;⑧基于中国"入世"后的总体产业安全问题,估算了中国三大产业安全状况,并提出对策;⑨经济全球化条件下的中国石油安全问题;⑩我国制造业的安全态势与安全隐患;⑪一些宏观经济政策和国际资本在经济增长过程中发挥了重要作用,同时也带来产业安全问题,长期维持经济的高速增长必须要有产业安全作为保障。⑫

　　有学者对产业安全的理论进行了系统研究。有学者阐明了产业安全观在国家经济安全观中的核心地位,对产业安全的概念进行了界定;运用合项思维理论创新法构建了产业安全理论体系,并提出产业组织安全、产业结构安全、产业布局安全和产业政策安全等理论;构建了非线性产业安全理论模型,创新了产业安全评价方法。⑬有学者提出产业安全问题归根到底是产业竞争力问题,通常一个国家的产业竞争力比较弱的时候会出现产业安全问题。中

①　殷孟波、邱泉、仲崇岗:《论金融安全》,《经济学家》1997 年第 4 期,第 46-52 页。

②　陶坚:《亚洲金融风暴的启示——如何保障国家经济安全》,《瞭望》1998 年第 28 期,第 39-40 页。

③　林志哲:《从金融危机谈国家经济安全》,《经济界》1998 年第 6 期,第 60-64 页。

④　曹建明:《金融安全与法制建设》,《中国金融》1998 年第 7 期,第 15-18 页。

⑤　程恩富:《外商直接投资与民族产业安全》,《财经研究》1998 年第 8 期,第 42-44 页。

⑥　戴相龙:《关于金融全球化问题》,《金融研究》1999 年第 1 期,第 1-6 页。

⑦　叶卫平:《在"入世"视野下看中国国防配套工业(上)》,《国防科技工业》2000 年第 3 期,第 15-18 页。

⑧　朱启贵:《金融全球化与国家经济安全》,《统计研究》2001 年第 3 期,第 28-32 页;张幼文、伍贻康:《国家经济安全:金融全球化的挑战》,上海社会科学院出版社 2000 年版,第 2-34 页。

⑨　何维达:《中国"入世"后的产业安全问题及其对策》,《经济学动态》2001 年第 11 期,第 41-44 页;何维达、何昌:《当前中国三大产业安全的初步估算》,《中国工业经济》2002 年第 2 期,第 25-31 页。

⑩　史忠良、丁梁:《经济全球化条件下的中国石油安全问题》,《当代财经》2002 年第 4 期,第 45-50 页。

⑪　戴智慧、雷家骕:《我国制造业安全态势与安全隐患》,《国际技术经济研究》2002 年第 5 卷第 2 期,第 42-49 页。

⑫　王瑛、邵亚良:《经济高速增长下的产业安全分析》,《财贸经济》2005 年第 12 期,第 61-64 页。

⑬　李孟刚:《产业安全理论研究》,《管理现代化》2006 年第 3 期,第 49-52 页;李孟刚:《产业安全的分类法研究》,《生产力研究》2006 年第 3 期,第 190-191 页;李孟刚:《产业安全理论》,经济科学出版社 2006 年版,第 170-224 页。

国产业安全问题的关键或核心问题在于我们现有的竞争规则体系是扭曲的。①

可见，在相当长一段时期内，国内学界对国家经济安全的研究是从中观角度，即从产业安全视角展开的，从这个角度来看，产业安全是国家经济安全的核心。

### 五、总体国家安全观是维护国家经济安全的根本遵循和行动指南

党的十八大以来，在总体国家安全观的指引下，国家安全得到全面加强，经受住了来自政治、经济、意识形态、自然界等方面的风险考验，为党和国家兴旺发达、长治久安提供了有力保证。

总体国家安全观为经济安全问题研究提供了重大理论与方法论支撑。新时代提出新课题，新课题催生新理论，新理论指导新实践。这是新时代中国特色社会主义理论升华和实践创造同步发展的内在逻辑。习近平多次强调，要坚决贯彻总体国家安全观，坚持底线思维，着力防范化解重大风险。总体国家安全观是习近平新时代中国特色社会主义思想的重要组成部分，其不仅是我国国家安全的指导思想，也为国家经济安全工作提供了重要的理论与方法论支撑，是有效防范、化解重大风险的科学指南和根本遵循。

"增强忧患意识，做到居安思危，是我们治党治国必须始终坚持的一个重大原则。我们党要巩固执政地位，要团结带领人民坚持和发展中国特色社会主义，保证国家安全是头等大事。"②总体国家安全观强调，防范风险挑战既要有先手，又要有高招；既要打好有准备之战，又要打好化险为夷、转危为机的战略主动战。严防风险连锁联动叠加升级形成风险综合体，掌握风险演变的内在机理，切断风险联动的内在逻辑，不让小风险演化为大风险，不让个别风险演化为综合风险，不让局部风险演化为区域性或系统性风险，不让经济风险演化为社会风险，不让国际风险演化为国内风险，尤其是不让风险向政治安全领域聚集。

总体国家安全观作为一个逻辑严密、内容丰富、开放包容的国家安全体系，是辩证思维、系统思维在国家安全领域的具体体现，揭示了中国特色国家安全道路的目标路径，回答了"什么是国家安全""实现什么样的国家安全""如何实现国家安全"等关键问题。总体国家安全观坚持用全面的观点看待安全，将国家安全视作一个有机体系。

总体国家安全观要求必须坚持底线思维、居安思危、未雨绸缪，坚持国家利益至上，以人民安全为宗旨，以政治安全为根本，以经济安全为基础，以军事、科技、文化、社会安全为保障，以促进国际安全为依托，统筹发展和安全，统筹开放和安全，统筹传统安全和非传统安全，统筹自身安全和共同安全，统筹维护国家安全和塑造国家安全。

总体国家安全观以经济安全为基础，充分凸显经济安全对于整体国家安全的重要性，当前经济竞争已成为各国综合实力竞争的主战场，经济安全成为国家安全最强有力的支撑和保障，而总体国家安全观则无疑成为维护国家经济安全的根本遵循与行动指南。

---

① 金碚：《中国工业国际竞争力——理论、方法与实证研究》，经济管理出版社2006年版，第100页。
② 《习近平关于总体国家安全观论述摘编》，中央文献出版社2018年版，第3页。

## 六、坚持统筹发展和安全,有效筑牢国家经济安全屏障

习近平指出:"坚持总体国家安全观。统筹发展和安全,增强忧患意识,做到居安思危,是我们党治国理政的一个重大原则。"[1]经济安全作为国家安全的重要组成部分,同时也是经济社会发展的前提,是关乎中国特色社会主义发展全局的重要命题。我们越来越深刻地认识到,安全是发展的前提,发展是安全的保障。当前和今后一个时期是我国各类矛盾和风险易发期,各种可以预见和难以预见的风险因素明显增多。我们必须坚持统筹发展和安全,增强机遇意识和风险意识,树立底线思维,把困难估计得更充分一些,把风险思考得更深入一些,注重堵漏洞、强弱项,下好先手棋、打好主动仗,有效防范化解各类风险挑战,确保社会主义现代化事业顺利推进。

总体国家安全观强调,发展和安全都是硬道理,两手都要抓、两手都要硬。发展是安全的基础,不发展就是最大的不安全;安全是发展的条件,是国家富强、人民幸福的根本保障。防范化解重大风险,是为了更好地发展,归根到底就是更好地维护和延长重要战略机遇期,确保中华民族伟大复兴进程不被滞缓或打断。风险是随着形势动态变化的。这就要求我们,既要通过发展的成果夯实国家实力基础,不断提高抵御风险能力,又要有安全的思维理念体系,用安全的办法去解决问题,在发展中保安全,在安全中促发展。把发展和安全对立起来,认为讲安全影响发展,或者离开发展空谈安全的理念和做法,都是错误的。另外,防范化解重大风险是守底线,守的是不发生系统性风险的底线,守的是不在根本性问题上犯颠覆性错误的底线,守的是党和国家事业的最后一道防线。在工作中,还要把握好重大风险的边界,避免"泛安全化"的倾向。

 思考题

1. 结合当今国际政治经济形势,简要论述中国国家经济安全面临的宏观背景,并据此对中国国家经济安全现状作出基本评估。
2. 简述产业、经济安全与国家安全之间的关系。
3. 简述总体国家安全观与国家经济安全的关系。

---

① 《习近平关于总体国家安全观论述摘编》,中央文献出版社2018年版,第13页。

# 第一章 国家经济安全概述

全球化趋势持续演进,传统安全概念得以扩展,人们开始更多地关注来自军事政治以外的经济、文化、社会、环境等领域的非传统安全问题。其中,经济安全作为非传统安全的重要组成部分,已经成为国家制定安全战略的重要依据。

作为国家安全非常重要的一部分,在不同时代、不同国家,国家经济安全在国家安全体系中所处的地位、内涵与表现形式是不同的。20 世纪 80 年代以来,随着经济全球化的发展,大多数国家融入了世界经济体系,积极参与国际分工,对国际市场的依赖度也就越来越高,经济风险在国与国之间传递扩散,经济安全的重要性越发显著。学习探讨国家经济安全问题,有必要厘清国家经济安全相关概念的内涵,并将其置于总体国家安全观的范畴之下,明确国家经济安全与其他领域安全的逻辑关系。

## 第一节 国家经济安全的内涵、特征及主要表现形式

### 一、国家经济安全的定义

国家经济安全,是指经济全球化时代一国保持其经济存在和发展所需资源有效供给、经济体系独立稳定运行、整体经济福利不受恶意侵害和非可抗力损害的状态和能力,是指一国的国民经济发展和经济实力处于不受根本威胁的状态。国家经济安全是国家安全体系的重要组成部分,是国家总体安全的基础。维护国家经济安全首先要保证基本经济制度安全。坚持发展是硬道理,不断提高国家经济整体实力、竞争力和抵御内外各种冲击与威胁的能力。把安全发展贯穿国家发展各领域和全过程,健全预防和化解经济安全风险的制度机制,重点防控好各种重大风险挑战,保障经济可持续发展和关系国民经济命脉的重要行业和关键领域、重点产业、重大基础设施和重大建设项目以及其他重大经济利益相对处于没有危险,不受内外威胁的状态。

20 世纪 90 年代以来直至 2014 年总体国家安全观被提出前,国内学者围绕经济安全进行了积极探讨,并给出其定义,依据定义的侧重点不同大致可概括为以下三类:

第一类观点,认为国家经济安全首先是维护好国民经济体系得以持续发展的国内和国

际环境,使经济在整体上不受到任何威胁的状态。这种状态是相对于国家经济不安全、国家经济风险及国家经济危机而言的。不同之处在于,有的定义强调国家经济外部威胁因素,有的定义同时强调经济内外威胁因素。代表性的观点有:

经济安全的含义就是保障国家经济(包括科技)发展战略诸要素的安全,在参与国际竞争和经济合作中维护国家利益和争取优势地位,特别是保护本国市场和开拓国际市场。[1] 国家经济安全是指一个国家在经济发展过程中能够有效消除和化解潜在风险,抗拒外来冲击,以确保国民经济持续、快速、健康发展,确保国家经济主权不受侵害的一种经济状态。[2] 国家经济安全是指国家经济利益的合理获得的扩展得到有效保护,国民经济可持续发展的基础和环境不受破坏和潜在威胁的一种状态。[3] 经济安全是指国民经济的发展和整个国家的经济处于不受威胁的状态,它包括两方面:国内经济安全,指国家经济不存在饥馑、失业、通货膨胀、金融危机、大规模贫困、产业结构失调等因素,而处于稳定、持续发展的状态;国际经济安全,指一国经济发展所依赖的国外资源、市场、资金、技术和海外企业等商业利益不受到威胁。[4]

第二类观点,认为维护国家经济安全就要保持国家的经济竞争力、要有抵御国内外各种干扰、威胁、侵袭的能力或手段。强化和提升国家经济竞争力的能力是保障国家经济安全的重要举措。代表性的观点有:

国家经济安全指一个国家的经济生存和发展所面临的国内国际环境、参加国际经济竞争的能力及其带来的相应的国际政治地位和能力。[5] 国家经济安全就是国家具有合理利用和配置国内外资源的能力,并拥有防御和抗击发展经济中可能遇到的国内外的各种不利因素所必须具备的手段,使经济能正常运行在可持续发展的轨道上,国家不断富强,人民生活水平不断提高。[6]

第三类观点,强调维护国家经济安全既要保持国家的经济竞争力、要有抵御国内外各种干扰、威胁、侵袭的能力或手段,同时又是使国家经济不受内外环境干扰、威胁、破坏的一种状态。代表性的观点有:

国家经济安全是指一个国家的经济竞争力;一个国家经济抵御国内外各种干扰、威胁和侵袭的能力;一个国家经济得以存在并不断发展的国内、国际环境。[7] 经济安全在国家层面上是指一个国家经济体系抵御国内外各种干扰、威胁、侵袭的能力;一个国家经济体系得以

① 何方:《当前的国际安全形势》,《现代国际关系》1995年第11期,第2-6页。
② 王朝才、傅志华、隆武华:《世界经济全球化与中国经济安全》,《内部文稿》1998年第11期,第5-10页。
③ 郑通汉:《经济全球化中的国家经济安全问题》,国防大学出版社1999年版,第64页。
④ 周荣国:《我国经济安全面临的风险及其对策》,《经济学动态》1999年第10期,第19-22页。
⑤ 樊莹:《经济全球化与国家经济安全》,《世界经济与政治》1998年第5期,第11-15页。
⑥ 张如海:《国家经济安全观念与我国的经济安全》,《世界经济与政治论坛》2000年第2期,第39-42页。
⑦ 赵英、胥和平、邢国仁:《中国经济面临的危险——国家经济安全论》,云南人民出版社1994年版,第3页。

持续发展的国内、国际环境。① 国家经济安全,即国家的根本经济利益不受损害,主要指一国经济在整体上基础稳固、健康运行、稳健增长、持续发展,在国际经济生活中具有一定的自主性、自卫力和竞争力,不至于因为某些问题的演化而使整个经济受到过大的打击和(或)损失过多的国民经济利益,能够避免或化解可能发生的局部性或全局性的经济危机。② 所谓经济安全,指的是在与政治、军事安全相区别的经济领域里,各国为实现本国经济的稳定、内部发展的可持续、各个部门的平衡等目标所确立的保障手段和过程,涉及金融安全、贸易安全、投资安全、避免世界周期波动的冲击、本国经济对外开放的速度和范围等内容。③

以上国内关于国家经济安全内涵的研究主要强调安全是一种不受威胁的状态及维护这种状态的能力。

在新时代背景下,我国面临的安全形势愈加复杂。面对中国的快速发展,美国提出亚太再平衡战略、印太战略,并发动经济贸易战、舆论战等,对中国展开了全方位的打压;日本、印度等周边国家也利用领土争端问题大做文章,试图干扰我国的发展进程。在国内,我国社会主要矛盾发生变化,社会结构不断调整,改革进入关键期,安全风险和挑战前所未有。以习近平同志为核心的党中央准确把握我国国家安全形势的新变化、新特点,在2014年中央国家安全委员会第一次会议上,创造性地提出了总体国家安全观。总体国家安全观对"安全"的认知更加丰富深刻,并以高瞻远瞩的视角克服了西方国家安全理论的局限性,以极具创造性的眼光超越了传统国家安全理论,实现了国家安全观的重大发展。

总体国家安全观也为国家经济安全工作提供了重要的理论与方法论支撑,是有效防范、化解重大风险的科学指南和根本遵循,由此,我国国家经济安全理论研究迈入了一个新篇章。新时代走中国特色国家安全道路,要在党的领导下,提高维护国家经济安全的能力,有效应对来自国际国内的风险和挑战,最终构筑起强大的国家经济安全屏障。实践中,总体国家安全观指引下的国家经济安全理论要求我们首先坚持党的绝对领导,掌握维护国家经济安全的战略主动权;其次,正确运用辩证思维,指引维护国家经济安全的科学道路,切实维护重点领域经济安全;再次,加强国家安全能力建设,筑牢维护国家经济安全的坚强屏障;最后,着力防范化解重大风险,打造维护国家安全的有利环境,牢牢树立底线思维,增强忧患意识,完善经济风险防控预警机制。

## 二、国家经济安全的内涵

国家经济安全是一种状态,更是一种能力。国家经济安全要求确保本国基本经济制度安全,进而通过对风险的超前感知与科学预判,不断提高国家经济整体实力、国际竞争力和

---

① 王逸舟:《全球化时代的国际安全》,上海人民出版社1999年版,第131页。

② 雷家骕、朱嘉真:《经济全球化背景下的国家经济安全问题》,《国际技术经济研究》2001年第4卷第1期,第10-18页;雷家骕:《国家经济安全导论》,山西人民出版社2000年版,第1页;雷家骕主编:《国家经济安全:理论与分析方法》,清华大学出版社2001年版,第4页。

③ 谷源洋、谈世中、马杰:《经济全球化与国家级经济安全》,经济科学出版社2002年版,第12页。

有效抵御国内外各种冲击与威胁的能力,使国家根本经济利益处于一种不被威胁的状态。

### (一)维护经济安全首先要保证基本经济制度安全

只有保证基本经济制度安全才能保持国家经济主权独立,经济主权独立是一个国家经济自主发展的前提。保证基本经济制度安全,正常的经济运行环境和秩序才能得以维护,经济才能可持续发展。

### (二)经济安全是一种不受威胁的客观状态

经济安全的本质是对国家根本经济利益的维护。即保障经济社会发展所需的资源能源持续、可靠和有效供给;关系国民经济命脉的重要行业和关键领域、重点产业安全;重大基础设施和重大建设项目安全及重大经济利益安全;加强自主创新能力建设,加快发展自主可控的战略高新技术和重要领域关键核心技术,保障重大技术和工程的安全。

### (三)经济安全是维护能力,即维护经济利益不受威胁状态的能力

国家经济整体实力、竞争力要强,才能具备抵御内外各种冲击与威胁的能力,才能维护国家根本经济利益。一定程度上,维护本国经济利益不受外来威胁的能力主要体现在重要产业、基础设施、战略资源、重大科技等关键领域安全可控。

### (四)经济安全是对风险的感知预判

一方面,经济领域中的安全风险作为一种经济现象,一直处于一种"发生"与"不发生"的临界状态;另一方面,国家经济安全是对各种重大风险的主观判断。因此,要防范经济风险,首先要具有感知、识别潜在威胁的能力,能从众多不确定性中找出威胁经济安全的主要因素;其次,更要具备准确判断风险状态的能力,避免因误判而造成经济损失或引致更大的经济风险。

## 三、国家经济安全的特征

国家经济安全基于总体国家安全观的定义,有其相应的特点。

### (一)国家经济安全涉及的是国家整体经济利益

经济安全专指国家经济安全,国家经济安全相对应的是国家经济利益,能够上升至国家经济安全层面,并由政府制定公共政策,甚至采取强硬手段予以支持的,只能是国家经济利益体系中的重大国家经济利益。这些重大经济利益关系到整个国家、全体民众的生存与发展,甚至关系国家兴衰。国家经济安全是基于新的总体国家安全观定义,体现了时代精神。

### (二)经济安全是国家安全的基础

总体国家安全体系中,经济安全是其他安全的基础。经济利益是一个国家赖以生存和

发展的最根本的利益,是国家诸多利益中最重要的利益。经济安全体现了一个国家的经济利益,一个国家在制定安全战略时,经济利益安全往往是最主要的目标,而其他安全则是手段,服务和服从于经济安全。

### (三) 经济安全问题具有复杂性

第一,经济安全内部影响因素复杂。经济系统是一个复杂系统,从系统内部来看,经济安全涉及金融、财政、产业、粮食等领域,这些领域之间存在相互依存和相互影响的关系,确保各个领域安全才能保证经济系统整体的安全,经济系统内部影响安全的因素较为复杂。第二,经济安全外部影响因素复杂。由于经济安全与科技安全、能源安全、生物安全、海外利益安全等其他领域安全紧密联系,交织并存,相互影响,其他领域的安全问题可能会影响经济领域的安全,所以,经济领域的安全是由众多因素决定的,经济安全外部影响因素复杂。第三,维护经济安全手段措施复杂。维护经济安全需要综合应用经济、政治,甚至军事手段,有时需要政府与民间力量共同努力才能完成。

### (四) 维护经济安全强调风险防范和危机管控

首先,处理好预防为主和底线思维的关系,将防范风险的关口前移,守住不发生系统性危机的底线。经济隐患和风险会经历由量变到质变的过程,风险积累到一定程度就可能引发经济危机。习近平指出:“当前和今后一个时期是我国各类矛盾和风险易发期,各种可以预见和难以预见的风险因素明显增多。我们必须坚持统筹发展和安全,增强机遇意识和风险意识,树立底线思维。”①

面对复杂严峻的外部环境,要坚持底线思维,提高风险预见预判能力。既做好应对全球性安全风险短期冲击震荡的充分准备,又做好应对全球性安全风险结构性变化的充分准备;既做好应对突发性外部安全风险的充分准备,又做好应对外部压力诱发内生性安全风险的充分准备;既做好应对非传统安全风险的准备,又要做好应对传统安全风险的充分准备,特别是严密防范一些重点领域出现“灰犀牛”“黑天鹅”事件,力争把可能带来的重大风险隐患处置在萌芽状态。

其次,做好危机管控。危机管控是防范应对经济领域可能发生重大风险的重要手段。第一,为防范可能面临的风险,需要建立风险监测预警机制。《中华人民共和国国家安全法》第 57 条规定:“国家健全国家安全风险监测预警制度,根据国家安全风险程度及时发布相应风险预警”。第二,针对重大险情,需要制定相关应急、防范预案,预备相关应对措施。《中华人民共和国国家安全法》第 63 条规定:“发生危及国家安全的重大事件,中央有关部门和有关地方根据中央国家安全领导机构的统一部署,依法启动应急预案,采取管控处置措施。”第三,险情发生后,需要进行危机管理,以消除险情带来的后续影响,并为应对新的风险做准

---

① 《中共中央关于制定国民经济和社会发展第十四个五年规划和二〇三五远景目标的建议》,人民出版社 2020 年版,第 55 页。

备。《中华人民共和国国家安全法》第68条规定："国家安全威胁和危害得到控制或者消除后,应当及时解除管控处置措施,做好善后工作。"

## 四、国家经济安全的主要表现形式

### (一)金融安全

金融是现代经济的核心,金融安全是国家经济安全的核心和重要组成部分,维护金融安全是关系我国经济社会发展全局的带有战略性、根本性的大事。"十三五"时期,我国高风险金融机构和重点领域风险得到有序处置,特别是影子银行整顿和加大不良资产处置所取得的进展较为显著,但非金融企业资产负债率居高不下,中小金融企业隐性不良资产不断聚集,银行发放的住房贷款比例过大,仍是危害我国金融稳定和国家经济安全的巨大隐患。"十四五"时期,要毫不松懈防范化解金融风险。健全金融风险预防、预警、处置、问责制度体系,落实监管责任和属地责任,对违法违规行为零容忍,守住不发生系统性风险的底线。完善宏观审慎管理体系,保持宏观杠杆率以稳为主、稳中有降。加强系统重要性金融机构和金融控股公司监管,强化不良资产认定和处置,防范化解影子银行风险,有序处置高风险金融机构,严厉打击非法金融活动,健全互联网金融监管长效机制。完善债务风险识别、评估预警和有效防控机制,健全债券市场违约处置机制,推动债券市场统一执法,稳妥化解地方政府隐性债务,严惩逃废债行为。完善跨境资本流动管理框架,加强监管合作,提高开放条件下风险防控和应对能力。加强人民币跨境支付系统建设,推进金融业信息化核心技术安全可控,维护金融基础设施安全。①

### (二)财政安全

党的十九届五中全会指出:"我国发展仍然处于重要战略机遇期,但机遇和挑战都有新的发展变化。"②对于财政而言,面临的形势极为严峻,风险和挑战巨大。这既有经济增速放缓,财政收入自然增长率受到限制,而财政刚性支出不减、收支增速持续倒挂所产生的收支矛盾尖锐问题,也有人口老龄化、潜在养老缺口、地方政府债务对财政可持续发展带来的严峻挑战。此外,还有全球疫情持续蔓延、经济下滑、全球风险加大等带来的巨大的不确定性和外部冲击。③

### (三)产业安全

一个国家影响国民经济全局的重要产业的安全受到威胁,其国民经济体系必定也会受

---

① 《中华人民共和国国民经济和社会发展第十四个五年规划和2035年远景目标纲要》,人民出版社2021年版,第156页。

② 《中国共产党第十九届中央委员会第五次全体会议公报》,人民出版社2020年版,第23页。

③ 楼继伟:《面向2035的财政改革与发展》,《财政研究》2021年第1期,第3—9页。

到冲击,国家经济安全问题就会突显。产业安全已经是国家经济安全的重要组成部分,影响某一个产业的主要因素是该产业的竞争力,产业竞争力是产业安全的核心,特别是主导产业和新型产业。

当前,在全球产业链重构、大国博弈及新冠肺炎疫情严重冲击全球经济的背景下,全球供应链出现了本地化、区域化、分散化的趋势,给我国产业链、供应链安全也带来不少挑战。"十四五"时期,我国应创造有利于新技术快速大规模应用和迭代升级的独特优势,提升我国产业链、供应链的稳定性和国际竞争力,增强产业链、供应链自主可控能力。产业链、供应链安全稳定是构建新发展格局的基础。要统筹推进补齐短板和锻造长板,针对产业薄弱环节,实施好关键核心技术攻关工程,尽快解决一批"卡脖子"问题。要实施好产业基础再造工程,打牢基础零部件、基础工艺、关键基础材料等基础。要加强顶层设计、应用牵引、整机带动,强化共性技术供给,深入实施质量提升行动。

### (四) 粮食安全

我国要实施分品种保障策略,完善重要农产品供给保障体系和粮食产购储加销体系,确保口粮绝对安全、谷物基本自给、重要农副产品供应充足。

确保国家粮食安全,关键在于落实藏粮于地,藏粮于技战略,要害是种子和耕地。要严守我国十八亿亩耕地红线,稳定并增加粮食播种面积和产量,合理布局区域性农产品应急保供基地。要加强种子资源保护和利用,加强种子库建设,开展种源"卡脖子"技术攻关,提高良种自主可控能力。深化农产品收储制度改革,加快培育多元市场购销主体,改革完善中央储备粮管理体制,提高粮食储备调控能力。强化粮食安全省长责任制和"菜篮子"市长负责制,实行党政同责。有效降低粮食生产、储存、运输、加工环节损耗,开展粮食节约行动。积极开展重要农产品国际合作,健全农产品进口管理机制,推动进口来源多元化,培育国际大粮商和农业企业集团。制定粮食安全保障法。[①]

### (五) 能源资源安全

我国煤炭、石油和天然气三大主力能源的资源储量不足,能源生产供应结构不合理。一方面煤炭消费总量过大,不利于环境保护和全球控碳,另一方面石油、天然气进口依存度过高,受国际市场波动和地区安全局势影响较大,存在安全风险。实施能源资源安全战略,就要坚持立足国内、补齐短板、多元保障、强化储备,完善产供储销体系,增强能源持续稳定供应和风险管控能力,实现煤炭供应安全兜底、油气核心需求依靠自保、电力供应稳定可靠。夯实国内产量基础,保持原油和天然气稳产增产,做好煤制油气战略基地规划布局和管控。扩大油气储备规模,健全政府储备和企业社会责任储备有机结合、互为补充的油气储备体系。加强煤炭储备能力建设。完善能源风险应急管控体系,加强重点城市和用户电力供应

---

① 《中华人民共和国国民经济和社会发展第十四个五年规划和2035年远景目标纲要》,人民出版社2021年版,第155-156页。

保障,强化重要能源设施、能源网络安全防护。多元拓展油气进口来源,维护战略通道和关键节点安全。培育以我为主的交易中心和定价机制,积极推进本币结算。加强战略性矿产资源规划管控,提升储备安全保障能力,实施新一轮找矿突破战略行动。①

### (六) 其他方面安全

此外,人口、就业、环保、房地产等领域也存在需要引起重视的安全风险。在人口领域,我国未富先老,经济发展、社会保障等成本将不断提高,人口老龄化和劳动力供给短缺的潜在风险上升。在就业领域,结构性失业问题依然比较突出。在生态环保领域,经济绿色化水平低,大气污染等问题多发,经济发展中的生态保护形势严峻。在房地产领域,保持房地产长期平稳健康发展,仍面临不少挑战。②

## 第二节　国家经济安全辨析

与经济安全状态相反的状态是经济不安全,与军事安全、政治安全相比,经济安全不容易被感知和判断,所以,现实中的经济不安全是客观存在的,是常态。风险与安全是同一个概念的两个侧面,既可以用风险来解释和衡量安全,同样也可以用安全来解释和衡量风险,一系列的风险会导致经济不安全,维护经济安全的重要机制和制度就是风险识别防范和危机管控。以下主要辨析与经济安全相关的风险与危机等相关概念。

### 一、经济风险与金融风险

经济风险,指因经济前景的不确定性,各经济主体在从事正常的经济活动时,蒙受经济损失的可能性。经济风险是市场经济发展过程的必然现象。经济风险按其产生的原因,可分为以下三类:第一,自然风险,指由于自然因素,如洪灾、火灾、地震、流行性传染病等引起的风险。如我国 2003 年出现的 SARS(严重急性呼吸综合征)病毒、2008 年汶川大地震和 2020 年的新冠肺炎疫情给我国经济发展带来了一定的影响和损失;第二,社会风险,指因个人或团体在社会上的行为,如偷盗、战争、政治动乱等引起的风险;第三,经营风险,指商品在生产或销售过程中,因经营管理不善或市场供求等因素引起的风险。

金融风险,是经济风险中最主要的一种风险,是金融业务的结果与预期偏离的一种状态,通常指金融机构在经营过程中,由于决策失误、客观情况或其他原因使资金、财产、信誉遭受损失的可能性。金融行业是一个特殊的高风险行业,金融风险种类繁多,成因复杂,危

---

① 《中华人民共和国国民经济和社会发展第十四个五年规划和 2035 年远景目标纲要》,人民出版社 2021 年版,第 156 页。

② 《总体国家安全观干部读本》编委会编著:《总体国家安全观干部读本》,人民出版社 2016 年版,第 112 页。

害严重。金融风险的极端表现就是金融危机,经济发展中最大的风险往往是金融危机。金融危机不仅会阻碍国家金融系统正常运行,还会破坏实体经济的运行状况,直接威胁国家的经济安全。

## 二、系统性经济风险与系统性金融风险

系统性经济风险,是指一个事件在一连串的机构和市场构成的系统中引起一系列连续损失的可能性,是一种由于总体性冲击而产生的对整个经济系统造成严重打击的风险。负外部性是系统性风险的重要特征之一,系统性风险所体现出的传染性和风险溢出效应使得不相关的经济体之间互相影响、互相作用。因此一连串的多米诺骨牌效应会放大原有风险的影响程度,使得原有风险存在被低估的可能性。

系统性金融风险,是单个或少数几个金融机构的破产或巨额损失导致的整个金融系统崩溃的风险,以及对实体经济产生严重负面效应的可能性。系统性金融风险具有如下特点:一是对整个金融系统的功能产生影响,而不是对某一个单纯的局部;二是它使不相干的第三方也被动地介入其中,并承担一定的成本;三是它具有较为明显的蔓延特性和传染性;四是负外部性以及对整个实体经济的巨大溢出效应是其本质特征。

## 三、经济危机与金融危机

经济危机是经济发展过程中周期爆发的生产相对过剩的危机。主要表现为:商品大量过剩,销售停滞;生产大幅度下降,企业开工不足甚至倒闭,失业人数剧增;企业资金周转不灵,银根紧缺,利率上升,信用制度受到严重破坏,银行纷纷宣布破产等。马克思认为,经济危机表现为信用危机和货币危机,其本质是生产过剩。

20世纪最为严重的经济危机为30年代发生的经济大危机,即1929年至1933年之间发源于美国,后来波及整个资本主义世界的经济大危机。这次危机具有持续时间长、范围广和破坏力强的特点,是现代社会持续时间最长的经济危机,不仅导致了长期的大规模失业,也改变了社会关系,间接导致了第二次世界大战的爆发。

金融危机是整个社会的金融体系运转失调而引发的金融大动荡。它集中表现为全部或大部分金融指标急剧恶化,如:短期利率、证券、房地产和土地等资产的价格、商业破产数、金融机构倒闭数等指标的急剧、短暂和超周期的恶化。

从历史上发生的几次大规模金融危机和经济危机来看,大部分经济危机与金融危机都是相伴随的。马克思认为,金融危机往往是经济危机的征兆,但金融危机并不一定必然带来经济危机,金融危机可以单独出现。金融危机的根本原因在于资本主义基本矛盾,直接原因在于具体的金融制度,即金融系统超常发展是独立金融危机产生的条件。

1997年亚洲金融危机和2008年国际金融危机是20世纪30年代以来最为典型的国际性金融危机。两次金融危机的破坏力、影响力巨大。相比较而言,2008年国际金融危机影响

的范围更广,程度更深,破坏力更强。亚洲金融危机及美国次贷危机通过贸易、金融等渠道对我国经济发展带来了严重的负面影响。

由于金融业渗透到社会生活的各个领域,又是一个特殊的高风险行业,一旦金融机构出现危机,很容易在整个金融体系中引起连锁反应,引发全局性、系统性的金融风暴,从而导致经济秩序的混乱,甚至引发严重的政治经济危机。

### 四、经济风险、系统性经济风险、经济危机与经济安全的关系

系统性经济风险与一般经济风险的主要区别在于,系统性经济风险的传导速度快,对经济影响程度深,范围广,危害大;经济风险与经济危机的区别在于经济风险是一个不断积累的过程,表现为连续的变量,而经济危机往往是经济风险积累到一定程度出现的爆发状态。经济风险积累是转化为经济危机的前提,经济危机则是经济风险从量变到质变的结果和表现。经济隐患和风险有一个从量变到质变的过程,积累到一定程度,就可能引发危机。突发事件往往是经济危机的导火索,会促使经济风险转化为经济危机。经济风险的识别就是对一个国家一定时期内宏观的经济安全状况作出判断。识别、防范和化解重大经济风险是维护国家经济安全的重要任务。

## 第三节    国家经济安全与其他领域安全的逻辑关系

党的十八大以来,以习近平同志为核心的党中央把握中华民族伟大复兴战略全局和世界百年未有之大变局,以宏阔的战略思维与宽广的世界眼光,敏锐洞察国家安全形势发展变化新特点、新趋势,深入总结国家安全工作历史经验,加强国家安全战略谋划和顶层设计,大力推进国家安全领域理论创新、实践创新、制度创新,开创维护国家安全的崭新局面,创造性提出总体国家安全观,标志着我们党对国家安全工作规律的认识达到新的理论高度。

总体国家安全观以人民安全为宗旨,以政治安全为根本,以经济安全为基础,以军事、科技、文化、社会安全为保障,以促进国际安全为依托,统筹发展和安全,统筹开放和安全,统筹传统安全和非传统安全,统筹自身安全和共同安全,统筹维护国家安全和塑造国家安全。总体国家安全观坚持马克思主义哲学基本原理,以普遍联系、开放发展、全面辩证的视野从实践层面对新时代国家安全工作进行了安排部署,已初步形成一个内容丰富、逻辑严密的科学理论体系。

第一,总体国家安全观下的国家经济安全与其他领域安全之间存在普遍紧密联系,凸显整体协同系统思维。

首先,总体国家安全观是一个由不同领域的国家安全要素组成的有机综合体,其将影响国家安全的要素延伸至社会的各个领域,涵盖陆地、海洋、天空、核等方面,各安全领域之间及各安全领域与国家安全之间呈现紧密联系。其次,维护不同领域安全的策略统筹协调,经

济安全与其他各种安全问题之间环环相扣,共同作用于国家安全大局,因此,维护国家安全要从体系的高度、全局的广度来构思应对策略,准确把握各种安全问题之间的联动性,从而为国家安全的整体布局提供全局性、综合性指导。最后,世界是相互联系的统一整体,国家安全格局的构建必须重视全球化的影响。整体和局部相互依存、相互影响,某一国家出现的安全风险积攒到一定地步会蔓延至其他地区,影响世界的和平与稳定。总体国家安全观要求各个国家统筹国际安全大形势,以宽广的国际视野为维护世界和平与发展凝聚起巨大的合力。

第二,总体国家安全观下各领域安全不是无差别的并列关系,贯彻落实各领域国家安全措施时应坚持两点论与重点论,凸显对立统一的辩证方法。

总体国家安全观蕴含马克思主义辩证思维与方法,要求我们对待安全问题既不可一概泛化,又不可机械僵化。首先,坚持重点论,维护国家经济安全乃至国家安全,要"以政治安全为根本"。这是因为政治安全是国家安全最根本的内容,只有拥有政治安全,国家安全的其他各个方面才能有保障。其次,坚持两点论,正确处理"五对关系"。总体国家安全观一分为二地剖析了新时代我国国家安全面临的有利条件和诸多挑战,克服了以往中西方传统国家安全理论的局限,突出展现了新时代处理国家安全问题时两点论、两分法的方法论优势。最后,把握主次矛盾转化,具体问题具体分析。新时代,我国社会主要矛盾发生了转变,国家安全领域中以往一些处于次要地位的诸如文化安全、生态安全、网络安全等非传统安全问题不断涌现,并逐渐成为影响社会可持续发展的关键性因素。因此,处理不同时期、不同领域、不同类型的安全问题,必须做到具体问题具体分析,尤其要防止次要矛盾的转化对国家安全形势造成全局性的冲击。

第三,总体国家安全观下,贯彻落实各领域国家安全保障时应坚持群众史观,凸显以民为本的价值追求。

在总体国家安全观中,人民安全被置于政治安全、军事安全、经济安全等多种安全要素之前,充分体现了党对全心全意为人民服务宗旨的坚守。新时代是全国各族人民不断奋斗并创造美好生活的时代,国家安全工作的出发点和落脚点是人民安全,基于对人民群众的深厚感情,为了让人民群众能够过上更加幸福美满的日子,党要带领人民努力维护国家安全,保障人民安全。"以人民安全为宗旨"突出展现了党的群众观点和群众路线,是人民群众的历史主体性在国家安全领域的集中表现。因此,要紧紧依靠人民开展国家安全工作,培养广大人民维护国家安全的积极性与主动性,将人民群众的智慧和力量凝聚起来,最终形成维护国家安全的强大合力。

第四,总体国家安全观下,维护各领域国家安全应坚持永恒发展的观点,凸显与时俱进的发展品质。

总体国家安全观是一个不断变化发展的理论体系。首先,其吸收借鉴了中华民族传统安全思想,对个体生命的关怀、对社会安定和谐的追求等丰富内涵在总体国家安全观的完善与发展中发挥了重要的作用。其次,习近平以动态、发展的眼光在"肯定—否定—否定之否定"这一螺旋上升的认知过程中提出了总体国家安全观,实现了对马克思主义传统国家安全观的革新。最后,总体国家安全观以一种开放包容的胸怀、兼收并蓄的姿态,对世界上各种安全观念进行了批判扬弃,最终形成了一种超越自利型传统国家安全观的新型安全观。

党的十八大以来,国家安全得到全面加强,经受住了来自政治、经济、意识形态、自然界等方面的风险挑战考验,在政治、军事、国土、经济、文化、社会、科技、网络、生态、资源、核、海外利益、太空、深海、极地、生物等诸多领域增强斗争精神、提高斗争本领、落实防范化解各种风险,为党和国家兴旺发达、长治久安提供了有力保证。

党着力推进国家安全体系和能力建设,设立中央国家安全委员会,完善集中统一、高效权威的国家安全领导体制,完善国家安全法治体系、战略体系和政策体系,建立国家安全工作协调机制和应急管理机制。党把安全发展贯穿国家发展各领域全过程,注重防范化解影响我国现代化进程的重大风险,坚定维护国家政权安全、制度安全、意识形态安全,加强国家安全宣传教育和全民国防教育,巩固国家安全人民防线,推进兴边富民、稳边固边,严密防范和严厉打击敌对势力渗透、破坏、颠覆、分裂活动,顶住和反击外部极端打压遏制,开展涉港、涉台、涉疆、涉藏、涉海等斗争,加快建设海洋强国,有效维护国家安全。

 **思考题**

1. 总体国家安全观下,国家经济安全的内涵及特征是什么?
2. 国家经济安全的主要表现形式有哪些?
3. 如何理解经济风险与金融风险的关系?
4. 经济风险、系统性经济风险、经济危机与经济安全的关系辨析。
5. 总体国家安全观下,国家经济安全与其他领域安全的逻辑关系辨析。

# 第二章　国家经济安全理论体系

经济因素是国家安全因素中最重要的因素之一。经济安全是对国家、民族经济利益的维护和拓展，是国家和民族最基本的生存安全，是决定国际安全关系的基础。

国家经济安全理论处于持续演变之中。在重商主义时代，多卖少买以获取贵金属对国家经济有利，反之则有损国家经济；在资本主义发展过程中出现的贸易保护主义是一种维护国家经济安全的行为；马克思和恩格斯最早提出经济发展理论，早期马克思主义者有关资本主义向全球扩张的论述中蕴含着国家经济安全问题；中国共产党百年奋斗历程中有关社会主义国家经济建设、社会发展的论述与实践中，体现出我国经济安全思想由萌芽到发展，最终走向成熟的历史轨迹，呈现给世界的是带有鲜明特点的中国特色社会主义新时代经济安全思想。作为总体国家安全观的有机组成部分，经济安全与人民安全、政治安全、科技安全等其他领域安全的理论及方法共同构成一个内容丰富、逻辑严密的理论体系。

## 第一节　国家经济安全理论体系构成要义

"国家安全"早已不限于"保卫国家不受侵略"的含义，而是拓展到了经济、社会、生态环境、网络空间等各个领域。"国家经济安全"也早已不限于维护经济稳步发展，避免发生大规模金融与经济危机的范畴，而是包含了财政安全、金融安全，以及与经济发展相关联的所有环节，如供应链、产业链安全、粮食安全、生态安全等。因为无论哪一个环节出现安全隐患，势必会对整体经济形势带来负面影响。以美国用芯片产业打击华为为例，由于受到美国制裁，华为的消费者终端业务急剧下滑，2021年一季度，在所有手机品牌出货量大幅度上涨的同时，只有华为下降了50%，且出货量足足少了1520万台。当一个国家的某些重要行业、产业被卡脖子，出现行业风险、产业风险，严重者则会对整个国家的经济安全造成巨大的威胁。因此，维护经济安全有必要完整、准确地描述其理论体系，更全面地厘清影响国家经济安全的各要素。这既是完善理论体系的需要，也是维护国家经济安全的需要。

国家经济安全理论的发展是一个逐步深化的过程，并不是一蹴而就的。该过程具体包括以下几个阶段：第一阶段，认为经济安全属于国家安全的范畴，是国家安全的基础和手段；第二阶段，把经济安全看成国家安全的核心部分，认为经济安全是国家安全的根本目标；第三阶段，不再局限于国家安全范围来思考经济安全问题，而是把经济安全当作是国民经济体系本身的安全。基于上述认识的深化,本章将国家经济安全划分为两个方面,一方面是与经济直接相关的经济安全体系,包括财政安全和金融安全;另一方面是与经济发展间接相关,但又十分重要的几个方面,包括资源安全,生态安全,产业链、供应链安全,核安全,国际贸易安全,海外利益安全,以及其他战略与支柱产业安全。两方面共同构成国家经济安全体系的核心内容,也是国家经济安全理论体系的主要变量。

## 一、国家经济安全理论体系的直接构成要义

与经济发展直接相关且对国家经济安全具有直接作用的两大核心要素包括财政安全和金融安全。它们既是国家经济安全的主要方面,也是衡量一国经济安全与否的主要指标。

财政安全是国家经济安全的最高形式,是国家政治安全和社会安定的重要保障。它是国家合法性的基础,是一切社会经济风险的最终承担者,是政府应对各种危机能力的保证。财政风险主要体现在收入、支出与政策合理性方面。财政收入风险主要考察财政税、费、利、债四个主要方面的合理比例与构成要件,财政支出风险简单地说就是支出数量能否得到满足,支出的比例分配是否合理等。此外,财政政策的合理性与经济安全具有十分重大的相关性。

金融安全是国家安全的重要组成部分。在国家经济安全理论体系中占有重要地位。金融安全也是实现国家安全的一种重要手段。《中华人民共和国国家安全法》第20条明确规定:"国家健全金融宏观审慎管理和金融风险防范、处置机制,加强金融基础设施和基础能力建设,防范和化解系统性、区域性金融风险,防范和抵御外部金融风险的冲击。"金融安全作为国家安全的重要组成部分,是经济平稳发展的重要基础。

财政安全与金融安全二者之间相互影响,相互交织与渗透。对国家经济稳定危害最大的是金融风险,金融系统出现系统性风险,甚至爆发金融危机对整个国家安全的影响是难以估量和极具破坏性的。而金融安全的最后一道屏障是财政安全,也就意味着,确保财政安全是防范金融风险进而化解金融危机与经济危机的重要举措。财政安全与金融安全两个方面同样重要。防范金融方面的风险,它的基础要落在防范财政方面的风险上。而在当前的中国要防范金融的风险,应当把财政的安全放在更加重要的位置。例如减税降费、基础设施投资等,政府征税的目的就是进行包括上述方面的支出,只有合理的财政政策才能避免财政风险的爆发。综上所述,财政安全和金融安全是构成经济安全的两个最为主要的方面,是经济安全的基础。财政安全是金融安全的基础环节。要以守护财政安全的努力,为金融安全构筑坚实的屏障。只有构筑起坚实的财政与金融安全屏障,才能避免经济危机与动荡,确保国家经济安全。

## 二、国家经济安全理论体系的间接构成要义

除财政安全和金融安全外,其他方面因素同样对国家经济安全构成重要影响。主要包

含资源安全、生态安全、产业链与供应链安全、核安全、国际贸易安全、海外利益安全及其他方面对国家经济安全构成影响的重要因素。

第一，资源安全是一个国家或地区可以持续、稳定、及时、足量和经济地获取所需自然资源的状态。资源安全在国家安全中占有基础地位。资源是财富的重要源泉，是人类生存与发展不可或缺的自然物质构成总和。在影响经济安全的诸多资源中，我们强调了粮食安全、水安全以及重要能源安全。

粮食安全事关民生。古语云："洪范八政，粮为政首"。保障粮食综合生产能力，维护国家粮食安全既是保障经济发展的重要环节，也是确保政治安全的重要任务。尤其是在当前新冠肺炎疫情在全球暴发的特殊时期，如何做好粮食生产相关工作，确保我国粮食生产不受疫情影响，稳定粮食播种面积、确保粮食产量、增加粮食储备，并在后疫情时代拥有足够应对可能出现的国际粮食危机的空间与手段是当前我们必须要认真探讨的重要问题。同时，确保粮食安全也是取得疫情防控与经济发展双胜利、实现脱贫攻坚和全面建成小康社会胜利的关键所在。正如党的十九大报告指出的："确保国家粮食安全，把中国人的饭碗牢牢端在自己手中"，始终是"治国理政的头等大事"。而作为14亿人口的大国，粮食安全什么时候都不能轻言过关。在国际竞争日趋多元化的今天，粮食作为一种战略商品，是维系社会稳定的"压舱石"，是保障国家安全的重要基础。当前，我国农业现代化稳步推进，2020年我国粮食总产量66 949万吨（约13 390亿斤），产量连续6年保持在1.3万亿斤以上。粮食的储备率已经大大超过了联合国粮农组织（FAO）规定的安全储备率水平。这为进一步全面深化改革、促进经济发展奠定坚实的物质基础。基于此，国内认为中国粮食安全已经过关，或者不存在粮食安全问题的声音不绝于耳。然而习近平进一步告诫我们要牢记历史，在吃饭问题上不能得健忘症，不能好了伤疤忘了疼。粮食安全是一个永恒的课题，任何时候都不能放松，需要时刻警醒。联合国粮农组织最新关于粮食安全的定义为：确保所有的人在任何时候既能买得到又能买得起所需要的基本食品。定义从最初的主要关注粮食数量安全，后逐步深化，粮食的市场保障能力、家庭的支付能力、效用、偏好以及社会价值被引入粮食安全的概念当中。从粮食安全定义的演进过程可以看到，世界范围内对粮食安全的认识经历了由浅入深、由单角度向多维度的认识过程，从重视粮食的供给数量到重视供给质量、从关注消费的可获得性到公平性；粮食本身的属性也从一般意义上的消费品演进到公共物品，从而使对待粮食安全问题从一个国家或地区的视角演变成全球化视角。

水安全是国家安全的重要组成部分，事关资源安全、生态安全、经济安全和社会安全。水利建设对于经济保障发展、拉动投资的作用十分明显，因此，加强水利基础设施建设，实施国家水网等重大工程，推进重大引调水、防洪减灾等重大项目建设是"十四五"时期促进我国经济发展、保障经济安全的重要举措。在乡村建设方面，要大力发挥水利助力农业、振兴乡村的作用，加大农业水利设施建设力度，实施河湖水系综合整治，改善农村人居环境。在我国提出"30·60"目标，明确实现碳达峰、碳中和的目标和承诺的大背景下，基于水利改善环境、稳定生态的作用被凸显出来，要实施节水行动，建立水资源刚性约束制度，推进用水权市场化交易，强化河湖长制。此外，水利资源在统筹发展和安全方面同样具有重要作用。要发挥水利调蓄雨洪、防灾减灾的作用,提升洪涝干旱等自然灾害防御工程标准,加快江河控制性工程建设和病险水库除险加固,推进堤防和蓄滞洪区建设,增强城市防洪排涝能力,并将水利基础设施安全纳入国家经济安全,要求提高水资源集约安全利用水平。

能源是国民经济和社会发展的重要基础,是习近平一直关心、关注的重要领域。能源是工业粮食,能源安全关系国家安全,没有能源安全就没有真正意义上的国家安全。党的十八大后,面对能源供需格局新变化、国际能源发展新趋势,习近平从保障国家能源安全的全局高度,提出"四个革命、一个合作"能源安全新战略,这是习近平新时代中国特色社会主义思想的重要组成部分。能源安全由总量安全、结构安全和成本安全三个方面构成,无论哪方面缺失,都会给国家安全构成重大威胁。一是总量安全。按照落实"双碳"战略的规划目标,我国能源需求在 2030 年达到峰值。届时,我国能源需求总量为 60 亿吨标煤,较 2018 年增长29.3%。到我国基本实现现代化,城市化率将达到 75% 以上,意味着我国还有 2 亿农村人口将转为城市人口。国外经验表明,城市人口的人均能源消费量是农村人口的十倍左右。考虑科技进步、能源使用效率的提高等因素,2030 年我国能源消费量应在 70 亿吨标煤更为可靠。二是结构安全。到 2030 年,我国能源结构中,煤炭占比将降至 45%,石油、天然气与非化石能源分别提升至 20%、15% 和 20%。根据测算,届时我国需要进口石油 6.6 亿吨,天然气4 300 亿立方米,石油和天然气对外依存度将分别达到 76.7% 和 60.6%。由于石油关系交通运输工具的动力保障,天然气关系民生用能,都具有一定的不可替代性。长期依赖大量进口,必将成为国家安全的重大隐患。三是成本安全。我国风能、太阳能等新能源比重迅速提高,加之石油及天然气进口的扩大,对我国能源保障和环境改善发挥了重要作用。但与此同时,也大大增加了我国的用能成本。据测算,到 2030 年,若按石油 70 美元/桶、天然气 3.5元/立方米的价格,仅因能源结构调整,全社会能源成本将较 2018 年增加 2.36 万亿元。能源成本对我国安全的影响还表现在国际价格变动对国民经济冲击的不可控性上。按 2030 年规划目标的石油、天然气进口量,如果国际油价每上涨 10 美元/桶,天然气价格上涨 1 美元/百万英热单位,我国能源成本将相应增加 605 亿美元/年和 343 亿美元/年。这对我国国民经济平稳运行无疑是巨大的变数。因此,制定能源国策,必须运用底线思维,守好安全底线,确保我国能源安全。

第二,生态安全是人类生存发展的基本条件、经济安全的基本保障、政治安全和社会稳定的坚固基石、国土安全的重要屏障、资源安全的重要基础。生态安全是指生态系统的完整性和健康的整体水平,尤其是指生存与发展的不良风险最小以及不受威胁的状态。2014 年4 月 15 日,习近平主持召开中央国家安全委员会第一次会议,明确将生态安全纳入国家安全体系,生态安全由此正式成为国家安全的重要组成部分。然而,人民群众不断增长的优美生态环境需求与现有供给优质生态产品能力不足之间的矛盾日益明显。我国地域辽阔,气候多样,生态系统类型丰富多样,几乎拥有地球上所有陆生生态系统的类型,但生态环境脆弱,生态退化严重,生物多样性受到严重威胁。生态环境问题已经成为我国经济发展过程中面临的严峻挑战。例如,生态空间遭受过度挤压和持续威胁。随着城镇化、工业化的发展,基础设施建设等经济开发活动占用大量生态空间,直接割裂生物生存环境的整体性和连通性,导致生态系统质量和服务功能较低。然而,生态保护与修复是一项系统工程,需要耗费几十年乃至上百年的时间,短期内难以见效。如何直面挑战? 必须坚持新发展理念,即按照创新、协调、绿色、开放、共享理念与思路着力解决突出生态环境问题,逐步建立健全维护生态安全的制度体系。

第三,产业链供应链安全性和竞争力是构建新发展格局的基础,也是统筹发展和安全的需要。如何聚焦影响产业链供应链安全的风险点和制约竞争力提升的短板弱项,提升我国产业链供应链自主可控能力和现代化水平,重塑产业国际竞争新优势,是构建新发展格局需要着重思考的问题。产业链供应链既是构建新发展格局、实现国内大循环的"基础"之一,也是打通国内国际双循环的"动力支撑"。"基础"不稳、不安全,新发展格局就难以构建起来;"动力支撑"不足、缺乏竞争力,我国参与国际循环就难以行稳致远。产业链供应链安全稳定是构建新发展格局的重要保障。在经济全球化背景下,产业链供应链跨国布局和分工合作是普遍现象。这在一定程度上增加了产业链供应链的风险。近年来,世界处于百年未有之大变局,全球化遭遇逆风,贸易保护主义、单边主义抬头,全球产业链供应链面临重构,新冠肺炎疫情加速这个变局,全球经济不稳定性不确定性增强,我国产业链供应链安全稳定运行面临重大威胁。面对国际形势变化,只有增强产业链供应链自主可控能力,才能做到在关键时刻国内生产和供给不会受到影响,在极端情况下经济能够自我循环。必须通过整合科技力量攻克关键核心技术、强化产业链供应链协同创新的人才支撑、开放推进产业链供应链国际合作等,实现我国产业链供应链安全可控,不受制于人。

第四,核安全是介于传统安全与非传统安全之间的经济安全重要组成部分。原子的发现和核能的开发利用,给人类发展带来了新的动力,极大增强了人类认识世界和改造世界的能力。同时,核能发展也伴生着安全风险和挑战。人类要更好利用核能、实现更大发展,必须应对好各种核安全挑战,维护好核安全。党的十八大以来,中国的核安全事业进入安全高效发展的新时期。习近平提出理性、协调、并进的核安全观,强调发展和安全并重,倡导打造全球核安全命运共同体,为新时期中国核安全发展指明了方向,为推进核能开发利用国际合作、实现全球持久核安全提供了中国方案,形成了具有中国特色的中国核安全观。全面系统推进核安全进程,是中国核安全观的核心要义,体现为发展和安全并重、权利和义务并重、自主和协作并重、治标和治本并重。

第五,国际贸易安全是开放经济条件下国家经济安全的重要支撑。国际贸易安全是指在经济全球化和区域经济一体化背景下,一国为避免受到国内外诸多不利因素影响,通过参与国际竞争和国际合作从而保证本国贸易可持续健康发展和维护国家安全的状态和能力。贸易安全的根本目的就是要发展和繁荣国民经济,提高国家在国际上的经济地位,提高本国福利水平;核心是要提高国家整体国际竞争能力。贸易安全是国家经济安全的重要组成部分,必须服从国家经济安全的整体利益;同时,国家贸易安全是国家经济安全的基础,关系中国的全球政治、经济地位和整个国家安全,因此必须将贸易安全问题纳入国家安全战略层面。除此之外,贸易安全还应该特别重视在全球经济贸易自由化和区域经济一体化的趋势下,传染病、外来物种入侵等诸多非传统安全问题对我国的经济社会发展、公共安全及生态安全构成的极大威胁。

第六，海外利益是国家利益在海外的正常延伸，是国家利益的重要组成部分。海外利益安全是新时期我国发展和安全利益的重要组成部分，是中国在与国际社会互联互通的过程中，产生于中国境外的生存需求和发展需求的总和，主要包括海外能源资源安全、海上战略通道以及海外公民、法人的安全。21世纪以来，在"走出去"战略的大背景下，中国更加深入地参与到全球化进程中。以"一带一路"倡议为例，目前中国已经与绝大多数国家与国际组织签署了双边或多边协议，通过经济等领域的互利共赢合作，中国海外利益的规模日益增长，影响力日趋增强，在世界经济发展中的贡献越来越大。随着"一带一路"倡议的不断推进，中国海外利益的拓展速度和规模将持续走高。在中国海外利益发展的过程中，面临的安全风险也日趋复杂，中国海外利益也因此遭受了严重的人员伤亡和财产损失。在这种情形下，对中国海外利益当前面临的安全风险进行研究具有非常重要的现实意义。

在国家经济安全的整体概念中，除了上述安全模块，还有一些其他构成要素，诸如"一带一路"倡议安全、产业安全中的农业产业安全、房地产业安全、中小企业发展等诸多方面，均应予以高度重视。只有这样才能确保我国经济安全稳定、国家长治久安、人民安居乐业。

# 第二节　西方经济学中有关国家经济安全的观点

## 一、重商主义时期经济安全实践的早期萌芽

从已有研究来看，国外有关经济安全问题的实践最早可追溯至15世纪的重商主义时期，对经济安全问题有意识地关注及研究则源自古典经济学派代表人物亚当·斯密，只是当时尚未提出经济安全的概念。

15世纪至17世纪中期，伴随着欧洲资本主义市场经济的萌芽，重商主义在英国应运而生。重商主义的代表人物托马斯·孟提出，"财富的唯一形态是金银形态的货币，对外贸易是一国财富的主要来源"。为了保护国家利益，应该在商贸流通领域加强国家干预，用国家的力量促进出口和限制进口。

作为现代经济学的萌芽，重商主义已经萌生了初步的经济安全概念，具体体现出如下五个方面的典型特征：一是经济安全重点是商贸流通行业特别是国际贸易行业，基本没有涉及国民经济其他行业和领域；二是经济安全主要基于国民权益视角的经济安全，不同于之后基于竞争力、控制力等视角的经济安全思想；三是经济安全的实现需要动用政府强制保护手段实现，不同于之后基于完全自由开放市场经济手段的经济安全思想；四是这种经济安全思想从本质上讲是一种早期的以贸易保护为核心的经济安全思想；五是重商主义只提出了一些简单的政策主张，并没有形成一个完整的经济学说体系，因此往往被称作现代经济学思想的早期萌芽。与此相应，重商主义体现出的经济安全概念也只是现代经济安全理论的萌芽。

## 二、古典和新古典经济学派有关经济安全的分析

1776年,亚当·斯密在《国富论》中对国防与产业、贸易的关系进行了分析,体现了他对经济安全的关注。第一,国防及相关工业的关系。斯密认为,如果某一种制造业确是国防所必需的,那么靠邻国借给这种制造品未必是聪明的办法。如果这一制造业不进行奖励不能在国内维持,那么对其他一切产业部门课税,来维持这一制造业也未必就是不合理的。如果一个国家没有具备国际竞争力的国防工业及相关产业,就不会有维护国家安全的重要手段,其经济利益的拓展与国家经济安全的维护无法实现,即"国防比国富重要得多"①。第二,制造业的发展与保护。在制造业的发展和保护问题上,斯密一直反对应用关税手段对制造业进行长久保护,但他注意到如果国内制造业不具备竞争力,则一旦受到大量外国进口工业品的冲击,可能导致一国经济不安全,直接表现为大量失业和人民生活资料的丧失。所以必须"小心翼翼地恢复自由贸易"②。第三,产业均衡发展。斯密认为产业发展不均衡,即产业过分依赖某一产业或某一市场可能会导致国家经济不安全的严重后果。③

以斯密为代表的古典经济学派,以及以马歇尔为代表的新古典经济学派,基于"经济人"假设的研究原点,提出了"看不见的手"的市场理论,认为市场在"看不见的手"的价格指导下,每个人都追求自己的私利,必定会同时增进社会整体利益。其政策主张是消除国家对所有经济活动的一切管制和干预,废除对自由运用资本获利的所有限制。表面上看,这种对内自由放任和对外自由开放的自由市场经济理论,完全放弃了对经济安全的担心,在某种程度上似乎将经济安全问题置于伪命题的尴尬境地。实质上则不然,这是因为当时斯密和马歇尔等人所在的英国,正处于强盛时代,其国家工业和经济的发展水平和竞争能力可谓全球无可匹敌。在这种强大而且全面竞争优势背景下推行全面自由放任,不仅不会对本国经济安全造成危害,反而有利于洞开其他国家国门,进一步促进本国产业和经济的利益扩展。所以斯密和马歇尔自由放任理论的本质,从经济安全角度而言是一种绝对优势中心国家推行的通过自由放任手段拓展国际市场和扩展本国利益空间的经济安全思想,可称之为"绝对优势国家　完全自由开放　拓展国际市场　扩展利益空间　经济安全实现"的经济安全模式,也可简称作"自由开放　经济安全"的经济安全模式。

概括而言,古典和新古典经济学派对经济安全的分析,呈现出五个典型特点:一是涉及的范围扩展到了包括农业、工业、商贸流通业在内的国民经济全部行业,而不再仅仅限于商贸流通业特别是国际贸易业。二是经济安全的核心是竞争力,不过,由于英国当时拥有全面

---

① 【英】亚当·斯密:《国民财富的性质和原因的研究》(下卷),郭大力、王亚南译,商务印书馆1974年版,第93页。

② 【英】亚当·斯密:《国民财富的性质和原因的研究》(下卷),郭大力、王亚南译,商务印书馆1974年版,第41页。

③ 【英】亚当·斯密:《国民财富的性质和原因的研究》(下卷),郭大力、王亚南译,商务印书馆1974年版,第175页。

而绝对的经济发展优势,这个核心问题已经得到了天然的解决,并不需要予以专门的明确和强调,所以其只论述了分工等因素在经济发展中的重要作用,竞争力的培育和提升问题没有也不需要专门探讨,从而有意无意被忽视了。三是经济安全完全可以通过自由开放的市场经济手段实现,不需要动用政府强制手段,甚至提出政府的角色定位是守夜人,管得越少的政府就是越好的政府。四是这种经济安全思想从本质上讲,是一种自由开放性质的经济安全思想。五是古典和新古典经济学的出现标志着现代经济学说体系的正式形成,其虽然没有直接就经济安全问题进行论述,但其体现出的经济安全观点已经相当完备。

### 三、幼稚产业保护理论与国家经济安全

相比于英国,18 世纪末 19 世纪初美国、德国等国的工商业经济尚处于幼稚发展阶段。英国高度发达工业经济的明显优势和激烈竞争,对这些国家工商业经济的发展形成了重大威胁。在此背景下,幼稚产业保护理论应运而生。幼稚产业保护理论最早由汉密尔顿在《关于制造业的报告》中提出,但真正对其进行系统论述的则是德国经济学家弗里德里希·李斯特。李斯特在其专著《政治经济学的国民体系》中反映了后起国家发展民族经济的要求,挑战了以斯密为代表的古典经济学派倡导的自由放任的贸易政策,主张应该实行贸易保护,大力发展国内相关产业,维护国家经济安全。

第一,关于贸易政策和国家经济安全。李斯特通过对意大利、荷兰、英国、美国、西班牙、葡萄牙、法国、德国等国家近代经济发展史的考察得出结论:一个国家不能在工业尚未充分发达前,就采取自由贸易的方针,如果盲目执行自由贸易的方针,就会使国家的工业衰弱、消亡,最终导致这一国家国际政治、经济地位的衰落。第二,关于效率与生存的关系。李斯特认为一个国家在其工业尚处于弱小阶段时,盲目参与国际分工,任其工业在无保护的自由贸易中消逝是危险的。"国家对于物质资产势必多少有所牺牲和放弃,借以获取文化、技术和生产的力量;就是说必须牺牲部分眼前利益,使将来的利益获得保证。"[1]第三,对工业的保护。李斯特认为"工业不同部门也并不一定要在同样程度上受到保护;应当予以特别注意的只是那些最重要的部门,这里所谓最重要的工业部门,指的是建立与经营时需要大量资本、大规模机械设备、高度技术知识、丰富经验以及为数众多的工人,所生产的是最主要的生活必需品。"[2]就是说高附加值、高技术、需求弹性小、关系国家安全的产业,必须予以重点保护。

幼稚产业保护理论的基本出发点,就是对后发国家某些工业发展提供过渡性扶植保护,消除或减弱中心优势国家发达工业激烈竞争带来的安全威胁,最终获得发展所必需的竞争能力。在某种程度上,其可以称作是第一种真正的经济安全保护理论。概要而言,幼稚产业经济保护理论体现出来的经济安全思想,呈现出六个方面的典型特点:一是经济安全保护只适用于特定的经济发展阶段。经济发展的历程可分为原始未开化阶段、畜牧阶段、农业阶

---

① 【德】弗里德里希·李斯特:《政治经济学的国民体系》,陈万煦译,商务印书馆 1961 年版,第 128 页。
② 【德】弗里德里希·李斯特:《政治经济学的国民体系》,陈万煦译,商务印书馆 1961 年版,第 156 页。

段、农工业阶段、农工商业阶段共五个阶段。当国家经济处于落后的农工业阶段时,其工业经济发展程度和国际竞争力都不足以与先进农工商业阶段国家的产品形成有效竞争。如果采用自由贸易政策,会对经济产生巨大冲击,因此需要采取贸易保护政策维护产业实现经济安全发展。二是经济安全保护的重点是幼稚产业。幼稚产业是指关联性强、发展潜力大但尚未发展成熟的新兴产业,暂时不具备能力与发达国家同类产业进行竞争。三是经济安全保护的核心是产业生产力。"财富的生产力比之财富本身,不晓得要重要多少倍,它不但可以使已有和已经创造的财富获得保障,而且可以使已经消灭的财富获得补偿。"[①]所以一个国家追求的重点和核心,不应仅仅是财富本身,而应是创造财富的生产力。按照斯密的绝对优势理论和李嘉图的比较优势理论进行自由贸易,落后国家虽然在短期内能够获得一些表面的贸易利益,但却不能使长远的财富生产能力得到应有发展,因此不应该成为落后国家贸易自由化的依据。四是经济安全保护的主体是国家和政府。国家和政府的角色定位要从"守夜人"向"植树人"转变,积极制订实施有效的包括产业政策和关税政策在内的经济政策来保护国内市场。五是经济安全保护的手段是关税制度。主要包括向与本国幼稚工业相竞争的进口产品征收高关税,同时减免关税鼓励不能自行生产的机械设备进口;重点保护那些通过保护可以成长起来和获得国际竞争力的幼稚产业,不保护那些通过保护也不能成长起来的产业;保护要有限期,超过限期即便没有成长起来也要解除对它的保护。六是这种经济安全思想从本质上讲是一种贸易保护主义角度的经济安全思想。

李斯特和汉密尔顿提出的幼稚产业保护理论,从经济安全的角度而言,可以认为是一种落后国家工业在面对优势国家激烈竞争的背景下推行的,通过政府保护手段巩固国内市场和维护本国经济利益空间的经济安全观点,可称之为"落后国家　政府保护手段　巩固国内市场　维护利益空间　经济安全实现"的经济安全模式,也可简称作"政府保护　经济安全"的经济安全模式。需要特别指出的是,李斯特和汉密尔顿幼稚产业经济保护理论着重强调保护的"生产力",用现代眼光来看即制造业的竞争力。

## 四、贸易保护主义与国家经济安全

对外贸易政策是一国进行国际贸易活动的规范和行动指南,属于国家上层建筑范畴。一个国家的对外贸易政策,是由这个国家的生产力水平和国际分工地位决定的,代表了一国经济发展程度以及统治阶级的利益和要求。国家制定对外贸易政策的最根本目的,是实现这个国家经济和政治利益的最大化。

保护贸易政策又称为保护关税制度。实行保护贸易政策的国家一般通过提高关税等做法,对外国产品的输入进行限制,其本质是保护本国一些处于萌芽期的产业的发展,在培育本国产业竞争优势的同时减少对外国优质产品的依赖性,最终达到占据国际分工主导权的

---

① 【德】弗里德里希·李斯特:《政治经济学的国民体系》,陈万煦译,商务印书馆 1961 年版,第 118 页。

目的。马克思曾指出:"保护关税制度不过是在某个国家建立大工业的手段。"[1]

在英国崛起的过程中,保护贸易政策发挥了重要作用。其中,较为典型的是英国于1815年颁布的旨在限制谷物进口的《谷物法》,试图通过该法律来"保护"英国农夫和地主免受来自外国价格低廉的谷物的竞争,达到维持粮食价格稳定、保护本国农业的目的。另外,在13-16世纪,英国的毛纺织业并不具备比较优势,先是由低地国家控制英国的出口市场,再到16世纪英国出口呢绒,但由于缺乏印染等技术,荷兰获得多数的利润。在这种困境下,英国采取了重商主义政策,多次重申禁止羊毛出口的禁令,对于无特许证而输出羊毛的违令者重罚,同时征收高额的羊毛出口税以及禁止外国呢绒输入,鼓励技术工人移居英国,并且以国家力量开拓海外市场。在这一系列的政策下,毛纺织业最终成为英国的首要产业。通过类似的措施,英国的亚麻、丝织产业也得到发展,尤其是棉纺织业,在18世纪下半叶超越毛纺织业成为英国的首要产业,并开启了英国的工业革命。工业革命的先发优势使英国产品在世界市场上获得了巨大的竞争优势,此时英国对外贸易政策也开始转向自由贸易。英国于1823—1827年开始降低关税,于1846年废除《谷物法》,1849年废除《航海法》。

英国经济学家凯恩斯在国际贸易方面主张政府干预对外经济贸易活动,利用贸易顺差保持国内充分就业,维护国家经济安全。

1973—1974年,新贸易保护主义兴起,出现了许多与经济安全相关的观点,主张规避多边贸易制度的约束,通过贸易保护,保护本国就业、维持在国际分工和国际交换中的支配地位。

20世纪80年代以后,出现了战略性贸易政策理论,其倡导者将国民利益最大化作为首要目标,战略性贸易政策通过牺牲外国竞争者的利益获取本国的竞争优势。该理论也是从维护本国经济安全的角度衍生的。

可以看出,早期对经济安全的研究大多均是从研究国际贸易对本国经济的影响开始的。在传统的国家安全观念中,经济是作为国家军事安全的基础和国家对外政策的权力手段而对国家安全起作用的。

## 五、经济安全逐步上升至国家安全战略范畴

随着和平与发展成为时代主题,特别是冷战结束后,经济替代军事成为国家与国家之间竞争的角力场,国家间特别是大国间经济交往越深,经济联系越密切,相互依赖程度越深,相互之间造成经济危害的机会就越多,潜在的经济安全问题就越严重,国家经济安全的探讨也因此引起了各国的重视。美国、俄罗斯、日本等国政府均开始深入研究国家经济安全问题。

1993年,乔治·赫伯特·沃克·布什(老布什)执政期间,美国将经济安全定为国家安全战略目标之一。进入21世纪以来,小布什、奥巴马和特朗普执政时期先后颁布了五部《美国国家安全战略报告》。纵观这五部《美国国家安全战略报告》,我们既可以看出这一时期美

---

[1]　《马克思恩格斯选集》第1卷,人民出版社2012年版,第375页。

国国家安全战略的连续性,又可以看出美国国家安全战略的多变性和差异性。

从战略目标来看,我们可以看出美国国家安全战略的连续性,促进国家利益与经济繁荣始终是美国国家安全战略的重要目标之一。与此同时,国内外环境的变化、政党理念的差异、总统个人价值判断的差异等因素都决定了美国国家安全战略会体现出一定程度的变化和差异,其中突出的一点表现为:实现美国经济繁荣的手段各不相同,尤其是对待自由贸易的政策差异较大。小布什政府执政的八年,一直试图通过自由市场和自由贸易开启全球经济增长的新时代,并带动美国经济的增长;奥巴马政府更是致力于打造高标准的多边投资与贸易协定,包括《跨太平洋伙伴关系协定》(TPP)和《跨大西洋贸易和投资伙伴关系协定》(TTIP),认为此举将把美国置于"涵盖全球经济三分之二的自由贸易区中心"。而特朗普的国家安全战略报告,则是一直在强调"公平与互惠"的贸易体系或贸易关系,抱怨一些国家利用多边贸易体系的规则,给美国造成贸易赤字。报告指出,美国将不再对"违规、欺骗和经济侵略熟视无睹"。正是在这一理念驱使下,美国退出了TPP,并与加拿大和墨西哥重启了《北美自贸协定》谈判。

在第二次世界大战后相当长一段时间,由于冷战的影响,日本在安全领域主要重视军事问题等传统安全议题。但是,在经济高速增长期结束后、特别是20世纪70年代,日本先后遭遇了石油危机和"布雷顿森林体系"崩溃后造成的金融动荡,国内经济受到严重影响。同时,日本的对外投资快速增加,日本国民在世界各地的活动愈加频繁,国民生命与财产的海外安全也迅速成为现实问题。在此背景下,日本逐渐认识到安全领域的问题十分复杂,非战争的重大事件同样可能给国家造成不亚于战争的巨大损失。在日本的政界和学界逐渐形成了"综合安全观"思想。1980年,时任首相大平正芳组织的政策研究会提交报告——《国家安全综合报告》,建议日本重视"综合安全",并正式确定了这一概念。"综合安全"不仅包括军事安全,也包括政治、经济和防灾等领域,具体如防御针对日本国土的军事侵略,确保能源安全,确保粮食安全,准备应对大地震、火山喷发等大规模自然灾害等。

此外,1996年俄罗斯通过了《俄联邦经济安全国家战略(基本原则)》总统令,旨在保障经济危机中的俄罗斯经济安全。1997年,亚洲金融危机再次给世界各国敲响了警钟,也使经济安全的研究进入了一个新的阶段。

与此同时,学术界对经济安全的研究也越来越深入。英国学者巴里·布赞(Barry Buzan)(1983)认为,经济安全这一概念只有在限定的条件下,在经济与军事力量、权力和社会认同之间具有明显的联系时才有意义。[1] 美国学者罗伯特·吉尔平(Robert Gilpin)(1987)认为国家经济安全是经济竞争力及其带来的相应的国际政治地位和能力。[2]

由上述研究可以看出,经济安全问题已经走出经济学范畴,上升到国家安全战略,成为世界性的研究新课题。

---

[1]　Barry Buzan. , "People, States, and Fear: The National Security Problem in International Relations", University of North Carolina Press, (January 1, 1983), p. 150.

[2]　Robert Gilpin, "The Political Economy of International Relations", Princeton University Press, 1987, p. 365.

# 第三节    马克思主义经典作家关于国家经济安全的思想与实践

## 一、马克思主义政治经济学有关国家经济安全的思想

### (一) 关于经济危机的理论

马克思和恩格斯的经济思想虽然没有明确使用"经济安全"这一术语,但其经济思想中蕴含着丰富的国家经济安全思想,尤其在肯定资本主义生产方式创造巨大生产力的同时,敏锐地指出资本主义制度本身无法克服其内在矛盾,使得资本主义国家在不断发展和扩张的进程中显露出各式各样的经济安全隐患,最终将导致灾难性的结果。具体来看,马克思、恩格斯论述了经济危机在资本主义社会中的深层次根源,同时揭示了经济全球化中经济危机对各国经济的影响。群众的贫困兼之其有限的消费与资本主义生产肆无忌惮、永无止境的生产欲望间的矛盾激化了经济危机。以生产资料私有制为基础的资本主义社会经济制度客观存在,私有制社会分配是按权力进行的非平衡、不安全的分配,这种不公平的分配机制势必导致贫富分化极大,然而资本家在盲目追求经济效益的同时忽视了人民群众极低的消费能力,造成通货膨胀进而引发经济危机。马克思从资本主义生产的动机、组织和运动过程的矛盾特性出发,对李嘉图的分配理论进行了分析和批判,提出了资本主义条件下经济和金融危机的可能性理论。马克思认为,正是由于商品和货币在价值形态上的对立和必须相互转换,资本运动过程中才产生了经济危机和货币金融危机的可能性。

关于经济危机与金融危机两种可能性之间的联系,马克思认为,只要存在买卖中断的可能性,也就存在支付链条中断的可能性。马克思认为:"如果说危机的发生是由于买和卖的彼此分离,那么,一旦货币发展成为支付手段,危机就会发展为货币危机,在这种情况下,只要出现了危机的第一种形式,危机的第二种形式就是不言而喻的事情。"[①]

### (二) 经济全球化对经济安全的影响

马克思、恩格斯还尖锐地揭发了经济全球化对世界各国经济安全带来的负面影响,指出了资本主义世界市场对经济欠发达地区或国家所带来的劫难。在资本主义全球扩展中,各国金融、贸易和生产密切关联,金融系统特别脆弱,一方面是生产特别容易过剩,另一方面是金融特别容易膨胀,而资本运动极其敏感,金融危机特别容易产生,而且注定是国际性和世界性的金融危机。

---

① 《马克思恩格斯选集》第 2 卷,人民出版社 2012 年版,第 802 页。

### （三）经济发展理论

马克思曾论述资本帝国主义或资产阶级帝国主义在改造传统社会,并把全世界结合为相互依存的世界经济方面的革命性作用。他指出,"资产阶级,由于一切生产工具的迅速改进,由于交通的极其便利,把一切民族甚至最野蛮的民族都卷到文明中来了。……它迫使一切民族——如果它们不想灭亡的话——采用资产阶级的生产方式;它迫使它们在自己那里推行所谓文明,即变成资产者。"①马克思还指出,"政治权力不过是用来实现经济利益的手段",②"暴力还是由经济状况来决定的,经济状况给暴力提供配备和保持暴力工具的手段。但是还不仅如此。没有什么东西比陆军和海军更依赖于经济前提"③。由此不难看出,马克思主义者对资本主义向全球扩张的有关论述中蕴涵着国家经济安全问题。

## 二、列宁关于国家经济安全的有关思想及实践

俄国十月革命之后,建立了苏维埃政权,但各方反动势力联合对苏俄政府进行反抗,为了捍卫新生的苏维埃政权,列宁结合俄国具体实践,提出了一系列维护国家安全的思想。

第一,实行租让制,引进外资,刺激本国经济,扩大对外开放。列宁为了巩固国家经济安全,提出租让制。列宁曾经提出了两种租让合同草案,其中一种是勘察加为期 10 年的租让制,第二种是出租阿尔汉格尔斯克省的数百万俄亩森林。列宁在俄共（布）莫斯科组织支部书记会议上的讲话明确了租让制的性质,即"租让并不是和平,它也是战争,不过是用另外一种、对我们比较有利的形式进行的战争……现在这场战争将在经济战线上进行……租让是战争在经济方面的继续,不过在这场战争中我们已经不是在破坏而是在发展我们的生产力。"④列宁认为租让制在经济方面的重大意义即"在中欧,这是一个有着强大的经济和技术实力的最大的联盟。从经济观点看来,恢复世界经济是需要它们的……苏维埃在这个时期巩固了,不仅本身巩固了,并且还提出了恢复全世界经济的计划。"⑤租让制的实施使得俄国的经济发展进入了一个新的阶段,俄国经济在此阶段得到了快速的发展,为国家的稳定发展提供了巨大的支撑。

第二,与社会制度不同的国家开展国际贸易。"因为我国的经济危机十分深重,没有外国的装备和技术援助,我们单靠自己的力量就无法恢复被破坏了的经济。只输入装备是不够的,我们或许可以用更广泛的方式把企业租给最大的帝国主义辛迪加……当然,这样做我们要付出十分昂贵的代价。"⑥从中可以看出,列宁主张与社会制度不同的国家开展国际贸

① 《马克思恩格斯选集》第 1 卷,人民出版社 2012 年版,第 404 页。
② 《马克思恩格斯选集》第 4 卷,人民出版社 2012 年版,第 257 页。
③ 《马克思恩格斯选集》第 3 卷,人民出版社 2012 年版,第 546 页。
④ 《列宁全集》第 40 卷,人民出版社 2017 年版,第 43 页。
⑤ 《列宁全集》第 40 卷,人民出版社 2017 年版,第 71-72 页。
⑥ 《列宁全集》第 41 卷,人民出版社 2017 年版,第 17-18 页。

易,在资本主义国家包围的国际环境中,苏维埃政权要想发展自己的经济,维护国家的安全,必须突破意识形态的限制,同资本主义国家进行贸易。此外,列宁认为在与社会制度不同的国家进行交往要基于共同的经济利益,只有基于共同的经济利益进行经济交往才能长久。列宁指出,"但是我们知道,封锁我们的那些国家的经济状况很脆弱。有一种力量胜过任何一个跟我们敌对的政府或阶级的愿望、意志和决定,这种力量就是世界共同的经济关系。正是这种关系迫使他们走上这条同我们往来的道路。"[①]最后,列宁在《给契切林的信》中指出:"我们甚至同意内容极为狭窄的纲领,只是决不接受任何对我们不利的东西。我们决不屈服于最后通牒……而且不把'要价'一分一厘都算清楚我们也决不成交。"[②]这体现了与社会制度不同的国家进行经济贸易时,要坚决维护国家的经济利益,坚决捍卫俄国国家经济安全。

　　第三,不同时期实行不同的经济政策。1918 年苏俄遭到国内外反对势力的联合绞杀进入了艰难困苦的国内战争时期,此时苏俄迫于现实情况,为了捍卫国家安全,集中全国的物力、财力来为国内战争提供保障,经济上采取了"战时共产主义"政策,为国家经济安全提供了保障。列宁在《俄共(布)纲领草案》中指出在经济方面苏维埃政权当前的任务:在分配方面,最迅速、最有计划、最节省、用最少的劳动来分配一切必需品。[③] 这反映了战时共产主义时期的某些思想,苏维埃国家安全得到了巩固。随着国内战争的结束,苏俄继续实施战时共产主义经济政策不符合国家形势,并引发了严重的经济危机。1921 年 2 月,苏俄一个海军基地发生兵变。这一事件引起列宁等人的高度重视,他们决定调整政策。苏俄政府实行了"新经济政策",即以粮食税代替余粮收集制,规定农民在交纳粮食税后,剩下的粮食可以自由支配;允许私人开办小企业;恢复货币流通和商品交换;废除实物分配制。自此之后俄国经济进入了一个快速发展的时期。针对不同的时期列宁及时调整经济政策,不仅巩固了苏俄国家政权,而且还保障了苏俄国家的经济安全。

# 第四节　中国共产党有关国家经济安全的思想与实践

　　习近平在党的十九届六中全会中指出,注重总结历史经验是党的优良传统。党的经济安全思想是党对中华民族伟大复兴的百年探索实践的重要内容,其形成过程与党所处特定历史时期的时代背景紧密联系在一起,也与党在当时历史条件下的历史任务结合在一起。党的经济安全思想从五四运动中反抗帝国主义经济掠夺和封建主义剥削开始萌芽,经过土地革命、抗日战争和解放战争时期的艰苦摸索而初具雏形;新中国成立后,经过社会主义革命和建设时期的不懈探索,再到改革开放中经过数次金融危机的历练逐渐发展成熟;进入中

　　① 《列宁全集》第 42 卷,人民出版社 2017 年版,第 343 页。
　　② 《列宁全集》第 42 卷,人民出版社 2017 年版,第 413 页。
　　③ 《列宁全集》第 36 卷,人民出版社 2017 年版,第 110 页。

国特色社会主义新时代,在经济发展变革中为适应新的国内外经济形势、新的条件和新的要求而不断完善,最终形成了带有鲜明特点的中国特色社会主义新时代经济安全思想。

## 一、启蒙阶段:新民主主义革命时期

新民主主义革命时期,党面临的主要任务是,反对帝国主义、封建主义、官僚资本主义,争取民族独立、人民解放,为实现中华民族伟大复兴创造根本社会条件。

陈独秀、李大钊等早期中国共产党人对于帝国主义经济掠夺的觉醒,以及对中国沦为半殖民地半封建社会的思考,对于推动党的经济安全思想的启蒙具有重要意义。以毛泽东为代表的中国共产党人在土地革命战争、抗日战争及解放战争的具体实践中,充分意识到了经济安全的重要性,并形成了以保障武装斗争为中心,通过自力更生发展生产来巩固和壮大根据地的经济安全思想。

受俄国十月革命的影响及启发,李大钊率先运用唯物史观的方法广泛考察了当时中国各个阶层之间的社会关系和经济基础,将经济问题作为当时中国社会的根本性问题。李大钊明确指出,"经济问题的解决,是根本解决。经济问题一旦解决,什么政治问题、法律问题、家族制度问题、女子解放问题、工人解放问题,都可以解决。"[1]陈独秀作为党的早期领导人,通过对帝国主义对我国经济掠夺的实际考察和具体分析[2],提出了反对帝国主义经济掠夺的主张,充满了对中华民族经济独立维护国家经济安全的强烈愿望,这一主张也贯穿党在新民主主义时期的政治主张中,为党的经济安全思想的早期探索提供了理论依据。1922年,中共中央发表《中国共产党对于时局的主张》,明确指出帝国主义的侵略和军阀政治是中国内忧外患的根源,也是中国人民遭受苦难的根源[3],其中就蕴含着反对帝国主义经济掠夺、主张维护民族经济独立等内容。

在土地革命战争时期为了保障革命战争的物质需求和满足发展巩固革命根据地的实际需要,党进一步重视经济建设和经济安全。在建立井冈山根据地过程中,红军的给养成了最大问题,依靠打土豪得来的供给不可持续,"在白色势力的四面包围中,军民日用必需品和现金的缺乏,成了极大的问题"[4]。为了保障革命战争的物质需求,必须发展根据地经济,才能保障经济安全,以毛泽东、朱德为首的中国共产党人开展了党对根据地经济安全的探索和实践。[5]主要是通过推行土地革命,发展工商业和各种形式的合作社,精简组织机构等方式进行

---

① 中共中央党史研究室:《中国共产党历史》(上卷),人民出版社 1991 年版,第 42 页。

② 《陈独秀著作选》第 1 卷,上海人民出版社 1984 年版,第 72-74 页。

③ 中共中央党史研究室:《中国共产党历史》(上卷),人民出版社 1991 年版,第 70 页。

④ 《毛泽东选集》第 1 卷,人民出版社 1991 年版,第 53 页。

⑤ 甘小武、邹进文、朱华雄:《土地革命时期中国共产党的财政思想研究》,《经济理论与经济管理》2021 年第 9 期,第 4-19 页。

开源节流,并建立独立的货币金融体系以稳定经济秩序。① 这些措施不仅打破了帝国主义和国民党的经济封锁,维持了根据地经济稳定发展,还发展壮大了根据地,进一步发展动员了革命力量。毛泽东不仅告诫党要高度重视革命战争中的经济工作,还批评党内一些干部和根据地地方政府不重视经济建设工作的现象。② 党在毛泽东的经济安全思想指导下,实施了一系列巩固和发展革命根据地的经济安全政策,有力保障了革命根据地的经济安全,维护了根据地的经济稳定,促进了根据地经济发展,为革命战争提供了充足的物质保障。

进入抗日战争后,面对敌我实力悬殊的力量对比,抗日根据地的经济建设成为支撑抗日战争的关键,要进行艰苦卓绝的敌后抗战就必须首先保障抗日根据地的经济安全。期间,毛泽东关于经济发展和稳定经济、财政的论述,就已明显包含了经济安全的思想。1942年,毛泽东在陕甘宁边区高级干部会议上作了《抗日时期的经济问题和财政问题》报告,明确指出:"发展经济,保障供给,是我们的经济工作和财政工作的总方针。"③"发展经济,保障供给"作为抗日根据地时期经济政策的主要内容,既是毛泽东对经济安全问题的深刻认识,也是党的经济安全思想的阶段性重要总结。④

在抗日根据地的最艰苦时期,毛泽东要求动员一切可能的力量,充分发动根据地广大人民群众,积极参与生产,发展农业、工业以及合作社,通过艰苦奋斗实现自力更生,依靠自己解决衣食住行的问题,全力保障抗日战争的物质需要,直到抗战胜利。毛泽东在《关于总结财经工作经验给谢觉哉的信》中指出:"边区有政治、军事、经济、财政、锄奸、文化各项重大工作,就现时状态即不发生大的突变来说,经济建设一项乃是其他各项的中心,有了穿吃住用,什么都活跃了,都好办了,而不要提民主或其他什么为中心工作。"⑤毛泽东确立了以经济建设为抗日根据地的中心工作,并高度重视经济安全问题,将其作为抗日战争胜利的关键。⑥ 此外,毛泽东还针对经济安全问题指出:"认识贸易、金融、财政是组织全部经济生活的重要环节,离了它们,或对它们采取了错误方针,全部经济生活就会停滞,或受到障碍。"⑦毛泽东要求党内干部和工作人员要高度重视抗日根据地的贸易、金融和财政问题,将经济安全摆在其核心位置,做好保障抗日根据地经济安全的工作。

到了解放战争时期,面对国民党政府对经济的疯狂掠夺以及为了应对解放战争的到来,党通过减租减息、排除法币流通、保护工商业等措施稳固了解放区的农业和工业生产,将国民党滥发货币所引发的经济秩序混乱的影响隔离在根据地之外,有力保障了根据地经济安全和前线部队的物资供给,为解放战争的胜利奠定了物质基础,并为新中国的经济安全政

---

① 中共中央党史研究室:《中国共产党历史:第1卷》(1921—1949),中共党史出版社2011年版,第252-258页。

② 杨雪芳:《毛泽东中央革命根据地经济建设思想述略》,《湖北大学学报》2013年第6期,第30-35页。

③ 《毛泽东选集》第3卷,人民出版社1991年版,第891页。

④ 唐春元:《毛泽东经济安全观探析》,《湘潭大学学报》(哲学社会科学版),2008年第4期,第5-11页。

⑤ 《毛泽东文集》第2卷,人民出版社1993年版,第369-370页。

⑥ 宫正:《中国共产党在抗日根据地经济建设的历史考察》,《江汉论坛》2013年第7期,第137-142页。

⑦ 《毛泽东文集》第3卷,人民出版社1996年版,第125页。

策提供了大量的实践经验。

新民主主义革命时期,以毛泽东同志为代表的中国共产党人结合马克思主义中国化的内容,经过艰苦的探索与尝试,初步建立起党的经济安全思想,主要内容就是围绕以武装斗争为中心,通过采用独立自主、发展生产、保障供应的经济安全政策,来确保经济建设的正常秩序,维护经济建设的发展成果,满足武装斗争所需的军需物资,进一步壮大革命力量。

## 二、探索阶段:社会主义革命和建设时期

社会主义革命和建设时期,党面临的主要任务是,实现从新民主主义到社会主义的转变,进行社会主义革命,推进社会主义建设,为实现中华民族伟大复兴奠定根本政治前提和制度基础。

新中国成立后,党所面临的主要问题从以军事斗争为主转向以经济建设为主,恢复和发展被战争摧毁的社会经济成为摆在以毛泽东同志为主要代表的中国共产党人面前的主要问题。以毛泽东同志为主要代表的中国共产党人通过逐步稳定经济秩序,恢复和发展社会生产,再着手对经济进行社会化改造,形成独立自主、相对完备的工业经济体系,有效应对外部威胁和各类风险挑战,有力保障了国家安全和社会经济稳定。

虽然中国人民革命战争取得了伟大胜利,但是经济上,新中国继承的是一个十分落后的千疮百孔的烂摊子,生产萎缩,交通梗阻,民生困苦,失业众多。1949年,全国工农业总产值仅为466亿元,其中农业总产值占70%,工业总产值占30%,而现代工业产值只占10%左右。与历史上最高水平相比,重工业生产下降70%,轻工业生产下降30%,手工业生产下降43%,粮食、棉花生产分别下降25%和48%。1949年,国民收入为358亿元,人均国民收入仅为66元。[①] 此外,还有一大批不法投机商趁机兴风作浪,导致物价猛烈上涨,经济秩序极其混乱。[②] 为了制止投机资本操作市场而加剧经济秩序的混乱,党和政府采取了一系列有力的经济措施和必要的行政手段,通过币制改革稳定金融秩序,并对不法金融投机势力进行严厉打击,加强对私营金融机构和市场的管理,从根据地调集物资解决解放区的物资短缺问题,严格监管市场交易和大宗物资采购等措施极大地稳定了物价,整治经济金融市场,恢复市场秩序,消除了危害社会经济安全的不稳定因素,为恢复社会经济发展打下了基础。[③] 随着国内经济逐步稳定下来,党和政府开始着手对国内经济进行改造,以恢复国民经济,建立以国营经济为领导的新民主主义经济体制。1949—1952年,在全面统筹兼顾、照顾四面八方的经济建设总方针的指导下,新中国成立前遭到严重破坏的国民经济获得了全面的恢复和发展。

从1953年开始,党开始实施以第一个"五年计划"为中心的国民经济发展战略,提出通

---

① 李敏昌、张穗成、吴淑娴:《党在建国初期的经济政策及其影响》,《甘肃社会科学》2011年第3期,第43-46页。

② 中共中央党史研究室:《中国共产党历史:第2卷》(1949—1978),中共党史出版社2011年版,第50页。

③ 中共中央党史研究室:《中国共产党历史:第2卷》(1949—1978),中共党史出版社2011年版,第50-51页。

过实现国家工业化和对农业、手工业、资本主义工商业的社会主义改造,逐步过渡到社会主义的总路线和总任务。在第一个"五年计划"实施的过程中,党中央明确提出建立独立的比较完整的工业体系和国民经济体系的方针,这为此后中苏关系剧烈动荡以及面对西方封锁时,我国能够坚持独立自主的立场,主要依靠自力更生、艰苦奋斗建立起独立完整的工业体系和国民经济体系,具有十分重要而深远的意义。

在这一时期,党的经济安全以建立独立的工业体系和国民经济体系为核心,强调艰苦奋斗、自力更生的经济安全导向,以应对外部威胁和满足国内经济发展的必要条件,保护国家安全和政权稳固。在借鉴苏联经验的基础上,结合中国的实际情况,主要依靠自身的力量完成相应的建设目标,从根本上保障国民经济体系的稳定和发展,有力地维护国家的经济安全。此后,国家通过制订和实施"五年计划",通过重点项目建设形成完整的工业体系,实现经济社会稳步发展,不断优化和完善国民经济体系,以继续解放和发展生产力,不断巩固社会主义的经济基础,维护社会主义经济安全和繁荣稳定。

### 三、发展完善阶段:改革开放和社会主义现代化建设新时期

改革开放和社会主义现代化建设新时期,党面临的主要任务是,继续探索中国建设社会主义的正确道路,解放和发展社会生产力,使人民摆脱贫困、尽快富裕起来,为实现中华民族伟大复兴提供充满新的活力的体制保证和快速发展的物质条件。

1978年,党的十一届三中全会召开,由此中国拉开了改革开放的序幕,经济建设成为党和国家工作的中心,不仅及时解决了国民经济面临崩溃的风险,还使经济社会得到了显著的发展。改革开放取得巨大成功,不仅是马克思主义中国化的伟大成果,还使党的经济安全思想在具体实践中得到进一步淬炼和提升,为党的经济安全思想的全面形成奠定了坚实的基础。

东欧剧变及苏联解体殷鉴不远,经济安全成为稳固国家安全和社会稳定的重要基础,中国共产党高度重视经济安全,以经济体制改革为契机,突破高度集中的计划经济体制,构建以社会主义公有制为主体、多种所有制经济共同发展的基本经济制度,从根本上扭转我国社会生产力落后的局面,不仅解决了经济社会的危机,还不断壮大和充实我国的经济实力,为经济安全提供了良好的基础。

伴随社会主义市场经济体系的确立和逐步完善,经济安全思想的研究视域转向社会主义市场经济安全,强调充分发挥市场在资源配置中的基础性作用,发挥社会主义制度的优越性,防范和化解经济体制改革中的经济风险,维护经济社会的健康稳定,并为实现经济可持续发展创造良好的环境。1997年,党将维护经济安全提升到国家层面[1],将其视为确保中国经济体制转型成功的重要保障,维护国家经济安全就是维护党的领导地位以及保卫党和国

---

① 张琳、赵佳伟:《中国共产党国家安全观的百年演进与现实启示》,《学习与探索》2021年第12期,第1—10页。

家的社会主义事业。

进入 21 世纪,中国融入经济全球化和国际分工体系的程度进一步加深,中国加入世界贸易组织使得中国经济与世界经济紧密联系在一起,外部经济风险凸显,国内外经济风险因素相互交织,使得经济安全的概念范围也突破了国界,向着全球化视野进行拓展。一方面,党和政府加强对国际经济风险的防控,以预防国际经济风险向国内传导、与国内风险相互交织作用,避免经济风险的扩散与恶化。同时,维护经济安全的思路也由传统的以依靠行政手段为主,转向以依靠经济方式为主,以适应世界经济贸易规则的要求,更好地与世界各国发展经济贸易。另一方面,在对外开放过程中强调经济利益和经济安全在国际关系中的基础性作用,将经济安全作为国际合作中的重要影响因素,并积极参与全球经济治理体系的改革,降低国际经济中的不确定性风险,维护世界经济的稳定。此外,伴随我国金融体系改革的不断深化,金融风险在经济安全中的作用不断凸显,党和国家将金融安全视为经济安全的核心及确保国民经济正常运行的关键因素。

在这一时期,党的经济安全思想得到了进一步发展,也在应对和处理经济安全问题的具体实践中得到了检验,充分证明了其科学性。首先,党和政府将经济安全提升至国家安全的关键位置,视其为保障经济社会平稳运行的重要基础,标志着国家经济安全观的正式确立。其次,经济安全思想具备了全球视野,这一变化适应了中国经济与全球经济紧密结合的必然趋势,极大地拓展了经济安全思想的发展空间。最后,将经济安全思想运用到了对外开放战略中,强调通过加强国际合作,积极参与全球经济治理,有效预防及管控国际经济风险的传导与扩散,更好地维护我国经济安全。

## 四、成熟阶段:中国特色社会主义新时代

党的十八大以来,中国特色社会主义进入了新时代,中国经济也进入了新的发展阶段,党面临的主要任务是,实现第一个百年奋斗目标,开启实现第二个百年奋斗目标新征程,朝着实现中华民族伟大复兴的宏伟目标继续前进。

以习近平同志为核心的党中央科学把握世界政治经济格局深刻变革的大势和中国经济发展新阶段的新表现、新特征与新形势,提出坚持总体国家安全观,统筹发展和安全,强调既要善于运用发展成果夯实国家安全的实力基础,又要善于塑造有利于经济社会发展的安全环境,推动经济发展和经济安全相互协调统一,互为支撑条件,确保经济持续健康增长和社会大局稳定,为实现中华民族伟大复兴提供坚强保障。习近平对于经济安全的相关论述进一步丰富和发展了党的经济安全思想,推动了马克思主义中国化的发展,成为习近平经济思想的重要组成部分。

第一,确立了经济安全在国家安全体系中的基础性作用。总体国家安全观强调"以人民安全为宗旨,以政治安全为根本,以经济安全为基础"[1],正式明确了经济安全在国家安全体

---

[1]　本书编写组编:《国家安全知识百问》,人民出版社 2020 年版,第 37 页。

系中的基础性作用,突出经济安全对国家安全的支撑作用,通过巩固经济安全来保障经济社会持续稳定健康发展的物质基础,以及满足人民对美好生活的物质文化需求,从而确保经济社会良好的发展环境,为实现经济高质量发展提供坚实的安全保障。

第二,增强了党对经济安全的集中统一领导。以习近平同志为核心的党中央坚持加强党对经济工作的集中统一领导,强调"经济工作是党治国理政的中心工作,党中央必须对经济工作负总责、实施全面领导"[①],不断完善党领导经济工作的体制机制,加强党对经济工作发展战略布局的统领作用,设立国家安全委员会,颁布《国家安全法》,加强国家安全建设,为经济安全提供了坚强领导核心和决策保障,有力推动了经济安全工作的协调统一。

第三,加强了经济安全的政策导向。2017年12月,习近平首次提出世界面临"百年未有之大变局"的重大论断,这一论断既是对世界发展大势的准确判断,也是对我国维护经济安全的国际环境的准确描述。[②] 新一轮科技革命和产业变革正在重构世界产业布局和经济版图,加快了世界政治经济格局的演变。我国经济发展进入了新的发展阶段,国内外各项不确定性风险相互交织、相互作用,使得我国经济安全面临新情况、新问题、新挑战。习近平深刻把握国内外经济安全形势的变化,要求保持高度警惕,将国家安全贯穿经济社会各个方面中,同经济社会发展一起谋划及部署,将经济安全作为各项政策方针的目标指引,以保持经济持续健康发展和社会大局稳定。

第四,强化经济安全的风险意识,着重防范化解重大经济风险。针对外部环境的深刻变化和国内改革发展进入新阶段,习近平强调要增强忧患意识,坚持底线思维,着力防范化解重大风险。当前,产业安全、科技安全、信息网络安全、粮食安全、能源安全等安全问题突出,对我国经济发展造成了不利影响;"卡脖子"问题日益严峻,对我国经济发展与安全造成了负面影响及威胁。此外,伴随2020年新冠肺炎疫情的暴发和蔓延,国际经济贸易活动陷入低迷期,能源安全、公共卫生安全等安全形势发生了变化,对我国经济安全防控提出了新的要求。

当前,我国已开启实现第二个百年奋斗目标的新征程。以习近平同志为核心的党中央提出经济安全工作要适应新时代新要求,确立了经济安全的战略地位,加强了经济安全的政策导向,增强了党对经济安全的集中统一领导,实施更为有力的统领和协调,从全局性和整体性上对经济安全工作进行全面战略部署,维护社会经济发展成果,为实现决胜全面建成小康社会的目标,为开启全面建设社会主义现代化国家新征程打下坚实基础。

## 第五节　总体国家安全观与国家经济安全

中国面临着对外维护国家主权、安全、发展利益,对内维护政治安全和社会稳定的双重

① 《习近平谈治国理政》第3卷,外文出版社2020年版,第234页。
② 林毅夫:《百年未有之大变局下的中国新发展格局与未来经济发展的展望》,《北京大学学报》(哲学社会科学版)2021年第5期,第32—40页。

压力,各种可以预见和难以预见的风险因素明显增多,非传统领域安全的重要性日益凸显。2014年4月15日,习近平在中央召开的第一次国家安全委员会会议上首次提出了"总体国家安全观",涵盖了包括政治安全、国土安全、军事安全在内的传统安全以及经济安全、文化安全、社会安全、科技安全、信息安全、生态安全、资源安全、核安全在内的非传统安全,十一个领域的安全初步构成了国家安全体系框架。总体国家安全观的关键在"总体",强调的是做好国家安全工作的系统思维和方法,突出的是"大安全"理念,总体安全观是一个开放的系统,其内涵不断丰富。伴随着经济社会发展,非传统安全范畴又增加了海外利益安全、生物安全以及极地、深海和太空等新型领域安全,而且将随着社会发展不断拓展。以下主要论述总体安全观与国家经济安全的关系。

## 一、经济安全是国家安全体系的重要组成部分

传统的国家安全问题产生于政治、军事上彼此敌对,利益上相互排斥的国家之间,而经济安全问题则产生于经济上密切联系、相互依赖和利益上互补的友好国家之间,经济联系越密切,相互依赖程度越深,相互之间造成经济危害的机会就越多,潜在的经济安全问题就越严重。早在20世纪70年代,以美国学者约瑟夫·奈和罗伯特·基欧汉为代表的新自由主义国际关系流派就指出,国际政治的重心已逐渐从外交、军事等"高政治"领域转移到经济、社会、文化等"低政治"领域。随着和平与发展成为时代主题,特别是冷战结束后,经济全球化进程加快,经济相互依存进一步发展。在这种背景下,各国的经济安全被提到相当的战略高度,美国克林顿政府时期,甚至设立了国家经济委员会,与国家安全委员会共同统筹美国的安全政策。

经济安全是我国国家安全体系的重要组成部分。近年来,单边主义、保护主义、民粹主义不断抬头,全球经济增长的不稳定性不确定性有增无减。伴随着我国经济体制改革不断深化和对外开放不断扩大,我国对世界资源、能源、市场的需求不断扩大,无论是从保证经济稳定运行的角度看,还是从国际地缘政治的角度看,我国面临的经济安全问题都会有增无减,国家经济安全的重要性更为突出。

习近平强调保证国家安全是头等大事,提出总体国家安全观,涵盖政治、军事、国土、经济、文化、社会、科技、网络、生态、资源、核、海外利益、太空、深海、极地、生物等诸多领域,要求全党增强斗争精神、提高斗争本领,落实防范化解各种风险的领导责任和工作责任。党的十八大以来,以习近平同志为核心的党中央在全面把握我国经济安全新趋势、新特点、新要求的基础上,创造性地形成了系统的经济安全观。2013年11月,党的十八届三中全会通过《中共中央关于全面深化改革若干重大问题的决定》(简称《决定》),明确了我国经济改革的方向和目标,为维护国家经济安全提供了指导性方针。2015年1月,中共中央政治局审议通过《国家安全战略纲要》,充分体现了"总体国家安全观"中关于国家经济安全的战略思想。2015年7月1日第十二届全国人民代表大会常务委员会第十五次会议通过《国家安全法》。国家经济安全在国家安全中的基础地位以法律的形式得到了强化。

## 二、国家经济安全与其他领域安全紧密联系

新时期,对于各个方面的安全问题,不能单独、切割开来看,在某些情况下它们是紧密联系的,经济安全与科技安全、信息安全、生物安全、海外利益安全等安全交织并存。如一些关系国计民生和国家经济命脉的重点行业和领域中的核心的、关键技术的"卡脖子"问题会影响我国产业链供应链安全,进而影响经济安全。近几年我国迅速崛起的电子商务、互联网金融等行业既涉及经济安全,也涉及信息安全,经济安全与信息安全交织并存,信息安全问题一定程度上也是经济安全问题。2020 年新冠肺炎疫情就是重大公共卫生事件,属于生物安全范畴,它的暴发危及国家安全,也对全球经济造成严重冲击;根据联合国《世界经济形势与展望》报告,受疫情影响,2020 年全球经济萎缩 4.3%,疫情造成的影响是 2008 年国际金融危机的两倍多。海外利益安全较大程度上是本土经济安全的延伸,随着我国经济整体实力的提升,海外经济投资规模逐渐增大,分布的区域更广,海外经济安全需要常态化保护。

坚持总体国家安全观,就要维护各领域国家安全,构建国家安全体系,走中国特色国家安全道路。

## 三、处理好发展与安全的关系

2020 年 10 月 29 日,党的十九届五中全会首次强调,把安全发展贯穿国家发展各领域和全过程。这是全面贯彻落实总体国家安全观和国家安全战略的直接体现,是我国"十四五"时期乃至今后更长一个时期的发展阶段,是确保经济安全发展和高质量发展的重要条件。

经济安全是国家安全的基础,要有效维护经济安全,就要处理好发展和安全的关系。发展与安全是一个国家最根本的两项利益。经济繁荣和社会发展是一个国家生存的根本,但发展又离不开安全,必须统筹兼顾,处理好两者的关系,以发展为本,以安全保发展,以发展促安全。国家治理现代化要求在发展与安全之间保持适度平衡。党的十八届三中全会《决定》指出,中国长期处于社会主义初级阶段,坚持发展仍是解决中国所有问题的关键。习近平就《决定》作说明时强调,国家安全和社会稳定是改革发展的前提,只有国家安全和社会稳定,改革发展才能不断推进。

"在以经济建设为中心的战略部署中,国家安全战略对外要以确保和平稳定的国际环境为目标,对内要实现更高质量、更有效率、更加公平、更可持续的发展。这就要求国家把发展放在首位,坚持发展是第一要务,以提高发展质量和效益为中心。实现发展目标,破解发展难题,厚植发展优势,必须牢固树立创新、协调、绿色、开放、共享的发展理念。坚持创新发展、协调发展、绿色发展、开放发展、共享发展,是关系我国发展全局的一场深刻革命。"[①]

当前和今后一个时期,我国发展仍然处于重要战略机遇期,但机遇和挑战都有新的发展

---

① 《总体国家安全观干部读本》编委会编著:《总体国家安全观干部读本》,人民出版社 2016 年版,第 113 页。

变化。当今世界正经历百年未有之大变局,新一轮科技革命和产业变革深入发展,国际力量对比深刻调整,和平与发展仍然是时代主题,人类命运共同体理念深入人心,同时国际环境日趋复杂,不稳定性不确定性明显增加。党的十九届五中全会明确,贯彻新发展理念是新发展阶段我国现代化建设的指导原则。习近平同时也强调:"随着我国社会主要矛盾变化和国际力量对比深刻调整,必须增强忧患意识、坚持底线思维,随时准备应对更加复杂困难的局面。"①立足新发展阶段,贯彻新发展理念同时要牢固树立安全发展理念。

## 四、统筹好经济发展和经济安全

### (一) 安全是发展的前提,发展是安全的保障

2016 年 4 月 19 日,习近平在网络安全和信息化工作座谈会上的讲话首次提出,安全是发展的前提,发展是安全的保障。安全是发展的重要条件,无论是政治、军事等传统安全问题,还是生物、科技等非传统安全问题,只要出现重大风险,就会对发展造成影响。既要善于运用发展成果夯实国家安全实力基础,又要善于塑造有利于经济社会发展的安全环境,努力形成在发展中保安全、在安全中促发展的格局。

2020 年 12 月 11 日,习近平在中央政治局第二十六次集体学习讲话时强调,坚持统筹发展和安全,坚持发展和安全并重,实现高质量发展和高水平安全的良性互动,既通过发展提升国家安全实力,又深入推进国家安全思路、体制、手段创新,营造有利于经济社会发展的安全环境,在发展中更多考虑安全因素,努力实现发展和安全的动态平衡,全面提高国家安全工作能力和水平。② 论述进一步阐述了发展与安全的辩证关系,将统筹发展与安全的认识提升至新的高度。

"十四五"时期,世界百年未有之大变局正进入加速演变期,经济全球化遭遇逆流,国际经济、科技、文化、安全、政治等格局都在深刻调整,我国发展的外部环境日趋错综复杂,不稳定性不确定性明显增加,我国安全发展面临重大挑战。同时,中华民族伟大复兴也正进入关键时期,我国已转向高质量发展阶段,虽然发展具有多方面优势和条件,但发展不平衡不充分问题仍然突出。安全问题的多元性日益突出、安全问题的联动性更为强劲,不仅各种安全问题之间相互交织、相互作用,安全问题还往往超越国界,维护国家安全和社会稳定的任务更为艰巨,安全发展变得至关重要,必须坚持统筹发展和安全,进一步深刻认识安全发展的重要性和紧迫性。

我国"十四五"时期乃至今后更长一个时期的发展阶段,要将统筹发展与安全的认识提升至新的高度,实施国家安全战略,建设更高水平的平安中国,才能确保国家经济安全,保障

---

① 习近平:《深入学习坚决贯彻党的十九届五中全会精神 确保全面建设社会主义现代化国家开好局》,《人民日报》2021 年 1 月 12 日。

② 本书编写组编著:《〈中共中央关于党的百年奋斗重大成就和历史经验的决议〉辅导读本》,人民出版社2021 年版,第 323 页。

人民生命安全,维护社会稳定和安全,实现中国经济行稳致远、社会安定和谐。

**（二）处理好维护国内发展、安全和国际合作竞争博弈的关系,实现开放、发展、安全的共赢**

贯彻落实总体国家安全观,必须既重视外部安全,又重视内部安全,对内求发展、求变革、求稳定、建设平安中国,对外求和平、求合作、求共赢、建设和谐世界。

"我国经济深度融入世界经济体系,既促进了经济发展,结交了朋友,改善了安全环境,但同时也导致我国经济稳定受到国际经济波动和政治博弈的挑战。为此,要把维护经济安全和加强国际合作有机结合起来,既要有效防范外部冲击,特别是外部金融动荡对国内金融市场的冲击,又要充分把握国际合作的机会,通过加强国际合作,实现开放、发展、安全的共赢。"[1]

面对外部环境变化带来的新矛盾、新挑战,必须根据形势变化,对"十四五"和未来更长时期我国经济发展战略、路径做出重大调整和完善,构建双循环新发展格局,最大程度激活内生动力和内生因素,以国内发展基本趋势向好的确定性应对外部环境变化的不确定性。构建新发展格局,必须构建高水平社会主义市场经济体制,实行高水平对外开放,推动改革和开放相互促进。扩大开放的同时坚决维护我国发展利益。大力提高国内监管能力和水平,完善安全审查机制,重视运用国际通行规则维护国家安全。

 **思考题**

1. 国家经济安全理论体系的直接与间接构成要义是什么？
2. 简述马克思主义政治经济学中有关国家经济安全的思想。
3. 中国共产党有关国家经济安全的实践主要分为哪几个阶段,简述每个阶段的经济安全思想。
4. 简述发展和安全的关系。

---

① 《总体国家安全观干部读本》编委会编著:《总体国家安全观干部读本》,人民出版社 2016 年版,第 114 页。

# 第三章 国家经济安全的保障目标

本章从维护我国社会主义基本经济制度安全与经济秩序安全着手,探讨现行制度下,我国国家经济安全在制度层面的诉求与维护安全的具体路径。坚持以公有制为主体,多种所有制经济共同发展的基本经济制度;坚持按劳分配为主体,多种分配方式并存的分配制度不动摇,这是实现国家经济安全的制度基础、根基和"底座"。只有维护我国基本经济制度与分配制度不动摇,才能实现国家经济安全;而国家经济安全也是保障这一制度大厦根基稳固的重要一环。

## 第一节 保证基本经济制度安全

随着中国特色社会主义建设实践不断丰富和日臻完善,党的十八大提出了"五位一体"的总体布局,即社会主义经济建设、政治建设、文化建设、社会建设和生态文明建设。这是在原有"三位一体"总体布局基础上发展起来的,表明党对中国特色社会主义建设规律的认识更加深入。如果说求发展、求变革是"五位一体"总体布局的根本出发点,那么求稳定、求安全则是这一总体布局得以顺利实现的基础和保障。习近平明确要求准确把握国家安全形势变化新特点新趋势,坚持总体国家安全观,走出一条中国特色国家安全道路。正所谓:"国安才能国治,治国必先治安。"保证国家安全,是完善和发展中国特色社会主义制度,推进国家治理体系和治理能力现代化的有机组成部分。

### 一、社会主义市场经济体制

建立什么样的经济体制,是建设中国特色社会主义的一个重大问题。1992年党的十四大确立了社会主义市场经济体制的改革目标,提出要使市场在国家宏观调控下对资源配置起基础性作用。

社会主义市场经济理论的形成,是对我国社会主义建设尤其是改革开放实践中创造的新鲜经验和理论探索成果的总结。这一理论的要点有:一是计划经济和市场经济不是划分社会制度的标志,计划经济不等于社会主义,市场经济也不等于资本主义;二是计划和市场都是经济手段,对经济活动的调节各有优势和长处,社会主义实行市场经济要把两者结合起来;三是市场经济作为资源配置的一种方式本身不具有制度属性,可以和不同的社会制度结合,但它和不同社会制度结合具有不同的性质。坚持社会主义制度与市场经济的结合,是社会主义市场经济的特色所在。社会主义市场经济的基本特征主要体现在所有制结构、分配制度、宏观调控三个方面。

党的十四大之后,我国的经济改革沿着建立和完善社会主义市场经济体制的方向加速推进。1993年,党的十四届三中全会明确了建立社会主义市场经济体制的基本框架。到20世纪末,社会主义市场经济体制在我国初步建立。2003年,党的十六届三中全会对进一步完善社会主义市场经济体制提出了明确的目标和任务。2007年,党的十七大提出了在完善社会主义市场经济体制方面要取得重大进展的要求,从制度上更好发挥市场在资源配置中的基础性作用,形成有利于科学发展的宏观调控体系。2012年,党的十八大提出更大程度更广范围发挥市场在资源配置中的基础性作用。2013年,党的十八届三中全会明确提出,要使市场在资源配置中起决定性作用和更好发挥政府作用。

随着经济体制改革的不断深入,社会主义市场经济不断发展,但在经济运行中还存在很多问题,主要是市场秩序不规范,以不正当手段谋取经济利益的现象广泛存在:生产要素市场发展滞后,要素闲置和大量有效需求得不到满足并存;市场规则不统一,部门保护主义和地方保护主义大量存在;市场竞争不充分,阻碍优胜劣汰和结构调整等。我们党在实践中逐渐认识到,要解决这些问题,进一步完善我国社会主义市场经济体制,关键是处理好政府和市场的关系。

党的十八届三中全会通过的《中共中央关于全面深化改革若干重大问题的决定》,把市场在资源配置中的"基础性作用"改为"决定性作用"。从"基础性作用"到"决定性作用",虽只有两字之差,但实质上反映了党对社会主义市场经济规律认识的深化,是理论和实践上的重大推进。

处理好政府和市场的关系,实际上就是要处理好在资源配置中市场起决定性作用还是政府起决定性作用这个问题。经济发展就是要提高资源尤其是稀缺资源的配置效率,以尽可能少的资源投入生产尽可能多的产品、获得尽可能大的效益。理论和实践都证明,市场配置资源是最有效率的形式,市场决定资源配置是市场经济的一般规律。市场经济本质上就是市场决定资源配置的经济,发展社会主义市场经济,就要让市场在资源配置中发挥决定性作用。当然,强调市场不是不要政府,让市场在资源配置中起决定性作用,不是起全部作用。发展社会主义市场经济,既要发挥市场作用,也要发挥政府作用,但市场作用和政府作用的职能是不同的。政府的职责和作用主要是保持宏观经济稳定,加强和优化公共服务,保障公平竞争,加强市场监管,维护市场秩序,推动可持续发展,促进共同富裕,弥补市场失灵。

## 二、社会主义初级阶段的基本经济制度

党的十五大在深刻总结我国所有制结构改革经验的基础上,第一次明确提出,公有制为主体、多种所有制经济共同发展,是我国社会主义初级阶段的基本经济制度。这一基本经济

制度的确立是由社会主义性质和初级阶段国情决定的。

第一,我国是社会主义国家,必须坚持公有制作为社会主义经济制度的基础。公有制是社会主义生产关系区别于资本主义生产关系的根本特征,是劳动人民当家作主的经济基础,是社会化大生产的客观要求。没有作为主体地位的公有制经济,就不能确保我国的社会主义性质,就不能坚持社会主义道路,就不能巩固和发展社会主义制度。

第二,我国还处在社会主义初级阶段,发展不平衡不充分的问题突出,需要在公有制为主体的条件下发展多种所有制经济。离开了多种所有制经济,就离开了社会主义初级阶段的实际。为了促进多层次生产力水平的发展,需要有与之相适应的不同类型的所有制形式。

第三,一切符合"三个有利于"标准的所有制形式,都可以而且应该用来为发展社会主义服务。社会主义初级阶段的基本经济制度,既包括作为社会主义经济基础的公有制经济,也包括非公有制经济。把非公有制经济纳入基本经济制度之中,是因为它们同公有制经济一样,也是为社会主义服务的。

实践充分证明,我国基本经济制度的确立,实现了社会主义的本质要求和初级阶段的现实需要的有机统一,能够发挥多种所有制的优势,充分调动各方面的积极性,有利于促进经济社会的快速发展,有利于巩固和发展社会主义制度,具有巨大的优越性。党的十八届三中全会进一步提出,公有制为主体、多种所有制经济共同发展的基本经济制度是中国特色社会主义制度的重要支柱,也是社会主义市场经济体制的根基。公有制经济和非公有制经济都是社会主义市场经济的重要组成部分,都是我国经济社会发展的重要基础。

坚持和完善公有制为主体、多种所有制经济共同发展的基本经济制度,必须毫不动摇地巩固和发展公有制经济,坚持公有制的主体地位,发挥国有经济的主导作用,不断增强国有经济活力、控制力、影响力。必须毫不动摇地鼓励、支持和引导非公有制经济发展,激发非公有制经济活力和创造力。要把坚持公有制为主体,促进非公有制经济发展,统一于社会主义现代化建设的进程中,不能把两者对立起来。

毫不动摇地巩固和发展公有制经济,是坚持和完善社会主义初级阶段基本经济制度必须遵循的一条基本原则。马克思主义认为,所有制是社会经济制度的核心和基础,决定着社会经济制度的性质。公有制经济是我国社会主义现代化建设的支柱和国家进行宏观调控的主要物质基础,是社会主义经济性质的根本体现。坚持公有制的主体地位,对于发挥社会主义制度的优越性具有关键性作用。我国的所有制结构改革,是以坚持公有制主体地位为前提的,发展多种所有制经济也是以确保公有制的主体地位为条件的。任何否定公有制主体地位的观点,在理论和实践上都是有害的。

巩固和发展公有制经济,坚持公有制经济主体地位,要全面认识公有制经济的含义。公有制经济包括国有经济和集体经济,以及混合所有制经济中的国有成分和集体成分。坚持公有制的主体地位,主要体现在两个方面:一是公有资产在社会总资产中占优势;二是国有经济控制国民经济命脉,对经济发展起主导作用。这是就全国而言的,有的地方、有些产业可以有所差别。公有资产既要有量的优势,更要注重质的提高。国有经济起主导作用,主要体现在控制力上。只要坚持公有制为主体,国有经济控制国民经济命脉,在经济中的控制力和竞争力得到增强,在这个前提下,国有经济比重减少一些,并不会影响我国的社会主义性质。

坚持公有制主体地位,要发挥国有经济主导作用,不断增强国有经济活力、控制力、影响力。国有经济是我国国民经济的支柱,是推进国家现代化、保障人民共同利益的重要力量。国有企业的改革发展,对完善社会主义市场经济体制和巩固社会主义制度,具有极为重要的意义。要坚持国有企业在国家发展中的地位不动摇,坚持把国有企业搞好、做大做强不动摇。经过多年的改革发展,国有资产总量大幅增加。国有资本布局和结构逐步优化,国有经济活力得到增强,其主导作用和影响力不断扩大,国有企业总体上已经同市场经济相融合,一批国有企业成长为世界知名企业。但国有企业改革的任务还没有完成,国有经济布局还不够优化,国有资产监管体系和国有资本合理流动的机制还不健全,企业治理结构还不够完善。这些问题制约了国有经济的进一步发展。因此,推进国有企业改革要有利于国有资本保值增值,有利于提高国有经济竞争力,有利于放大国有资本功能。要坚持党的领导,要遵循市场经济规律,推动国有企业不断提高效益和效率,提高竞争和抗风险能力,完善企业治理结构,在激烈的市场竞争中游刃有余。

巩固和发展公有制经济,还要努力寻找能够极大促进生产力发展的公有制实现形式。公有制经济的性质和实现形式是两个不同层次的问题。公有制经济的性质体现在所有权的归属上,坚持公有制的性质,根本的是坚持国家和集体对生产资料的所有权。所有制作为生产关系的基础,有公有制与私有制、社会主义与资本主义的区别。而所有制的实现形式是采取怎样的经营方式和组织形式问题,它不具有"公"与"私"、"社"与"资"的区分。同样的所有制可以采取不同的实现形式,而不同的所有制可以采取相同的实现形式。实现形式要解决的是发展生产力的组织形式和经营方式问题。只要有利于生产力的发展,公有制的实现形式就可以而且应当多样化,一切反映社会化生产规律的经营方式和组织形式都可以大胆利用。要根据社会化生产规律的要求,采取多样化的经营方式和资产组织形式,使国有经济在更大范围内获得广阔的发展空间。

毫不动摇地鼓励、支持、引导非公有制经济发展,激发非公有制经济活力和创造力,是坚持和完善基本经济制度必须遵循的又一条原则。非公有制经济包括个体经济、私营经济、外商独资经济、混合所有制经济中的非公有制经济成分等。社会主义初级阶段的生产力水平和发展的不平衡性,给非公有制经济留下了广阔的空间。非公有制经济是促进经济社会发展的重要力量,在支撑增长、促进创新、扩大就业、增加税收等方面具有重要作用。但非公有制经济发展也面临着许多问题,一方面是市场准入限制、融资渠道狭窄、实际税费负担较重、企业合法权益不时受到侵犯等经营环境和条件问题;另一方面是经营模式粗放、核心竞争力不强、企业治理方式弊端突出、履行社会责任不够等企业自身方面的问题。

要坚持权利平等、机会平等、规则平等,废除对非公有制经济各种形式的不合理规定,消除各种隐性壁垒,制定非公有制企业进入特许经营领域的具体办法,保证各种所有制经济依法平等使用生产要素、公开公平公正参与市场竞争。产权是所有制的核心,健全归属清晰、权责明确、保护严格、流转顺畅的现代产权制度;坚持平等保护物权,公有制经济财产权不可侵犯,非公有制经济财产权同样不可侵犯;完善产权保护制度,国家保护各种所有制经济产权和合法利益,同等受到法律保护,依法受到监管。建立现代企业治理结构和机制,是现阶段我国私营企业实现更大发展的必然选择,也是进一步促进我国非公有制经济健康发展的重要基础。要引导和鼓励有条件的私营企业利用产权市场,引进国有资本或其他社会资本,改善企业股权结构。鼓励发展非公有资本控股的混合所有制企业。鼓励有条件的私营企业建立现代企业制度,促进非公有制经济健康发展。

坚持和完善基本经济制度,要积极发展混合所有制经济。混合所有制经济是基本经济制度的重要实现形式,是坚持公有制主体地位,增强国有经济活力、控制力、影响力的一个有效途径和必然选择。发展国有资本、集体资本、非公有资本等交叉控股、相互融合的混合所有制经济,有利于国有资本放大功能、保值增值、提高竞争力,有利于各种所有制资本取长补短、相互促进、共同发展。要允许更多国有经济和其他所有制经济发展成为混合所有制经济,国有资本投资项目允许非国有资本参股。允许混合所有制经济实行企业员工持股,形成资本所有者和劳动者利益共同体。

### 三、社会主义初级阶段的分配制度

马克思主义认为,分配方式是由生产方式决定的,有什么样的生产方式,就有什么样的分配方式。在社会主义初级阶段,公有制为主体、多种所有制经济共同发展的基本经济制度,决定了收入分配领域必然实行按劳分配为主体、多种分配方式并存的分配制度。

按劳分配是社会主义的分配原则。社会主义之所以必须坚持按劳分配的主体地位,是由社会主义公有制和生产力发展水平决定的。公有制是实行按劳分配的所有制基础。公有制实现了人们在生产资料占有上的平等关系,排除了个人凭借对生产资料的所有权来无偿地占有他人劳动成果的可能;同时,劳动者在共同占有生产资料的基础上为社会提供劳动,社会则根据每个劳动者提供的劳动数量和质量进行收入分配。生产力水平是实行按劳分配的物质基础。在社会主义社会,生产力水平还没有达到高度发达的程度,社会产品还没有极大丰富,劳动还是谋生的手段,还没有成为生活的第一需要,不具备实行按需分配的条件。在现阶段,劳动者向社会提供的劳动数量和质量存在着差别。只有承认这种差别,并在个人收入分配上体现这种差别,才能充分调动劳动者的积极性。坚持按劳分配的主体地位,体现在按劳分配是全社会占主体的分配原则,也体现在它是公有制经济内部的主体分配原则。随着经济体制改革的深化,公有制的实现形式已经发生了深刻的变化,职工持股、法人持股以及同各种非公有经济的合营等各种形式纷繁多样,企业内部的分配形式也呈现多样化。在这样的条件下,虽然企业职工收入的来源和形式已经不仅依靠按劳分配,但是,只要企业仍然是公有制或公有控股企业,按劳分配就仍然是企业内部职工收入的主要形式,职工收入主要仍然来自按劳分配。坚持按劳分配的主体地位对于坚持中国特色社会主义经济的性质具有重要意义。按劳分配是社会主义公有制在分配领域的体现,只有坚持按劳分配的主体地位,才能体现公有制的主体地位,才能保证人们相互之间在平等的经济关系基础上建立和谐的经济利益关系,才能保证向共同富裕这一目标前进。

在社会主义初级阶段,多种分配方式并存是收入分配制度的一大特点。按劳分配以外的多种分配方式,其实质是按生产要素的占有状况进行分配。所谓按生产要素分配,就是指生产要素的所有者凭借其生产要素所有权从生产要素使用者那里获得收益。生产要素归纳起来可以分成两大类:一类是各种物质生产条件,如土地等自然资源以及各种生产资料;另一类则是人的劳动,包括人们在生产过程中提供的活劳动、技术、信息、管理等。实行按生产要素分配,必须健全劳动、资本、技术、管理等生产要素按贡献参与分配的制度,使多种分配方式的实现具有制度保证。社会主义初级阶段实行按生产要素分配有其必要性。各种生产要素都是物质财富和使用价值的源泉,是社会生产不可或缺的要素,这是按生产要素分配的物质基础;同时,由于存在着多种所有制经济,当生产要素被排他性地占有时,实行按生产要素分配的原则,才能使各种生产要素得到充分有效利用,这是按生产要素分配的经济基础。依据生产要素的不同类别,按生产要素分配大体可以区分为以下几种形式:按劳动力价值分配,按资本或资产等物质生产要素分配,按管理和知识类的生产要素,如科技发明、创造、信息、专利等形式参与生产成果的分配。

收入分配制度是经济社会发展中一项带有根本性、基础性的制度安排,是社会主义市场经济体制的重要基石。改革开放以来,我国收入分配制度改革不断推进,逐步形成了实行按劳分配和按生产要素分配相结合的分配制度,这有利于优化资源配置,促进经济发展,有利于最广泛最充分地调动一切积极因素,让劳动、知识、技术、管理和资本的活力竞相迸发,让一切创造财富的源泉充分涌流。

当前,我国收入分配领域存在一些亟待解决的突出问题,城乡区域发展差距和居民收入分配差距依然较大,收入分配秩序不规范,隐性收入、非法收入问题比较突出,部分群众生活比较困难。全面建成小康社会、千方百计增加居民收入的战略部署,要继续深化收入分配制度改革,坚持市场调节、政府调控。充分发挥市场机制在要素配置和价格形成中的基础性作用,更好地发挥政府对收入分配的调控作用,规范收入分配秩序,增加低收入者收入,调节过高收入,努力让发展成果更多更公平地惠及全体人民。

维护中国特色的社会主义基本经济制度安全既是保证国家长治久安根本之所在,也是维护总体国家安全观中所提出的其他一切安全的基础。它是顺应历史、顺应时代、顺应人民意愿的正确选择。

## 四、实现基本经济制度安全的途径与方法

我国实行的是公有制为主体、多种所有制经济共同发展的基本经济制度。要求毫不动摇地巩固和发展公有制经济,毫不动摇地鼓励、支持、引导非公有制经济发展。从公有制经济与非公有制经济的关系来看,"毫不动摇地巩固和发展公有制经济"和"毫不动摇地鼓励、支持、引导非公有制经济发展",共同构成了中国特色社会主义基本经济制度的"所有制生态"。在这种多元并存、竞争包容的"生态环境"中,公有制经济发展离不开非公有制经济的

促进,非公有制经济发展离不开公有制经济的支持。二者相互依存、相互竞争、共同促进、共同发展。

（一）坚持以公有制经济为主体不动摇

首先,毫不动摇巩固和发展公有制经济,坚持公有制的主体地位,是由我国公有制的制度性质决定的,也是宪法所规定的,不容改变。公有制是社会主义的根本特征。《中华人民共和国宪法》第 6 条规定,中华人民共和国的社会主义经济制度的基础是生产资料的社会主义公有制,即全民所有制和劳动群众集体所有制。第 7 条规定,国有经济,即社会主义全民所有制经济,是国民经济中的主导力量。国家保障国有经济的巩固和发展。第 8 条规定,农村集体经济组织实行家庭承包经营为基础、统分结合的双层经营体制。农村中的生产、供销、信用、消费等各种形式的合作经济,是社会主义劳动群众集体所有制经济。城镇中的手工业、工业、建筑业、运输业、商业、服务业等行业的各种形式的合作经济,都是社会主义劳动群众集体所有制经济。国家保护城乡集体经济组织的合法的权利和利益,鼓励、指导和帮助集体经济的发展。因此,作为共产党领导的社会主义国家,坚持公有制为主体、巩固和发展公有制经济,直接关系到坚持社会主义基本经济制度,必须毫不动摇。

其次,毫不动摇巩固和发展公有制经济,坚持公有制的主体地位,是由公有制在国民经济中的作用决定的。公有制经济是在我国长期发展历程中形成的。新中国成立初期,经过社会主义改造,消灭了剥削制度,建立了生产资料公有制的社会主义制度。几十年来,公有制经济控制着我国国民经济的命脉,为国家建设、国防安全、人民生活改善做出了突出贡献。改革开放前,我国工业企业基本上是全民所有制和集体所有制,1978 年公有制经济占全国工业总产值的 100%。改革开放 40 多年来,经过一系列改革和布局战略调整,国有企业数量占比虽然有所降低,但企业实力、影响力和控制力进一步增强。全国国有及国有控股企业（以下称国有企业）主要效益指标保持增长,国有经济运行稳中有进。在基础性和支柱型产业中,国有企业所占比重超过一半。国有企业在载人航天、探月工程、深海探测、高速铁路、特高压输变电、移动通信等领域取得了一批具有世界先进水平的重大科技成果,掌握了一大批关键核心技术。同时,国有企业还承担了大量社会责任,许多投资大、收益薄的基础设施和公共服务建设,许多周期长、风险大的基础性研发,许多国防科技工业的重大项目,许多重大自然灾害、突发事件的抗击救援,许多脱贫攻坚、改善民生项目的实施,都是由国有企业扛起来的。如果没有国有企业长期以来为我国发展打下的重要物质基础,就没有我国的经济独立和国家安全,就没有人民生活的不断改善,就没有我国今天在世界上的地位,就没有社会主义中国在世界东方的岿然屹立。由此可见,国有企业在我国国民经济中始终发挥着中流砥柱作用,是全体中国人民的宝贵财富,必须要巩固好、发展好,使其继续为改革开放和社会主义现代化建设做出更大贡献。

坚持公有制主体地位,发挥国有经济主导作用,是保证我国各族人民共享发展成果的制度保证,也是巩固党的执政地位、坚持我国社会主义制度的重要保证。我们需要做的是在毫不动摇地坚持公有制经济的同时,采取措施使之不断完善。如不断探索公有制多种实现形式、推进国有经济布局优化和结构调整，发展混合所有制经济、提升国有经济竞争力、创新力、控制力、影响力、抗风险能力等；还要进一步深化国有企业改革，完善中国特色现代企业制度，形成以管资本为主的国有资产监管体制，有效发挥国有资本投资、运营公司功能作用，加强国有资产监管，防止国有资产流失等。

### （二）坚持多种所有制经济共同发展不动摇

自 1978 年改革开放以来，我国所取得的每一项成就都离不开非公有制经济的支持。个体经济指在劳动者个人占有生产资料的基础上，从事个体劳动和个体经营的私有制经济。个体经济具有规模小、工具简单、操作方便、经营灵活等特点，基本上无剥削。个体经济发展之路，折射出改革开放以来，党和政府对个体私营等非公有制经济的政策变迁。个体经济在促进经济增长、拉动社会投资、解决就业、增加政府税收等方面具有积极作用。私营经济是指以生产资料私有和雇工劳动为基础，并以营利为目的和按资分配为主的一种经济类型。私营经济是个体经济发展的必然趋势，在本质上与个体经济一样，是一种私有制的经济形式。在中国社会主义初级阶段中，私营经济是由私人投资兴建，归私人所有，存在雇佣劳动关系的经济成分。在社会主义条件下，它同占优势的公有制经济相联系，并受公有制经济的巨大影响。在中国，私营经济一定程度的发展，有利于实现资金、技术、劳力的结合，尽快形成社会生产力，促进生产发展，活跃市场，有利于多方面提供就业机会，更好地满足人民多方面的需要；有利于促进经营人才的成长。它是公有制经济必要的和有益的补充，在长时期内有其存在的必要性。外资经济又称外商投资经济，是指国外投资者和港澳台投资者根据我国有关涉外经济的法律、法规，以合资、合作或独资的形式在大陆开办企业而形成的一种经济类型。外资经济包括中外合资经营企业、中外合作经营企业和外资企业三种形式。发展外资经济，有利于引进先进技术和资金，学习国外企业的管理经验，扩大就业，扩大出口，增加财政收入。近年来，我国持续推进"放管服"改革，营商环境大幅改善。根据世界银行发布的《全球营商环境报告 2020》，2020 年中国经营环境排名由 2018 年第 78 位上升至第 31 位，短短两年上升 47 位，连续两年跻身全球十大改革步伐最快的经济体。随着我国营商环境的不断优化，国际资本和跨国公司产业链布局纷纷选择落地我国。联合国贸易和发展会议发布的《全球投资趋势监测》报告指出，2020 年中国吸收外资逆势上涨达到 1 630 亿美元，超过美国成为全球最大的外资流入国。

由此可见，从改革开放初期国营企业实行承包制、打破"铁饭碗"开始，到建立现代企业制度、"抓大放小"和国有经济结构战略性调整，再到现在的国有企业混合所有制改革和建设世界一流企业，每一项改革都离不开个体和私营经济发展的支持和促进。非公有制经济的存在和日益壮大，更对国有企业改革和发展形成"鲶鱼效应"，从外部给国有企业以竞争压力，从而促进国有企业健康发展。正如马克思所说："独立的商品生产者……不承认任何别的权威，只承认竞争的权威，只承认他们互相利益的压力加在他们身上的强制。"[1]在公平的

---

[1]　《马克思恩格斯全集》第 42 卷，人民出版社 2016 年版，第 365 页。

市场竞争环境下,促进公有制经济尤其是国有企业发展,没有比进一步鼓励和促进非公有制经济尤其是民营企业或外资企业发展壮大更有效的办法了。两者之间还存在着显著的"合作共生效应"。对此,党的十八届三中全会明确指出,在积极发展"国有资本、集体资本、非公有资本等交叉持股、相互融合的混合所有制经济"的过程中,"允许更多国有经济和其他所有制经济发展成为混合所有制经济。国有资本投资项目允许非国有资本参股"和"鼓励非公有制企业参与国有企业改革,鼓励发展非公有资本控股的混合所有制企业",尤其是"允许混合所有制经济实行企业员工持股,形成资本所有者和劳动者利益共同体",由此而形成了"公私共生"和"劳资融合"的效应,公有制经济和非公有制经济在"一个命运共同体"中利益共享、共同发展。①

## (三)进一步完善分配制度,使其更好发挥社会稳定器的作用

要着力消除扩大收入分配差距的制度性障碍因素。在初次分配领域提高劳动所得在整体国民收入中的比重。通过切实提高劳动所得、完善结构性减税降费、建立工资随劳动生产率合理增长的机制、壮大中等收入群体范围、提升营商环境、改善用工条件及提高工资以外的待遇,合理促进劳动收入在居民收入中的比重。再分配和第三次分配领域要合力发挥"削峰填谷"的作用,通过更合理的税收制度"削峰";通过社会保障和完善的慈善组织和体系发挥"填谷"的作用。要坚持以人民为中心的发展思想,在高质量发展中促进共同富裕,正确处理效率和公平的关系,构建初次分配、再分配、三次分配协调配套的基础性制度安排。

# 第二节　经济秩序安全

秩序的原意是指有条理、不混乱的情况,是相对于"无序"而言的。按照《辞海》的解释:"秩,常也;秩序,常度也,指人或事物所在的位置,含有整齐守规则之意。"从法理学角度来看,美国法学家博登海默认为,秩序意指在自然进程和社会进程中都存在着某种程序的一致性、连续性和确定性。一般而言,秩序可以分为自然秩序和社会秩序。自然秩序由自然规律所支配,如日出日落,月亏月盈等;社会秩序由社会规则所构建和维系,是指人们在长期社会交往过程中形成相对稳定的关系模式、结构和状态。

经济活动总是在一定的社会经济条件下发生、进行的。因此,一个国家的基本经济制度、特有的社会经济条件不同,决定了存在着不同的经济活动规范,从而反映着不同经济条件下的经济秩序。一定的社会历史时期、社会制度以及国家所代表的一定社会阶级利益,决定相应的经济秩序。国家必然从自己所代表的利益出发,对经济活动进行有利于其利益发展的规范。本节从维护市场秩序出发,从生产、流通等领域切入,探讨维护我国经济秩序安全的有效途径。

① 雷元江、谢鲁江等:《新中国非公有制经济论》,人民出版社2018年版,第308页。

## 一、生产领域秩序安全

生产领域亦称"物质生产领域",是人们创造物质财富活动各部门、各工种的总和。从事生产领域的劳动,能够创造国民收入。生产领域的扩大,是增加社会财富,提高人民群众物质生活水平的基本途径。生产领域的秩序,是国家经济秩序的重要环节,也是维护国家经济安全的重要方面。随着生产力和社会分工的发展,生产领域不断分化出新的生产能力,但维护生产领域秩序安全应该且必须成为维护国家经济安全的主要手段和重要环节。

### （一）确保安全生产是维护生产领域秩序安全的前提

立足新发展阶段、贯彻新发展理念、构建新发展格局要求必须重视生产领域秩序安全,首要前提是确保安全生产。如果不能够确保安全生产,又何谈生产安全。习近平高度重视安全生产,提出要坚持人民至上、生命至上,统筹好发展和安全两件大事。总结起来,安全生产主要包括以下五大要点。

（1）强化红线意识,实施安全发展战略。人命关天,发展决不能以牺牲人的生命为代价。这必须作为一条不可逾越的红线。

（2）抓紧建立健全安全生产责任体系。落实安全生产责任制,要落实行业主管部门直接监管、安全监管部门综合监管、地方政府属地监管,坚持管行业必须管安全,管业务必须管安全,管生产必须管安全,而且要党政同责、一岗双责、齐抓共管。必须建立健全安全生产责任体系,强化企业主体责任,深化安全生产大检查,认真吸取教训,注重举一反三、全面加强安全生产工作。

（3）强化企业主体责任落实。所有企业都必须认真履行安全生产主体责任,做到安全投入到位、安全培训到位、基础管理到位、应急救援到位,确保安全生产。

（4）加快安全生产工作改革创新。改革创新包括体制机制创新和科技创新。两个方面共同发力,确保我国安全生产局势进一步好转,为构建良好的生产秩序安全奠定基础。在体制机制创新方面,要大力推进依法治理、强化安全监管监察机制,建立安全预防控制体系,重视安全生产秩序的治理,更要重视"防患于未然"。此外,还要加强安全基础保障能力建设,加大宣传力度。在科技创新方面,要优化整合国家科技计划,统筹支持安全生产和职业健康领域科研项目,加强研发基地和博士后科研工作站建设。开展事故预防理论研究和关键技术装备研发,加快成果转化和推广应用。推动工业机器人、智能装备在危险工序和环节广泛应用。提升现代信息技术与安全生产融合度,统一标准规范,加快安全生产信息化建设,构建安全生产与职业健康信息化全国"一张网"。加强安全生产理论和政策研究,运用大数据技术开展安全生产规律性、关联性特征分析,提高安全生产决策科学化水平。

（5）全面构建长效机制。安全生产问题要常抓不懈,因此构建一套全面有效的长效治理机制,对于保障安全生产,进而促进生产秩序安全具有重要意义和作用。长效机制的构建需要严格安全生产市场准入,经济社会发展要以安全为前提,把安全生产贯穿城乡规划布局、设计、建设、管理和企业生产经营活动全过程。构建风险分级管控和隐患排查治理双重预防工作机制,严防风险演变、隐患升级导致生产安全事故发生。严密层级治理和行业治理、政府治理、社会治理相结合的安全生产治理体系,组织动员各方面力量实施社会共治。综合运用法律、行政、经济、市场等手段,落实人防、技防、物防措施,提升全社会安全生产治理能力。争取到 2030 年,实现安全生产治理体系和治理能力现代化,全民安全文明素质全面提升,安全生产保障能力显著增强,为实现中华民族伟大复兴的中国梦奠定稳固可靠的安全生产基础。

**(二)夯实实体经济根基,是确保生产领域秩序安全的根本,也是经济秩序安全的重要组成部分**

拥有坚实发达的实体经济,是我国具有长远竞争力的关键所在。"必须把发展经济的着力点放在实体经济上"[1],并围绕实体经济发展进行详细部署,这是党中央立足全局、面向未来做出的重大战略抉择,具有重要而深远的意义。实体经济是我国经济的命脉所在。围绕实体经济发展,我国在国家层面作了多次重要部署,无论是强调着力振兴实体经济、夯实实体经济根基,还是提出坚持把做实做强做优实体经济作为主攻方向,始终不变的核心逻辑就是把发展经济的着力点放在实体经济上。应该说,我国是靠实体经济发展起来的,还要依靠实体经济走向未来。以新冠肺炎疫情为例,我们之所以能够最快速地从疫情中恢复经济,得益于我们拥有齐全的工业门类。正如习近平所指出的"不论经济发展到什么时候,实体经济都是我国经济发展、我们在国际经济竞争中赢得主动的根基"[2]。实现"十四五"发展目标乃至 2035 年的远景目标,必须向夯实实体经济发力。这是我们始终要保持的一种战略定力,也是维护经济秩序安全的重要核心内容。当前,我们面临百年未有之大变局,加之新冠肺炎疫情的影响,国际格局发生了巨大变化,各国围绕实体经济的竞争更加激烈。世界各国都充分认识到经济"脱实向虚"的发展模式不可持续,甚至是造成危机的根源所在。如美国经济脱离实体经济发展之根基(当时美国实体经济与虚拟经济之比达到 1:5)就是 2007 年美国次贷危机的原因所在。因此,很多国家借疫情推动产业链"去中国化",实现"本土化",这些都给我国实体经济发展带来负面影响。就国内而言,中国特色社会主义进入新时代,高质量发展亟待"闯关",如果没有坚实的实体经济体系作为依托,无论是提升创新能力、实现科技自立自强,还是形成强大国内市场、构建新发展格局,都将是无源之水、无本之木。因此,发展实体经济是维护生产领域秩序安全的基础,是确保经济秩序安全的重要组成部分。

**(三)解决关键技术卡脖子问题,是维护生产领域秩序安全的核心所在**

当前中国经济发展面临很多卡脖子的问题,如芯片、航空发动机等。随着经济发展及国家创新战略的实施,我国经济发展所依托的科技取得了大量突破。可以说取得了很多从

① 《习近平谈治国理政》第 3 卷,外文出版社 2020 年版,第 24 页。
② 《习近平关于社会主义经济建设论述摘编》,中央文献出版社 2017 年版,第 116 页。

1 到 100 的创新。但在基础理论方面,我们的创新发展仍然存在很大不足。这制约了我国技术创新,是突破卡脖子的关键所在。基础理论研究跟不上,源头和底层的东西没搞清楚,很难实现技术的突破,冲破西方的封锁。我们必须认识到关键核心技术是国之重器,拿不来、买不来、讨不来,唯有坚定地走自主创新之路,把我国发展命脉牢牢掌握在自己手中。为此要加强基础研究,实现更多从"0"到"1"的突破,这是解决卡脖子问题的关键所在。

而无论是基础研究的突破,还是创新发展,人是第一要素,也是强化国家战略科技力量、打好关键核心技术攻坚战的"源头活水"。因此,必须要激发人才创新活力,深化人才发展体制机制改革。越是面临封锁打压,越不能搞自我封闭、自我隔绝,而是要实施更加开放包容、互惠共享的国际科技合作战略。这也是解决卡脖子问题必须要有的胸襟与战略。可以说解决关键技术卡脖子问题是维护生产领域秩序安全、进而实现经济秩序的优化与安全层级提升的核心所在。

## 二、流通领域秩序安全

流通秩序问题是社会经济中一个令人关注的问题,也是社会生活矛盾的一个焦点。流通秩序不是一般孤立的社会经济现象,而是整个社会经济秩序的重要组成部分,它的状况如何,直接关系到整个经济秩序的状况。因此,研究流通秩序尤其是流通秩序安全问题,具有重要意义。

### (一)商品流通秩序安全

商品流通是以货币为媒介的连续不断的商品交换。如果商品生产过程是劳动过程与价值形成过程的统一,则商品流通过程是价值实现和使用价值替换的统一,也是商品价值流通过程与商品实体流通过程的统一。相对于商业的概念而言,商品流通的概念有了很大延展,将其由过去的行业的概念上升为产业的概念,并成为第三产业的基础产业和主导构成部分,包括交通运输业、邮电通信业、国内商业、对外贸易业、饮食业、物资供销业、仓储业等。在商品流通过程中,需要不断地完成由商品到货币和由货币到商品的变化,这种变化既涉及商品价值形态的转换、商品所有权的转移,又涉及商品实体的位置移动。商品通过买卖活动而发生的价值形态变化和所有权的转移,叫做商品的价值转换,简称商流。在商品流通过程中,商品实体在空间位置上的移动和在流通领域内的停滞,叫做商品的实体运动,简称物流。

商品的流通过程,实际上是商流和物流的统一。一个个商业经营组织,构成商流与物流的主体,促进商流与物流的顺利完成。如果从纵向商品流通的角度来看,这些商业经营组织形成一个个的商品流通环节,环节与环节之间,形成商品流通渠道。

一个国家的商品流通业对国家的经济发展有着重要的影响,反过来商品流通业的发展又伴随着国家经济的发展而不断趋于成熟。在一个国家经济发展的不同阶段其商品流通业会表现出不同的特点,商品流通的技术水平也随着国家经济质量的提高不断提高。这一点从欧美和日本等发达国家的商品流通业发展史可以得到印证。

维护商品流通秩序安全,重点在于处理好政府、企业、消费者三者之间的利益关系。

第一,要规范政府行为。要更好发挥政府作用,通过建立健全监督机制来监督政府经济调节机构的管理和调控活动,做到放活与管好有机结合,提升监管和服务能力。使政府发挥作用的方式发生根本性变化,即从"定价格"转变为"定规则"。这样可最大限度地防止或消除商品流通管理和调控的相关机构与人员与商品流通主体可能达成的任何形式的"利益共同体"的可能性,从而为严格执法,平等执法,保护合法经营,整治不法行为,形成正当竞争、公平竞争的市场环境创造有利条件,最终达到规范政府行为、促进流通秩序安全有效的目的。

第二,改革我国现行的商品流通管理体制,建立新型的商品流通管理和调控体系。要兼顾总体利益和个体利益,统一管理社会商业,统一协调各级管理调控主体之间及同级管理调控主体之间的管理活动与调控活动,从而防止或消除多头管理、政出多门的行为,最终达到从另一侧面来促进商品流通管理与调控主体行为的规范化及形成商品流通秩序的目的。

第三,规范市场中介机构的行为。市场中介机构原本是一种具有监督性质的特殊企业,但在我国却在相当程度上成了政府的附属物,为此,必须还市场中介机构以本来面目,使其成为真正独立的民间机构,并通过监督机制来监督其经济活动,以防止它与商品流通主体合谋不正当利益的可能性,从而达到规范其行为、促进商品流通秩序形成的目的。同时,国家政府不再直接管理其经济活动与经济行为,而是从宏观上即从市场中介机构的总数量和地区的空间布局等方面进行适当的间接管理和指导。

第四,规范企业行为。这里所谈到的企业既包括国有企业,也包含其他各种组织形式的企业。就国有企业而言,计划经济体制下,国有企业是政府的附属物,这不利于商品流通主体行为的规范化与商品流通秩序的形成。经过了改革开放后多次国有企业改革,大多数企业成为自主经营、自负盈亏、具有独立法人资格的现代化企业,其商品流通的主体行为得到规范,商品流通秩序重大重要环节得到发展。当前,在经济向高质量发展的过程中,我们必须仍然按现代企业制度的要求强化国有企业作为独立的商品流通主体的地位,通过法律手段、行业协会的一系列规定与章程、企业的道德准则等措施,来对企业的经济活动和经济行为进行监督和规范。政府一般不再直接干预企业的生产经营活动,但对企业的总数量、地区分布与行业(产业)结构必须进行宏观间接调控。此外,市场中介机构对企业行为也具有一定的监督作用。可见,政府行为和市场中介机构行为是否规范,在很大程度上直接影响企业行为的规范与否和规范程度。对于国有企业以外的各种组织形式的企业,如私营经济、外资经济中的企业,同样需要通过法律、政策等手段对其行为进行规范,促进其按照市场化原则参与商品生产经营、参与市场竞争,为形成有序、安全的流动秩序奠定基础。

最后,正确引导消费者行为,培养成熟、健康的消费心理,尤其是在新业态、新模式不断涌现的情况下,引导、规范消费者消费行为同样有助于安全、有效的商品流通秩序的形成。

### (二)要素流通秩序安全

市场体系是由商品及服务市场和土地、劳动力、资本、技术、数据等要素市场构成的有机整体。改革开放以来,我国 97%以上的商品和服务价格已由市场定价,资本、土地、劳动力等要素市场从无到有、从小到大发展起来。但与商品和服务市场相比,要素市场建设仍相对滞后。具体体现在,要素市场化配置范围相对有限,要素流动存在体制机制障碍,要素价格形成机制不健全。因此,加快完善社会主义市场经济体制,推动经济高质量发展,必须深化要素市场化配置改革。

改革只有把打基础、利长远与扩内需、保增长有机结合,才能提高抵御风险的能力,增强发展的协调性和可持续性。党中央、国务院印发《关于构建更加完善的要素市场化配置体制机制的意见》,提出土地、劳动力、资本、技术、数据五个要素领域的改革方向和具体举措,部署完善要素价格形成机制和市场运行机制。这为深化要素市场化配置改革明确了方向和原则,体现了加快完善社会主义市场经济体制的内在要求,对推动经济高质量发展具有重要意义。要素市场化配置越完善,越有利于要素的合理、有效流动,从而为促进经济秩序安全奠定基础。

随着我国市场经济体制的不断深入和发展,要素市场化改革逐步深入。党的十八届三中全会明确提出,使市场在资源配置中起决定性作用和更好发挥政府作用。党的十九大明确将要素市场化配置作为经济体制改革的两个重点之一。在正确处理政府与市场的关系前提下,强调"市场决定,有序流动",要求"畅通要素流动渠道"。保障不同市场主体平等获取生产要素,推动要素配置依据市场规则、市场价格、市场竞争实现效益最大化和效率最优化,才能让一切创造财富的源泉充分涌流,让一切创新活力竞相迸发。"建立健全城乡统一的建设用地市场""完善股票市场基础制度""完善主要由市场决定要素价格机制"等。这一切的核心就是促进要素市场化配置。

在土地要素方面,强调土地管理灵活性。在推动土地要素市场化改革中,相关政策提出:一是明确集体建设用地和城市建设用地要一体化,这为土地要素入市创造了条件。二是提出了工业产业用地适度市场化问题。让工业用地价格能够反映供求情况,这一制度对我国工业产业的整合意义很大。三是关注如何盘活存量土地问题。把低效的、长期不开发的建设用地收过来进行整合和功能转换,通过国家统一制度安排,对中心城市发展意义很大。四是明确了耕地占补平衡由省级统筹,可以跨地区平衡,为扩大基础设施投资创造了条件。

在劳动力要素市场化有序流动方面,常住人口户籍制取得了重要突破。如能顺利实施,将大幅度提高市民化率。当然,解决常住人口市民化的前提是处理好社会保障、公共服务配套等问题。在农村人口向城市人口转变的过程中,社会保障如何与之配套,是个亟须探讨的重要问题。而政府能否提供与人口变动相适应的教育、医疗、文化、体育以及城市公共设施、交通运输等同样值得关注。

在资本要素有序流动及市场化改革方面,首先明确了资本的含义和概念。指出资本是就金融市场意义而言的资本,或者叫证券化资本。资本要素市场化改革涉及两个方面的核心思想:一是股市要形成基础性制度,也就是以注册制为核心的企业发行、上市、定价、交易、监管制度;二是强调两个统一,即公司债和企业债两个市场能不能统一、银行的基准利率和存贷利率能不能统一。

在技术要素方面，重点突破了深化科技成果使用权、处置权和收益权改革，开展赋予科研人员职务科技成果所有权或长期使用权试点，并行推进职务成果"三权"改革和所有权改革试点，明确职务发明和职务技术产权等问题。这是技术要素市场化配置的重大进步，也是促进技术要素市场安全、有序流动的关键所在。

数据要素在生产中，尤其是在数字经济发展方兴未艾的当下起到关键作用。要使数据要素充分发挥作用，关键在于打通数据之间的壁垒，形成有效、有序、安全的数据交易市场，保护数据安全。

推动要素市场化配置，不仅可以使各要素高效、有序配置，还可以更好发挥政府作用，做到放活与管好有机结合，提升监管和服务能力。引导各类要素协同向先进生产力集聚，这既是改革发展中的重大理论创新，也是进一步深化改革、促进经济高质量发展、维护经济秩序安全的重要方法论。

### 三、其他领域秩序安全

社会再生产过程也就是物质资料的生产过程，是劳动者的劳动、劳动资料和劳动对象三个要素的有机结合过程，就是人们以一定的方式结合起来，按照自己设想的目的，运用劳动资料去加工劳动对象，改变劳动对象的形状、性质或地理位置，使被加工的产品能够满足人们生产生活需要的活动过程。社会再生产过程由生产、分配、交换和消费四个环节构成。这四个环节既相互联系又有所区别，相互影响、相互作用。生产决定着分配、交换和消费；分配、交换和消费又反作用于生产。维护国家经济秩序安全，不仅要维护生产领域、流通领域秩序安全，对交换与消费领域的秩序安全同样应该给予高度重视。尤其是在当前经济"双循环"背景下，更要处理好四个环节内及其之间的关系和秩序。在开放经济条件下，如何维护国家经济利益与政治权益不受损害，维护本国企业合法权益与发展利益，消除金融、经贸、市场等领域的安全隐患，并能够防范和化解各种潜在风险，要求我们必须建立生产、流通、分配、消费"四位一体"的国家经济安全新模式，这对于促进中国市场经济健康、稳定和协调发展，具有重要的理论及现实意义。

### （一）分配领域秩序安全

分配是基础性的民生问题，分配公平合理是社会主义的重要标志。维护分配领域秩序安全的最核心问题就是防止两极分化，最终实现共同富裕。我国是社会主义国家，消灭剥削、消除两极分化，最终达到共同富裕是社会主义的本质要求，也是我国向第二个百年奋斗目标前进、屹立于世界民族之林的必然要求。但是应该看到，在我国经济社会发展过程中，由于一系列客观存在的因素，导致分配领域确实出现了"安全隐患"。基尼系数连续保持在 0.4 以上，这表明我国收入分配差距仍然有扩大的趋势。

马克思的分配理论包括"生产条件的分配"和"社会总产品的分配"两大部分。简单地说分配领域的不安全主要体现在生产要素分配不安全和国民收入分配不安全两个方面。首先,按生产要素分配也是社会化大生产条件下发展市场经济的客观要求,是市场机制在分配领域发挥作用的具体表现。社会化大生产的过程就是通过一定的方式使这些生产要素有机地结合起来,形成一种现实生产力,推动社会生产的发展,达到满足社会物质和文化生活需要的目的。在传统计划经济体制之下,生产要素的分配都是通过行政指令来完成的,不可避免地造成生产要素分配过程中出现错配。在市场经济条件下,市场对资源配置起决定性作用,主要是通过一套完善的价格体系来完成的。市场中生产要素价格的高低,反映着各种生产要素的相对稀缺程度。但由于我国要素市场化改革仍然不够充分,导致其分配秩序仍然存在一定问题亟待解决。这也是党中央高度重视要素市场化改革的重要原因。其次,国民收入分配格局的优化与调整是以国内大循环为主体、国内国际双循环相互促进的新发展格局的必然要求,是促进经济高质量、可持续发展,促进收入分配公平的必要手段。但是我国现阶段仍然存在地区之间收入差距拉大、行业收入差距拉大、不同群体收入差距拉大的现象。这些现象导致了我国收入领域秩序安全受到一定挑战。共同富裕不仅是社会主义本质要求,也是我国经济高质量、可持续发展的保障。因此,要通过积极进行税收体制改革、要素市场化改革、改善政府公共服务职能等方式构建分配领域秩序安全。

### (二)消费领域秩序安全

消费是社会再生产过程中的一个重要环节,也是最终环节。它是指利用社会产品来满足人们各种需要的过程。消费又分为生产消费和个人消费。前者指物质资料生产过程中的生产资料和生活劳动的使用和消耗。后者是指人们把生产出来的物质资料和精神产品用于满足个人生活需要的行为和过程,是"生产过程以外执行生活职能"。它是恢复人们劳动力和劳动力再生产必不可少的条件。

改革开放以来,我国经济发展取得了举世瞩目的成就。国内生产总值(GDP)从1978年的3 678.7亿元增长到2021年的1 143 670亿元。在庞大的经济总量中,消费、投资、净出口在GDP中所占比重不断变化。在2010年左右,三者大致各占总体GDP的1/3左右。但最近5到10年,通过供给侧结构性调整,消费占GDP的比重已经超过60%。作为中国经济增长的重要引擎,消费潜力不断释放。可以肯定的是,要保持经济长久增长,就必须保持并扩大消费的拉动力。消费包括个人消费和政府公共消费两部分,从总体上看,个人消费虽有一定上升空间但已有限,而政府公共消费,包含教育、卫生和文化等,存在巨大潜力。维护消费秩序安全,政府应该加大包括公共卫生等公共设施领域的投资和建设,提高国家公共卫生供给质量,并以政府公共消费促进中国经济可持续、高质量发展。

同时国家应该通过各种手段积极引导与宣传,在全社会范围内形成正确的消费观,抵制和摒弃不良消费观带来的负面影响。这也是维护消费秩序安全的重要方面。

## 四、实现经济秩序安全的途径与方法

市场经济是法治经济,其含义就是倡导用法治思维和法律手段解决市场经济发展中的问题,通过立法、执法和司法以及法律服务调整经济关系、规范经济行为、指导经济运行、维护经济秩序、推动经济发展,使市场经济在法治的轨道上健康有序发展。换言之,要用法律来规范政府、企业、社会组织和个人的行为,保障市场经济高效运行、健康发展。

### (一) 健全和完善经济领域秩序安全的法律法规

当我国经济从计划经济体制向社会主义市场经济体制转变开始,整个经济运转的法律基础事实上就已经发生根本性改变。原有经济体制框架下的法律法规已无法适应新经济形势的要求,需要一个更加完善的法律框架来维护经济发展秩序。1999年九届全国人大二次会议通过宪法修正案规定:"中华人民共和国实行依法治国,建设社会主义法治国家。"2002年党的十六大提出全面落实依法治国基本方略。党的十八届四中全会专题研究和通过《中共中央关于全面推进依法治国若干重大问题的决定》,为中国特色社会主义法治建设作了全面规划部署。党的十九大报告在阐述新时代中国特色社会主义思想时,把全面依法治国列入"八个明确、十四个坚持"重要基本内容之一。党的十九大站在新的历史起点,深刻阐明我国社会的主要矛盾已经转化为人民日益增长的美好生活需要和不平衡不充分的发展之间的矛盾,人民群众不仅在物质生活方面,而且在民主、法治、公平、正义、安全、环境等方面都提出了更高要求。因此,全面推进依法治国,是适应我国社会主要矛盾变化、满足人民群众新需求的迫切需要。法治经济这个论断的提出,从根本上规定了社会主义市场经济的法治方向,对推动社会主义经济体制改革,实现国家治理体系和治理能力现代化,具有重要指导意义。

然而,我国经济社会发展仍然面临诸如城乡发展不平衡、贫富差距扩大、经济增速下滑、产业结构失衡、环境污染严重等深层次问题。在具体的经济运行秩序方面一些不协调因素仍然存在并表现得非常突出。如政府审批过多、市场监管不力、区域保护严重,以及其他随着社会主义市场经济的深入发展,新业态、新形势不断涌现的过程中伴随而来的一系列问题等。维护良好的经济运行秩序有必要对现有经济发展过程中的法律法规不断进行梳理、改进,使之更加符合新经济形态下依法治国理念贯彻的客观要求。2021年对《中华人民共和国反垄断法》的修订就是适应新形势变化做出的主动调整。具体而言,健全和完善经济领域秩序安全的法律法规,要做到以下几个方面:

第一,强化立法的基础性作用,进一步完善社会主义市场经济法律体系。健全市场经济法律体系是市场经济法治化和维护市场秩序安全的必由之路。经过多年的立法努力,我国市场经济法律体系的构建取得了重大成果,从市场主体到市场行为再到市场监管,在市场经济的每个环节都有专门的法律予以调整,形成了中国特色的社会主义市场经济法律体系。市场经济法律体系的内容涉及宏观经济调控、维护市场秩序、行业管理和产业促进、金融监管、对外贸易和经济合作等诸多方面,为市场经济有序运行、为政府履行市场监管和宏观调控职能提供了法律保障和制度框架。但也应看到,当前我国市场经济法律体系还不够健全,必须加强立法工作,使社会主义市场经济法律体系随着社会主义市场经济的深入发展而不断丰富和完善,防止市场的自发性和盲目性。

第二,重视和发挥司法作用,维护司法公正,保障社会主义市场经济发展。随着经济社会的不断发展,经济交往、贸易往来、社会活动更加频繁,社会关系的调整愈加深刻,法律关系更加错综复杂,由此产生的社会冲突、矛盾纠纷也日渐增多,相当数量的纠纷以案件形式涌入法院,在很大程度上依赖法律手段去解决。司法案件对经济关系的调节作用日益增强,案件数量成为经济发展的"风向标"和"晴雨表"。1978年全国法院共受理各类案件61万余件,2020年全国法院受理案件超过3 000万件,是1978年的50余倍。改革开放40多年来,我国GDP年均增长率为9.8%,诉讼案件的年均增长率约为10%,增长保持同步。新形势下,司法机关仍然要通过严厉打击各种经济犯罪活动,进一步维护好市场经济秩序,为经济发展保驾护航。

第三,重视和发挥法律服务作用,促进法律服务业发展。发展以律师、公证、法律顾问、法律援助等为主体的法律服务业,可以防范法律风险,优化法律环境,解决法律纠纷,为市场主体开展"法律体检"。法律服务业更好地发挥这些功能,需要进一步转变观念,变被动服务为主动服务,变事后处理为事前防范,做到建议于决策之前、服务于运行之中,全方位、多渠道地为市场主体提供法律服务,用法律武器化解市场经济活动中可能出现的风险。

第四,要服务国家重大战略,推动形成高质量发展新格局。加大户籍制度改革和农业转移人口市民化落实力度,推进市域社会治理现代化,创新加强基层社会治理体制机制,推动新型城镇化建设。围绕重大区域发展战略,推动立法授权,加强区域执法司法协作和法律服务。全面实施外商投资法及配套法规、司法解释,平等保护中外投资者合法权益,完善国际商事纠纷多元化解决机制,助力高水平对外开放。

### (二)制止和打击迫害经济领域秩序安全行为

制止和打击迫害经济领域秩序安全行为,既是一项长期的战略任务,又具有现实紧迫性。安定有序是社会主义和谐社会的重要特征,也是构建社会主义和谐社会的必要条件。维护正常经济社会秩序,为稳定经济社会大局提供有力支撑。

影响经济领域秩序安全的行为是多种多样的,比如商业欺诈带来的市场秩序混乱,哄抬物价、垄断等带来的竞争秩序混乱,"校园贷""善心汇""钱宝"等对金融秩序的破坏行为等。这些不法行为如果得不到有力打击,就会造成资源的不合理分配,加大正常经济活动的成本,影响经济的效率与效益。因此,要切实维护正常经济社会秩序,努力保持生产生活平稳有序。

举例而言,我们要强化营商环境执法司法保障,充分激发各类市场主体活力。坚持各类市场主体法律地位平等、权利保护平等和发展机会平等,推动健全以公平为原则的产权保护制度,建立完善公平公正的司法审判机制和司法监督机制,营造支持民营经济健康发展的执法司法环境。准确界定企业生产自救过程中的行为性质,严格区分经济纠纷和经济犯罪。落实和完善对新技术、新产业、新业态、新商业模式的依法包容和审慎监管,推动企业提升科技创新力和市场竞争力。切实保障科研人员依法享有的职务科技成果所有权和长期使用权,促进更多科技成果转化为现实生产力。尊重和保护市场主体意思自治,提高运用法治思维和法治方式推动企业发展的能力和水平。

还要依法严厉打击合同诈骗、非法经营等破坏市场经济秩序的犯罪和侵害经营主体人身、财产权利的违法犯罪活动。落实"少捕慎诉"的司法政策,依法减少羁押性强制措施适用,减少社会对抗,促进社会和谐稳定。依法慎重适用财产强制措施,依法妥善处理涉疫情民事纠纷,依法合理采取民事执行措施,鼓励和引导当事人互谅互让、共担风险,通过和解、调解等方式解决纠纷。

总之,要制止和打击迫害经济领域秩序安全行为,为维护经济领域安全秩序、促进社会公平正义做出积极贡献。

# 第三节　经济主权安全

主权原则一直是国际公法中最基本的原则。国家主权是一个国家独立自主地处理对内对外事务的权力,是国家的根本属性,主要表现为国家对内的最高权和对外的独立权。国家主权是一个含义相当广泛的概念,既包括政治主权,也包括经济主权、社会主权以及文化主权等。经济主权原则是指每个国家对本国的全部财富、自然资源以及全部经济活动都享有完整的永久主权的国际经济法基本原则。经济主权原则为主权原则的题中应有之义,经济主权安全也是国家经济安全的重要组成部分。

## 一、抵御外来经济威胁

维护经济主权主要体现在抵御外来经济威胁。经济全球化作为不可逆转的历史潮流在推动世界经济发展,为世界经济增长带来新的活力和机遇的同时,也带来严峻的挑战。中国作为发展中的大国,得益于改革开放政策的实施,但也面临巨大的压力。由经济全球化带来的"无国界化"对主权国家的经济安全构成了威胁。因此,在世界经济大循环中,确保中国经济安全,对于尚处在社会主义初级阶段的中国仍然至关重要。

首先,避免修昔底德陷阱是我国抵御外来经济威胁、确保国家经济安全的首要前提。修昔底德陷阱,指一个新崛起的大国必然要挑战现存大国,而现存大国也必然会回应这种威胁,这样战争变得不可避免。此说法源自古希腊著名历史学家修昔底德,他认为,当一个崛起的大国与既有的统治霸主竞争时,双方面临的危险多数以战争告终。2015 年,习近平访美时在欢迎晚宴上表示:"世界上本无'修昔底德陷阱',但大国之间一再发生战略误判,就可能给自己造成'修昔底德陷阱'。"[1]一旦陷入这个陷阱,经济发展的全部模型就会被推倒重来,经济主权安全、经济秩序安全都会受到影响。习近平在《世界邮报》创刊号的专访中,反驳了针对中国迅速崛起后,必将与美国、日本等旧霸权国家发生冲突的担忧,他说:"我们都

① 《习近平关于总体国家安全观论述摘编》,中央文献出版社 2018 年版,第 239 页。

应该努力避免陷入'修昔底德陷阱',强国只能追求霸权的主张不适用于中国,中国没有实施这种行动的基因。"[1]

2010年中国成为世界第二大经济体,2020年虽然受新冠肺炎疫情冲击,我国经济总量仍突破100万亿,已经达到美国经济规模的73%。习近平指出中国不会陷入中等发达国家停滞不前的沼泽,强调"我们都应该努力避免陷入'修昔底德陷阱'",既昭示了中国梦的光明前景,也指出了西方大国应抛弃二元对立观,避免在世界制造冲突、隔阂与对抗,导致两败俱伤,而要走和平共荣的道路。习近平多次向世界呼吁,各国人民同心协力,构建人类命运共同体。这为破解所谓"修昔底德陷阱"指明了方向。

其次,逆全球化思潮的兴起,给中国经济发展与安全带来巨大挑战。逆全球化思潮即与全球化进程背道而驰,重新赋权于地方和国家层面的一种思潮。这种思潮的兴起已经严重制约世界各国经济合作与交流,迟滞了世界经济发展,也延缓了新冠肺炎疫情暴发后世界经济的恢复。当前世界经济低迷,逆全球化思潮抬头,不确定性大大增强。在经济全球化过程中,西方经济、社会、文化与政治持续变迁,出现了不能适应现代化进程,地位与声誉受到影响并遭受社会排斥的收入低、受教育程度低的群体。这个群体表现出反全球化和反精英的态度大大增强了逆全球化思潮的泛滥。具体体现为一国政策对多边开放立场的反转,对区域一体化的逆转,在国际间对商品、资本和劳动力等要素流动设置的各种显性及隐性障碍。当下的"逆全球化"思潮与主流背道而驰的趋势在于:一方面,贸易保护主义日益严重,国际自由贸易受阻。从西欧最初的重商主义,到1929年世界经济危机爆发后美国国会通过的《斯姆特-霍利关税法》,再到今天发达资本主义国家采取的新贸易保护主义措施,贸易保护主义屡屡成为一些国家应对经济衰退的重要手段。"逆全球化"妨碍了多边贸易体制的正常运行,关税和非关税等贸易壁垒干预自由的国际贸易,以至于国际上贸易争端频繁发生,金融投资在区域上逐渐展现出零散化、碎片化状态,严重阻碍了经济全球化的发展。另一方面,部分国家的战略倾向逐步封闭、保守,国际政治经济形势紧张,部分西方资本主义国家通过政治力量对经济进行影响,对国内资本实施一定程度的控制,这种行为对企业的自由流动和产业的正常运营产生了不良影响,也干涉了国际市场资源中技术、人力等因素的合理配置。

在逆全球化和贸易保护主义思潮蔓延的大背景下,全球化进入区域性集聚发展阶段,从而形成特定区域内的产业空间集聚。跨国公司生产集中在某一区域的现象越来越明显,区域内贸易成为国际贸易的主要组成部分。尤其是新冠肺炎疫情暴发以来,尽管全球供应链和产业链存在不稳定性,但是区域内的贸易往来却有所增多。由此可见,全球产业链由全球化布局向区域性集聚演化。

再次,科技竞争的边界效应越发明显。科技无国界受到严重挑战,各国在高新技术研发以及产业链主导权方面的竞争日益加剧。以5G为例,其主导权的竞争直接导致美国对中国企业如华为的强力打压。美国在核心技术和重点科技领域对中国限制升级,不断强化人员

---

[1]  《习近平主席专访》,《世界邮报》2014年1月22日。

交流限制、收紧投资准入、加强技术管制,企图推动中美科技"脱钩",阻碍中国向产业链高端攀升。对于正处在由中低端科技产业链向高端阶段过渡的中国,增强科技自主创新能力,把关键技术牢牢把握在自己手里,对突破美国技术封锁、实现科技自主、维护经济安全具有十分重要的意义。"一带一路"倡议与人类命运共同体理念恰是对逆全球化思潮的有力回击,也是维护与促进全球化,实现人类共同发展的有效途径。

最后,要重视国际游资对我国经济与金融体系的破坏。国际游资亦称"热币",其在国际上频繁流动,是以追逐利率差额收益、汇率变动收益,或追求安全保值、逃避资本管制为目的的短期资本。其特点是,流动性很强,转移迅速频繁,对市场的变化非常敏感。20 世纪 30 年代资本主义世界经济危机期间,国际游资曾大量出现,对一些国家的金融稳定造成极大危害。20 世纪 60 年代末 70 年代初国际货币体系发生危机期间,亦曾大量地在"软货币"和"硬货币"之间从事外汇投机活动。国际游资是加剧国际金融市场动荡、冲击各国经济、加深资本主义货币信用危机的重要因素。国际游资在 20 世纪 90 年代以来的数次货币危机与国际金融动荡爆发中扮演了重要角色。大规模的国际游资流入,给爆发金融危机的国家带来了宏观经济和金融方面的双重风险。国际游资作为一种对经济构成严重威胁的外来因素应该得到重视。

## 二、实现经济主权安全的途径与方法

维护和实现经济主权安全就是要维护我国独立自主处理国内外经济事务的最高权力,确保一国最根本的经济利益不受侵犯。

### (一)维护经济方针政策自主制定的权利

新中国成立之初我们就注重维护经济方针政策自主制定的权利。1949 年 9 月通过的《中国人民政治协商会议共同纲领》中明确指出:在经济上,实行"以公私兼顾、劳资两利、城乡互助、内外交流的政策,达到发展生产、繁荣经济之目的"的根本方针。这为我国自主制定经济发展政策奠定了重要基础。国家经济政策是指国家履行经济管理职能,调控国家宏观经济水平、结构,实施国家经济发展战略的指导方针。自新中国成立以来,我国始终坚持独立自主,充分依据国情制定与经济发展相关的方针、政策,这是中国共产党领导下的中国经济繁荣发展的重要源泉。

然而,随着全球化的深入,世界经济你中有我,我中有你。尤其我国加入 WTO 以后,经济发展充分融入世界经济整体循环中。经济方针政策的制定需要考虑的因素和变量发生了巨大变化,不仅要考虑本国经济发展的现实情况,还要充分考虑世界经济发展的具体影响。例如亚洲金融危机爆发后,我国彰显大国担当,负责任地坚持人民币不贬值的政策;2008 年国际金融危机爆发,为维护我国经济利益,同时也为世界经济发展整体考虑,我们采取了更加积极的财政政策。这些都充分说明,在全球化背景下经济方针政策的制定的确不可避免地受到外部经济环境影响。但这不意味着受制于人,相反更要坚持独立自主。2020 年 4 月

10日,在中央财经委员会第七次会议上,习近平强调要构建以国内大循环为主体、国内国际双循环相互促进的新发展格局。这是在新冠肺炎疫情背景下,我国独立自主制定经济方针政策的典范。

第一,政治独立自主是经济方针政策自主制定的前提和基础。《中共中央关于坚持和完善中国特色社会主义制度　推进国家治理体系和治理能力现代化若干重大问题的决定》强调:"坚持和完善独立自主的和平外交政策,推动构建人类命运共同体。"①独立自主的和平外交政策是新中国70年外交理论和实践的基本结晶,符合时代潮流及我国人民和世界人民根本利益。新形势下,必须坚持党对外事工作的集中统一领导,统筹国内国际两个大局,坚持和完善独立自主的和平外交政策,高举和平、发展、合作、共赢旗帜,积极推进中国特色大国外交,坚定不移维护国家主权、安全、发展利益,坚定不移维护世界和平、促进共同发展,为实现"两个一百年"奋斗目标、实现中华民族伟大复兴的中国梦营造有利外部环境,为建设新型国际关系、构建人类命运共同体作出中国贡献。

第二,以人民利益为核心是经济方针政策自主制定的出发点和归宿。马克思、恩格斯在《共产党宣言》中就曾有过深刻的论述:"过去的一切运动都是少数人的或者为少数人谋利益的运动。无产阶级的运动是绝大多数人的、为绝大多数人谋利益的独立的运动。"②邓小平也曾指出,我们的各项工作都要以人民拥护不拥护,人民赞成不赞成,人民高兴不高兴,人民答应不答应为标准,只有这样,才能把群众紧密地团结在党的周围,按照党所指导的方向和道路前进。习近平也多次强调:"党的一切工作,必须以最广大人民根本利益为最高标准。"③因此,我们必须执行人民的意志,代表人民的利益,领导和支持人民当家作主。这就要求党在自己的工作中,注意体察群众情绪,倾听群众呼声,把握各种矛盾,掌握社会主义各项事业发展规律,独立自主地制订出合乎实际,顺乎民意的正确路线、方针、政策。

第三,充分尊重经济发展的一般规律是经济方针政策自主制定的方法和原则。客观规律性的联系对经济现象的发展和变化起着决定性的作用。这种内在的本质的联系,就是经济规律。经济规律发生作用具有必然性,经济学家将这种必然性描绘为"强制地为自己开辟道路"。在经历了40多年的经济高速增长后,我们主动进行调整,使经济由高速增长向中高速增长转变,推动经济发展的动力也由要素数量的投入向提高要素投入质量转变。这些都是我们尊重经济发展一般规律自主制定经济发展方针政策的最好例证。以新冠肺炎疫情为例,我们既没有像美国一样搞大规模刺激,也没有对受疫情影响的经济尤其是实体经济的困境视而不见。我国先后出台了"六稳六保""双循环"等经济社会发展的方针政策。2021年又提出"碳达峰"与"碳中和"的目标。这是贯彻新发展理念,实现高质量发展的重大战略举措。落实"双碳"要求不仅是完成节能降耗指标、积极承担环境保护责任的要求,也是转变经济增长方式、培育新经济增长点,实现发展赶超的必由之路。

① 《中国共产党第十九届中央委员会第四次全体会议文件汇编》,人民出版社2019年版,第60页。
② 《马克思恩格斯选集》第1卷,人民出版社1995年版,第283页。
③ 《习近平关于社会主义社会建设论述摘编》,中央文献出版社2017年版,第7页。

## （二）维护有效掌握自己重要资源的权利

一国经济社会发展离不开资源，能否有效掌握自己重要资源是决定一个国家经济、社会可持续发展及国家独立自主的重要方面。因此，维护有效掌握自己重要资源的权利是维护国家经济秩序安全的重要组成部分。重要资源的分类方法有很多种，不同角度的不同资源，其重要程度均有所不同。我们将重要资源以国土空间为划分界限，分为国土空间范围内的重要资源和国土空间范围外的重要资源，来考察如何有效掌握自己重要资源的途径与方法。

第一，要做好领土范围内重要资源如水资源、矿产资源、森林资源的普查工作，做到心中有数。中国国土面积960多万平方千米，居世界第3位，水域面积470多万平方千米。按利用类型区分的中国各类土地资源也都具有绝对数量大、人均占有量少的特点。中国幅员广大，地质条件多样，矿产资源丰富，根据《中国矿产资源报告2021》，截至2020年底，中国已发现矿产173种，其中，能源矿产13种，金属矿产59种，非金属矿产95种，水气矿产6种。中国水能资源蕴藏量达6.8亿千瓦，居世界第一位，70%分布在西南四省市和西藏自治区，其中长江水系最多，其次为雅鲁藏布江水系。黄河水系和珠江水系也有较大的水能蕴藏量。目前，已开发利用的地区，集中在长江、黄河和珠江的上游。中国生物资源非常丰富，仅种子植物即达2.45万种，仅次于马来西亚和巴西，居世界第3位。水产资源中有鱼类2400多种，其中海洋鱼类约占3/5，其余为淡水鱼类。此外尚有甲壳类、贝类和海藻类等。总体上看我国资源分布呈现出总量丰富、种类繁多、人均不足的特征，优势与劣势并存。对于国土空间范围之外的资源，如太空资源、南北极资源，要在国际公约和框架下和平开发利用，并且坚持独立自主的原则。

第二，提高资源利用效率，转变资源利用方式。要大力节约集约利用资源，推动资源利用方式根本转变，加强全过程节约管理，大幅降低能源、水、土地消耗强度。要控制能源消费总量，加强节能降耗，支持节能低碳产业和新能源、可再生能源发展，确保国家能源安全。要加强水源地保护和用水总量管理，推进水循环利用，建设节水型社会。要严守耕地保护红线，严格保护耕地特别是基本农田，严格土地用途管制。要加强矿产资源勘查、保护、合理开发，提高矿产资源勘查合理开采和综合利用水平。要大力发展循环经济，促进生产、流通、消费过程的减量化、再利用、资源化。要全面促进资源节约集约利用。生态环境问题归根到底是资源过度开发、粗放利用、奢侈消费造成的。资源开发利用既要支撑当代人过上幸福生活，也要为子孙后代留下生存根基。要解决这个问题，就必须在转变资源利用方式、提高资源利用效率上下功夫。要树立节约集约循环利用的资源观，实行最严格的耕地保护、水资源管理制度，强化能源、水资源、建设用地总量和强度双控管理，更加重视资源利用的系统效率，更加重视在资源开发利用过程中减少对生态环境的损害，更加重视资源的再生循环利用，用最少的资源环境代价取得最大的经济社会效益。要全面推动重点领域低碳循环发展，加强高能耗行业能耗管理，强化建筑、交通节能，发展节水型产业，推动各种废弃物和垃圾集中处理和资源化利用。

第三，推进绿色发展。加快建立绿色生产和消费的法律制度和政策导向，建立健全绿色低碳循环发展的经济体系。构建市场导向的绿色技术创新体系，发展绿色金融，壮大节能环保产业、清洁生产产业、清洁能源产业。推进能源生产和消费革命,构建清洁低碳、安全高效的能源体系。推进资源全面节约和循环利用,实施国家节水行动,降低能耗、物耗,实现生产系统和生活系统循环链接。倡导简约适度、绿色低碳的生活方式,反对奢侈浪费和不合理消费,开展创建节约型机关、绿色家庭、绿色学校、绿色社区等行动。

第四,完善法律法规,用法律手段确保资源安全。目前,很多地方出台了资源保护条例,如《北京市水资源管理条例》《黑土地保护条例》《环境保护法》等。这些条例和法律的出台一定程度上对我国资源的开发利用和保护形成了约束,为可持续发展提供了保障。但是应该看到从立法到执法,有关资源保护方面的法律法规仍有待完善,要以最严格的法律制度保护资源不受破坏,提高资源利用效率和效能。

### （三）维护有效掌握自己战略产业的权利

战略产业是指一国为实现产业结构的高级化目标所选定的对于国民经济发展具有重要意义的具体产业部门。战略产业事关国家安危,要增强"战略产业主权"意识,保证主权不可侵犯。战略产业安全就是本国资本对战略产业的有效控制及维系其可持续发展的状态。它是国家产业安全、经济安全的重要组成部分。因此,维护国家经济秩序安全要求我们具有维护有效掌握自己战略产业的权利。

第一,要加强战略产业的宏观管理,明确战略性产业的发展重点和所采取的政策措施。维护与提升中国战略产业安全,政府是主导。政府要着力提升宏观调控能力、综合治理能力与行政管理能力,同时形成现代化的战略产业运行机制、保障机制、政策机制等一套行之有效的政策组合,这样才能进一步提升和确保战略产业安全。国家战略产业安全包括国内的战略产业安全,也包括在国际关系、国际竞争中战略产业的安全。因此,政府还需要在整体上稳固战略产业的基础,保障战略产业的持续发展,对战略产业实施宏观调控,同时需要构建战略产业安全预警系统,建立战略产业安全工作机制。

第二,要加强我国战略产业结构调整,促进产业升级,提高国际竞争能力。当前我国经济发展结构不协调、不优化的矛盾和问题亟待解决。不仅是战略产业,其他各产业都需要进行产业结构调整和优化,以实现资源优化配置、市场主体效能充分发挥、有效市场竞争得以维护、社会福利最大化的良好运行态势。这是维护战略产业安全的前提基础。

第三,增强我国战略产业的国际竞争力和抵御风险的能力。国家战略产业安全与国家的综合国力呈正比,因此只有增强国际竞争能力,保证在竞争中立于不败之地,才能更好地抵御各种风险,确保战略产业安全。为此,我国要充分发挥包括产业优势、政策优势、规模优势、体制机制优势在内的各种优势,增强战略产业国际竞争能力和抵御风险的能力。

第四,加强战略产业自主创新能力。习近平指出:"科学技术从来没有像今天这样深刻影响着国家前途命运,从来没有像今天这样深刻影响着人民幸福安康。我国经济社会发展比过去任何时候都更加需要科学技术解决方案,更加需要增强创新这个第一动力。"[1]实践

---

[1] 习近平:《在浦东开发开放30周年庆祝大会上的讲话》,人民出版社2020年版,第6页。

反复告诉我们,关键核心技术是要不来、买不来、讨不来的。只有把关键核心技术掌握在自己手中,才能从根本上保障国家经济安全、国防安全和其他安全。要增强"四个自信",以关键共性技术、前沿引领技术、现代工程技术、颠覆性技术创新为突破口,敢于走前人没走过的路,努力实现关键核心技术自主可控,把创新主动权、发展主动权牢牢掌握在自己手中。要大力提升自主创新能力,尽快突破关键核心技术。这既是关系经济秩序安全的重要问题,也是关系我国发展全局的重大问题,更是形成以国内大循环为主体的关键。

第五,重视基础研究和人才培养。维护战略产业安全关键因素是人。只有培养出大量掌握关键技能的人才,才能促进战略产业的发展,进而维护战略产业的安全。而人才的培养靠教育。教育事业是百年大计,要重视基础研究、重视素质能力提升。同时创新人才激励机制,充分发挥人的能动性,为维护战略产业安全提供最基础保障。

### (四)维护参与重要国际经济组织的权利

国际组织是现代国际生活的重要组成部分,它是指两个以上国家或其政府、人民、民间团体基于特定目的,以一定协议形式而建立的各种机构。据《国际组织年鉴》统计,20世纪初,世界上有200余个国际组织,到50年代发展到1 000余个,70年代末增至8 200余个,1990年约为2.7万个,21世纪初超过5.8万个。截至2016年,世界上有6.2万余个国际组织。随着信息技术的迅猛发展和全球化趋势的推进,国际组织快速扩张,它们不仅数量庞大,而且覆盖广泛,包括政治、经济、社会、文化、体育、卫生、教育、环境、安全、贫穷、人口、妇女儿童等众多人类生存和发展相关的领域,已成为左右世界局势和人类社会发展的重要力量。

中国作为独立的主权国家,是世界第二大经济体,2020年经济总量达到100万亿元,占世界经济总量的17%,而且中国有14多亿人口,占世界总人口的18%。同时我们还是一个多民族国家,有56个民族,用占世界7%的耕地养活了20%的人口……这些数据都充分说明我们有权利加入任何我们认为有必要的国际组织。一方面维护本国经济政治文化等方面的利益,另一方面也促进世界的协调与发展。

当今世界,各种国际组织发挥着重要的作用。一是加强成员之间的合作与交流。每个国际组织都是特定区域范围或特定问题的国际论坛,经由这一所有成员平等参与的国际议事机构,各方可自由表达立场观点,可充分讨论共同关心的国际问题,有利于国际社会形成和宣示某种世界舆论,有利于协调成员的政策与行动。二是管理全球化所带来的国际社会公共问题。国际组织在一定意义上充当了国际社会共同事务的管理者的角色,全球性或区域性管理规则的制订、管理机构的建立与运作,都是由相关国际组织来完成的。如新冠肺炎疫情暴发后,世界卫生组织在组织病毒基因测序、疫苗发放、病毒溯源等方面发挥了作用。三是在成员之间分配经济发展的成果和收益。在世界范围内,不论是自然资源的生产、开发和销售,还是资金的融集和借贷,除了各国主权范围内的职能,还存在着一个在各有关国家之间公平、合理分配的问题。而这种国际分配者的职能非国际组织莫属。四是调停和解决国际政治和经济争端。国际争端的和平解决是现代国际法的一项基本原则。许多国际组织的基本文件都将这一基本原则列为自己的重要职能,并且规定了相应的解决机制。成员之间的争端,不论是政治性的还是经济性的,不论是寻求外交解决还是法律解决,国际组织都可以随时进入解决程序,促使或主持争端的和平解决。五是继续维持国际和平。全球性与区域性政治组织,都将维持世界及地区和平视为己任,并以整个组织的机制来服务于这一宗旨。国际组织的各类维和行动有效地缓和、平息了多起地区武装冲突和内部动乱,防止了战火的蔓延与升级,为恢复和平、解决争端奠定了基础。

### (五)维护自由利用国际市场的权利

维护自由利用国际市场的权利包含两个方面的含义:一方面,通过畅通国内大循环,不断释放内需潜力。立足国内大市场,发挥比较优势,协同推进强大国内市场和贸易强国建设,以国内大循环吸引全球资源要素,充分利用国内国际两个市场两种资源,积极促进内需和外需、进口和出口、引进外资和对外投资协调发展,促进国际收支基本平衡。另一方面,坚定不移全面扩大开放,实现内外市场联通、要素资源共享。通过全面扩大开放实现国内国际市场的深度融合,推动中国市场成为世界的市场、共享的市场,进一步提升中国制造及中国服务的国际竞争力,增强我国消费者的获得感,实现中国与伙伴国的"双赢"。同时充分利用好国内国际两种资源,重点是要利用好推动我国高质量发展所需的产业资本、技术、金融市场和科技人才等,在全球范围内构建中国高质量发展所需要的要素供给体系、创新供给体系、生产能力体系和消费市场体系。

维护自由利用国际市场的权利,首先要掌握并遵守国际市场规则,并按照国际规则与惯例参与国际经济合作与竞争。中国加入《经济、社会与文化权利国际公约》《公民权利与政治权利国际公约》《巴黎协定》等一系列国际公约,这是中国大力度、全方位接受国际规则体系的鲜明表现。以中国加入世界贸易组织(WTO)为例,无疑将给中国带来利益,但同时还必须承担相应的义务。至于这种利益和义务的具体情况,则主要取决于具体的协议条款及其履行,以及在协议范围内的经济活动。这里所说的义务,主要是指中国政府必须遵守的 WTO 基本原则,以及中国在加入 WTO 时所做出的承诺。WTO 的基本原则贯穿于 WTO 的各个协定和协议中,而这些基本原则构成了多边贸易体制的基础。这些基本原则是非歧视原则、透明度原则、自由贸易原则和公平竞争原则。中国维护自由利用国际市场的权利,必须兼顾责任与义务,充分了解、掌握、适应、实施国际规则。只有这样才能确保我们自由参与国际市场的权利。

其次,提升我国在国际规则制定、国际事务协调中的话语权。"构建人类命运共同体"的理念首先是出自中国的国际社会构建理念,同时也是中国旨在改变近代以来被动接受国际规则体系定势的尝试,更是发展的中国致力打造适应国家利益需求的新国际规则体系意愿的表露。再如通过"一带一路"倡议,明确了所涉国家与地区共同发展的战略理念。要"以'一带一路'建设为契机,开展跨国互联互通,提高贸易和投资合作水平,推动国际产能和装备制造合作,本质上是通过提高有效供给来催生新的需求,实现世界经济再平衡。特别是在当前世界经济持续低迷的情况下,如果能够使顺周期下形成的巨大产能和建设能力走出去,支持沿线国家推进工业化、现代化和提高基础设施水平的迫切需要,有利于稳定当前世界经济形势。"[①]"一带一路"倡议既是中国经济持续发展的需要,也是全球经济持续景气的保障。其维护和实践既定的国际经济发展规则是显而易见的,对提升我国在国家上的话语权也是必要的。

再次,引导企业以倡导合规经营价值观为导向,明确合规管理工作内容,健全合规管理架构,制定合规管理制度,完善合规运行机制,加强合规风险识别、评估与处置,开展合规评审与改进,培育合规文化,形成重视合规经营的企业氛围。如对外贸易中的合规要求,要求企业开展对外货物和服务贸易,应确保经营活动全流程、全方位合规,全面掌握关于贸易管制、质量安全与技术标准、知识产权保护等方面的具体要求,关注业务所涉国家(地区)开展的贸易救济调查,包括反倾销、反补贴、保障措施调查等。境外投资中的合规方面,企业开展境外投资,应确保经营活动全流程、全方位合规,全面掌握关于市场准入、贸易管制、国家安全审查、行业监管、外汇管理、反垄断、反洗钱、反恐怖融资等方面的具体要求。对外承包工程中的合规要求包括:在企业开展对外承包工程活动中,应确保经营活动全流程、全方位合规,全面掌握关于投标管理、合同管理、项目履约、劳工权利保护、环境保护、连带风险管理、债务管理、捐赠与赞助、反腐败、反贿赂等方面的具体要求。此外,企业境外日常经营的合规要求中明确指出:企业应确保经营活动全流程、全方位合规,全面掌握关于劳工权利保护、环境保护、数据和隐私保护、知识产权保护、反腐败、反贿赂、反垄断、反洗钱、反恐怖融资、贸易管制、财务税收等方面的具体要求。

# 第四节 经济发展安全

发展是一个不断解决问题的过程。能否不断解决问题、实现发展,攸关国家兴亡、事业成败。新中国成立70多年来,我们在不同发展阶段面临不同问题,在不断解决问题中取得辉煌发展成就,迎来了中华民族伟大复兴的光明前景。站在新的历史起点上,我国发展面临许多新课题新难题,但我们有条件有能力有信心应对各种风险挑战、战胜各种艰难险阻,朝着实现中华民族伟大复兴的目标砥砺奋进。

经济发展是一个国家或者地区按人口平均的实际福利增长过程,它不仅是财富和经济机体的量的增加和扩张,而且还意味着其质的方面的变化,即经济结构、社会结构的创新,社会生活质量和投入产出效益的提高。简而言之,经济发展就是在经济增长的基础上,一个国家或地区经济结构和社会结构持续高级化的创新过程或变化过程。经济发展相对于经济增长而言,是发展经济学的核心概念。经济发展指包括质量与数量在内的经济高质量发展,而不仅是数量的增长。

当前我国经济发展面临百年未有之大变局,对内经济增长结构性改革的任务十分艰巨;

① 《习近平谈治国理政》第2卷,外文出版社2017年版,第504页。

对外应对全球出现的逆全球化思潮也给我国经济贸易带来了巨大挑战。因此,必须要充分认识发生危机的风险并具备防范化解危机的能力,以维护我国经济发展安全。

## 一、存在发生经济危机的风险

当前我国经济总体运行平稳,虽经历新冠肺炎疫情的冲击,但是正如习近平所说:"中国是世界第二大经济体,有13亿多人口的大市场,有960多万平方公里的国土,中国经济是一片大海,而不是一个小池塘。大海有风平浪静之时,也有风狂雨骤之时⋯⋯狂风骤雨可以掀翻小池塘,但不能掀翻大海。"[①]中国具有保持经济长期健康稳定发展的诸多有利条件。尽管如此,我们还是要本着居安思危的原则和强烈的忧患意识,正确看待中国经济发展运行中存在的潜在风险。2017年7月17日,金融工作会议召开后的首个工作日,《人民日报》在头版刊发评论员文章《有效防范金融风险》,文中提道:防范化解金融风险,需要增强忧患意识。既防"黑天鹅",也防"灰犀牛",对各类风险苗头既不能掉以轻心,也不能置若罔闻。

古根海姆学者奖获得者米歇尔·渥克撰写的《灰犀牛:如何应对大概率危机》一书让"灰犀牛"为世界所知。类似"黑天鹅"比喻小概率而影响巨大的事件,"灰犀牛"则比喻大概率且影响巨大的潜在危机。从美国次贷危机到欧洲债务危机,可以说,每一次危机背后都隐藏着巨大的"灰犀牛"风险。次贷危机中,美国房地产泡沫、信贷过度膨胀等迹象早已显现;欧债危机中,欧洲多国债台高筑、财赤超标问题也远非一日之寒。在这些危机中,"灰犀牛"风险被忽视,得不到妥善应对,最终酿成重大危机。中国经济金融领域也存在"灰犀牛"。防止发生系统性金融风险是金融工作的永恒主题,要把主动防范化解系统性金融风险放在更加重要的位置,科学防范,早识别、早预警、早发现、早处置。而这无疑是应对金融领域"灰犀牛"的正确姿态。

中国经济发展中潜在的"灰犀牛"不仅存在,还有很多,而且对经济发展产生潜在的负面影响,处理不好就有可能触发金融与经济危机。

一是实体经济内部供给和需求的失衡。目前大部分产能只能满足中低端、低质量、低价格的需求,并不能满足人民群众日益增长的多样化、个性化的高端需求。自2015年我国首次提出供给侧结构性改革以来,实体经济活力不断释放,供给水平和质量得到不断提升。但也要看到,我国超大规模市场优势尚未得到充分发挥,市场经济体制尚待进一步完善,流通不畅、收入分配差距较大等问题,很大程度上制约了国内市场需求潜能的释放。尤其是新冠肺炎疫情在世界蔓延,国内外环境发生一系列变化,使得需求侧改革的重要性日益提升。因此要扭住供给侧结构性改革,同时注重需求侧改革。

二是实体经济和金融部门的失衡。目前仍存在着资金脱实向虚的现象,加重了实体经济的融资困难。实体经济是国民经济的基石,是国家生存发展的重要物质基础。一个国家工业化和现代化发展进程和发展水平,最终取决于实体经济的效率、规模和竞争力。发展实

---

① 《习近平谈治国理政》第3卷,外文出版社2020年版,第206页。

体经济、建设现代化经济体系,是当前我国经济发展的重中之重。近年来,我国实体经济发展出现动力不足、创新能力不强等一系列复杂问题,严重制约实体经济的长期可持续发展。实行更加有利于实体经济发展的政策措施,是我国供给侧结构性改革的重要任务,更是提高我国在全球产业链和价值链中地位的必然要求。在我国经济增速放缓的新常态下,发展实体经济、推动实体经济由大变强,是经济增长速度维持在中高速的重要保障,也是调整优化产业结构、建立现代化经济体系的必然要求。

三是房地产发展与其他部门的失衡。大量资金涌入房地产市场,一度带动了一线城市和热点二线城市房价过快上涨,推高了实体经济的发展成本。毋庸置疑,房地产对经济发展具有带动作用,且房地产业本身是具有强大带动与辐射作用的产业,其健康发展不仅对于行业本身,对于整个国民经济都具有重要意义。但是当房价过高(房价收入比超过 9∶1)时,一系列负面效果显现,对经济发展具有巨大的负面效应。如高房价遏制创新、高房价促进阶层分化阻碍经济发展等。房地产业的问题处理不好,对企业本身、对中国房地产业的健康发展、甚至对整个国民经济的高质量发展都存在巨大影响。如何确保房地产业健康发展,已成为避免"灰犀牛"事件发生的重要焦点所在。

## 二、防范化解经济危机风险

虽然存在潜在风险,但中国拥有巨大的发展韧性、潜力和回旋余地。第一,我国有 14 亿多人口的内需市场,正处于新型工业化、信息化、城镇化、农业现代化同步发展阶段,中等收入群体扩大孕育着大量消费升级需求,城乡区域发展不平衡蕴藏着可观的发展空间。第二,我国拥有较好的发展条件和物质基础,拥有全球最完整的产业体系和不断增强的科技创新能力,总储蓄率仍处于较高水平。第三,我国人力资本丰富,劳动力的比较优势仍然明显。第四,我国国土面积辽阔,土地总量资源丰富,集约用地潜力巨大,也为经济发展提供了很好的空间支撑。总而言之,我国经济发展健康稳定的基本面没有改变,支撑高质量发展的生产要素条件没有改变,长期稳中向好的总体势头没有改变。加之我们有党的坚强领导,有集中力量办大事的政治优势,全面深化改革不断释放发展动力,宏观调控能力不断增强。

正因为如此,只要我们保持战略定力,全面深化改革开放,深化供给侧结构性改革,下大气力解决存在的突出矛盾和问题,中国经济就一定能加快转入高质量发展轨道,中国人民就一定能战胜前进道路上的一切困难挑战,中国就一定能迎来更加光明的发展前景。具体而言,防范和化解经济风险应从以下几方面入手:

第一,强化市场在资源配置中起决定性作用,更好地发挥政府的作用,这是防范和化解经济危机的前提和基础。为此要正确处理好市场与政府之间的关系。社会主义制度建立以后,选择什么样的经济体制,是一个重大的理论和实践问题,核心是如何认识政府和市场的关系。理顺政府和市场的关系是深化经济体制改革的"牛鼻子",是解决发展不平衡不充分问题的关键。只有把政府和市场关系这个具有全局性和牵引作用的改革牢牢抓在手上,才能全面推动各领域改革向纵深迈进,解决好经济体制中的深层次问题。使市场在资源配置中起决定性作用的同时,更好发挥政府作用,这是新时代党的基本方略的重要内容,也是建设现代化经济体系的必然要求,充分体现了社会主义制度的优越性。

第二,深化供给侧结构性改革,提高制造业供给体系质量。从产业角度看,应抓住全球新一轮科技革命和产业变革的历史性机遇,以创新驱动为根本,努力解决制约我国制造业能级提升的关键技术、成套装备和核心零部件的主要瓶颈,重点突破制约消费品工业升级的国产压缩机等核心零部件和纤维等关键原材料的加工制造难题;破解制约原材料产业升级的大型成套装置的关键技术,以及制约战略性新兴产业发展壮大的芯片、基础软件、高端电子元器件、高端设备、核心部件等技术难题,积极推进传统产业改造升级和战略性新兴产业培育,提高高端制造业和产业链高端环节在我国制造业中的占比,使我国制造业整体迈向全球价值链中高端,甚至占据全球产业链和价值链的高端。从企业角度看,要培育一大批具有国际竞争力和话语权、能够有效整合全球资源、主导全球制造市场、引领国内产业发展方向的国际一流企业。为此,应营造有利于企业做强做大的政策软环境,包括降低制造企业的税收负担、融资成本、物流成本,建立保障国有民营、内资外资、大中小型企业公平竞争、共同发展的体制机制,降低制约企业效益水平提高的制度性交易成本,形成激励企业技术创新的制度环境等。

第三,构建化解“虚实结构失衡”的体制机制,防范长期系统性金融风险。经济发展呈现“虚实结构失衡”状态,不仅降低了资源的配置效率,而且削弱了实体经济的根基,累积大量的金融泡沫,并有可能引发系统性金融风险。为防止我国国民经济发展的脱实向虚倾向,应着力构建实体经济和虚拟经济健康协调发展的体制机制,夯实实体经济,推动虚拟经济结构优化并提高其服务实体经济的能力。在“壮士断腕”的改革中,金融等虚拟经济难免会出现短暂阵痛,但决不能以防控金融领域风险为由而影响改革进程。从风险管理和风险控制角度看,相对于实体经济的风险而言,金融、房地产业风险虽然更为直接,对社会稳定短期影响更为剧烈,但金融风险是表征,其根源还是实体经济的问题。因此,必须转变风险防控的思路和重点,从关注金融领域风险向关注系统性风险转变,特别是要针对虚拟经济总量调控、实体经济高杠杆、地方政府高债务和“僵尸企业”等系统性风险多策并举、全面防控。

第四,加强需求侧管理,构建完整的内需体系。需求侧管理是宏观经济管理的重要内容,长期以来,在应对短期宏观经济失衡中发挥了重要作用。供需之间的动态平衡,仅依靠短期需求管理刺激需求的总量增长是不够的。因为我国的需求增长不仅是一个总量问题,更是一个结构性问题。比如,当前我国需求不足的一个突出表现是居民消费需求不足。居民消费不足,短期是因为疫情冲击所致,长期来看则是由于城乡二元结构、收入分配制度和社会保障制度不完善等体制性、结构性问题长期积累,导致居民收入差距扩大、居民部门杠杆率上升,从而在相当大的程度上抑制了消费需求。注重需求侧管理,就是要针对制约国内需求潜力释放的结构性、体制性问题,通过一系列相关改革,在中长期合理引导消费需求和投资需求,提高需求水平,优化需求结构,形成扩大内需的长效机制,持续释放内需潜力,增强经济发展的内生动力。

第五,深入推进分配制度改革,逐步实现共同富裕。马克思在论述资本主义经济危机时曾说:"一切现实危机的最根本的原因,总不外乎群众的贫困和他们的有限制的消费。"[1]在经历改革开放后,我国经济取得了巨大发展,但不可否认贫富差距有扩大的趋势,基尼系数曾一度超出国际警戒线,达到 0.474。2021 年 8 月 17 日,中央财经委员会第十次会议指出,要坚持以人民为中心的发展思想,在高质量发展中促进共同富裕,正确处理效率和公平的关系,构建初次分配、再分配、三次分配协调配套的基础性制度安排,加大税收、社保、转移支付等调节力度并提高精准性,扩大中等收入群体比重,增加低收入群体收入,合理调节高收入,取缔非法收入,形成中间大、两头小的橄榄型分配结构,促进社会公平正义,促进人的全面发展,使全体人民朝着共同富裕目标扎实迈进。这既是社会主义本质的体现,也是现代化建设这一时代课题的最终目标,也可以作为防范化解经济危机的重要手段与方法。

### 三、实现经济发展安全的途径与方法

"安而不忘危,存而不忘亡,治而不忘乱。"党中央多次强调,要"更好统筹发展和安全""着力解决制约国家发展和安全的重大难题""抓好发展和安全两件大事",释放出中央维护国家安全和发展全局的坚定信心和决心。从党的十九大把"坚持总体国家安全观"作为新时代坚持和发展中国特色社会主义的基本方略之一,到党的十九届五中全会首次把"统筹发展和安全,建设更高水平的平安中国"纳入"十四五"时期我国经济社会发展的指导思想,再到中央经济工作会议多次提及"发展和安全",充分体现了以习近平同志为核心的党中央对国家安全的高度重视。确保国家经济发展安全,要着力从以下几个方面入手。

#### (一)坚持新发展理念,促进经济高质量发展

新时代、新阶段的发展必须贯彻新发展理念,必须是高质量发展。党的十八届五中全会提出创新、协调、绿色、开放、共享的新发展理念,这一崭新的发展理念是党中央准确识变、科学应变、主动求变的破局之举。它正在深刻改变着中国经济发展的内涵。

习近平指出,全党必须完整、准确、全面贯彻新发展理念。一是从根本宗旨把握新发展理念。人民是我们党执政的最深厚基础和最大底气。为人民谋幸福、为民族谋复兴,这既是我们党领导现代化建设的出发点和落脚点,也是新发展理念的"根"和"魂"。只有坚持以人民为中心的发展思想,坚持发展为了人民、发展依靠人民、发展成果由人民共享,才会有正确的发展观、现代化观。实现共同富裕不仅是经济问题,而且是关系党的执政基础的重大政治问题。要统筹考虑需要和可能,按照经济社会发展规律循序渐进,自觉主动解决地区差距、城乡差距、收入差距等问题,不断增强人民群众获得感、幸福感、安全感。二是从问题导向把握新发展理念。我国发展已经站在新的历史起点上,要根据新发展阶段的新要求,坚持问题导向,更加精准地贯彻新发展理念,举措要更加精准务实,切实解决好发展不平衡不充分的问题,真正实现高质量发展。三是从忧患意识把握新发展理念。随着我国社会主要矛盾变

---

[1]　《马克思恩格斯选集》第 2 卷,人民出版社 1995 年版,第 534 页。

化和国际力量对比深刻调整,必须增强忧患意识、坚持底线思维,随时准备应对更加复杂困难的局面。要坚持政治安全、人民安全、国家利益至上有机统一,既要敢于斗争,也要善于斗争,全面做强自己。

### (二)深化供给侧结构性改革,防范、化解经济领域安全风险

新发展理念引领新发展格局。"十四五"规划建议指出:要加快构建以国内大循环为主体、国内国际双循环相互促进的新发展格局。这是一项关系我国发展全局的重大战略任务,需要从全局高度准确把握和积极推进。只有立足自身,把国内大循环畅通起来,才能任由国际风云变幻,始终充满朝气生存和发展下去。要在各种可以预见和难以预见的狂风暴雨、惊涛骇浪中,增强我们的生存力、竞争力、发展力、持续力。

供给侧结构性改革旨在调整经济结构,使要素实现最优配置,提升经济增长的质量和数量。需求侧主要有投资、消费、出口三驾马车,供给侧则有劳动力、土地、资本、制度创造、创新等要素。

习近平在庆祝中国共产党成立 100 周年大会上的重要讲话中强调:"立足新发展阶段,完整、准确、全面贯彻新发展理念,构建新发展格局,推动高质量发展。"[①]构建新发展格局的关键在于经济循环的畅通无阻,这就要求我们必须坚持深化供给侧结构性改革这条主线,继续完成"三去一降一补"的重要任务,全面优化升级产业结构,提升创新能力、竞争力和综合实力。

巩固"三去一降一补"成果。"三去一降一补"即去产能、去库存、去杠杆、降成本、补短板五大任务。去产能即化解产能过剩,是指为了解决产品供过于求而引起产品恶性竞争的不利局面,寻求对生产设备及产品进行转型和升级的方法。去库存主要是指化解房地产库存。杠杆是指特定主体通过借入债务,以较小规模的自有资金撬动大量资金,以此扩大经营规模。微观上一般以总资产与权益资本的比率衡量杠杆率水平,宏观上一般以"债务/GDP"衡量杠杆率水平。适度加杠杆有利于企业盈利和经济发展,但如果杠杆率过高,债务增速过快,还债的压力就会反过来增大金融风险甚至拖累发展。中央经济工作会议把去杠杆列为2016 年结构性改革的重点任务之一,积极推动在提高生产效率、推动经济增长的过程中改善债务结构,增加权益资本比重,以可控方式和可控节奏逐步减少杠杆,防范金融风险,促进经济持续健康发展。降成本即帮助企业降低成本。降低制度性交易成本,转变政府职能、简政放权,进一步清理规范中介服务。降低企业税费负担,进一步正税清费,清理各种不合理收费,营造公平的税负环境,研究降低制造业增值税税率。降低社会保险费,研究精简归并"五险一金"。降低企业财务成本,金融部门要创造利率正常化的政策环境,为实体经济让利。降低电力价格,推进电价市场化改革,完善煤电价格联动机制。降低物流成本,推进流通体制改革。补短板就是补基础设施建设短板,解决经济发展中基础设施和公共服务设施建设

---

① 本书编写组:《〈中共中央关于党的百年奋斗重大成就和历史经验的决议〉辅导读本》,人民出版社 2021年版,第 9 页。

滞后等问题。例如在确保经济持续健康发展方面,我们要补足产业结构优化方面的短板,促进实体经济发展,增加金融产品有效供给,降低企业融资成本等。在科技创新方面,要补足创新能力不强、创新活力不足的短板,尤其是关键领域、关键技术"卡脖子"问题这一短板;要加大科技研发投入,加快科技成果转化,扩大高新技术产业占 GDP 的比重。在城乡统筹发展方面,要补足新农村建设标准不高、农民生产生活条件相对落后、城乡差别较大等短板问题。

我国经济已由高速增长阶段转向高质量发展阶段,继续发展具有多方面优势和条件。同时,我国发展不平衡不充分问题仍然突出,经济发展正处在转变发展方式、优化经济结构、转换增长动力的攻关期,面临结构性、体制性、周期性问题交织叠加的困难和挑战。这要求我们继续推动更多产能过剩行业加快出清,淘汰关停环保、能耗、安全、质量等方面不达标的企业,减少无效和低端供给,扩大有效和中高端供给;落实和完善减税降费政策,清理规范各类涉企收费,降低全社会各类营商成本,有效减轻企业负担;着眼于既促消费惠民生、又调结构增后劲,加大新型基础设施等领域补短板力度。

进一步深化对外开放。积极用好国际国内两个市场、两种资源,将为进一步深化供给侧结构性改革创造良好条件。一方面,加大同"一带一路"参与国家和地区的产能合作,有利于促进资源要素全球化配置,同时为我国产业升级腾挪出更大空间。另一方面,充分发挥自由贸易试验区、经济特区等对外开放前沿高地的作用,充分利用我国产业链完整、市场规模巨大等方面的优势,形成对全球要素资源的强大吸引力,推动供给侧结构性改革进一步深化,为我国产业升级创造有利条件。

在深化供给侧结构性改革的同时,也要注重需求侧管理,坚定实施扩大内需战略。内需是我国经济发展的基本动力,扩大内需是构建新发展格局的战略基点。我国拥有全球最大规模的中等收入群体,消费升级方兴未艾,城镇化进程进一步加快,正在成长为全球最大的消费市场。健全扩大内需的有效制度,加快培育完整内需体系,同时在拓展时尚消费、定制消费、信息消费、智能消费等新兴消费方面下功夫,有利于使生产、分配、流通、消费更多依托国内市场,形成需求牵引供给、供给创造需求的更高水平动态平衡。

### (三) 创新和完善宏观调控

2019 年 5 月 29 日,中央全面深化改革委员会第八次会议通过了《关于创新和完善宏观调控的指导意见》,其明确指出:创新和完善宏观调控,加快建立同高质量发展要求相适应、体现新发展理念的宏观调控目标体系、政策体系、决策协调体系、监督考评体系、保障体系,要坚持稳中求进工作总基调,坚持以供给侧结构性改革为主线,突出统筹兼顾、综合平衡,注重处理好政府和市场、短期和长期、国内和国际的关系,统筹稳增长、促改革、调结构、惠民生、防风险、保稳定,发挥国家发展规划的战略导向作用,健全财政、货币、就业、产业、区域等经济政策协调机制,保持经济运行在合理区间。

中国特色社会主义进入新时代,我国社会主要矛盾已经转化为人民日益增长的美好生活需要和不平衡不充分的发展之间的矛盾。宏观调控要坚持以人民为中心的发展思想,聚焦人民对美好生活的需要,着力深化供给侧结构性改革,全面实施创新驱动发展战略,大力推进生态文明建设,促进城乡区域协调发展,积极推动解决社会主要矛盾。同时应看到,我国仍处于并将长期处于社会主义初级阶段的基本国情没有变,我国是世界最大发展中国家的国际地位没有变,必须坚持党的基本路线,坚持发展是第一要务不动摇,努力实现更平衡更充分的发展。

宏观调控工作紧紧围绕统筹推进"五位一体"总体布局、协调推进"四个全面"战略布局,贯彻落实党中央经济政策框架,不断创新、持续完善,推动我国经济持续健康发展。

第一,要保持宏观政策的连续性、稳定性与可持续性。要继续实施积极的财政政策和稳健的货币政策。尤其是受疫情影响下的宏观经济,要保持对经济恢复的必要支持力度,政策操作要更加精准有效,不急转弯,把握好政策时效。既不能搞简单粗暴的大规模刺激,也不能任由经济出现大幅度下滑的风险。既防"通胀",也要防"滞胀"。这就需要我们的积极财政政策要注意提质增效、更可持续,保持适度支出强度,增强国家重大战略任务财力保障,在促进科技创新、加快经济结构调整、调节收入分配上主动作为。稳健的货币政策要灵活精准、合理适度,保持货币供应量和社会融资规模增速同名义经济增速基本匹配,保持宏观杠杆率基本稳定,处理好恢复经济和防范风险的关系。

第二,确保宏观调控目标的协调性。宏观调控工作思路必须更多聚焦实现经济持续健康发展,加强调控目标之间的衔接平衡。一是要把发展与稳定的关系处理好。宏观调控要坚持以人民为中心的发展思想,聚焦人民对美好生活的需要,着力深化供给侧结构性改革,全面实施创新驱动发展战略,大力推进生态文明建设,促进城乡区域协调发展,积极推动解决社会主要矛盾。同时应看到,我国仍处于并将长期处于社会主义初级阶段的基本国情没有变,我国是世界最大发展中国家的国际地位没有变,必须坚持党的基本路线,坚持发展是第一要务不动摇,努力实现更平衡更充分的发展。二是要把握"数量"与"结构"的关系。既防止经济运行大幅波动,保持经济总量平衡;又有效引导各方面加大供给侧结构性改革力度,不断提高经济发展质量和效益。三是统筹全国性指标与地方性指标。全国指标要充分考虑地区差异,为各地因地制宜留出合理空间;地方指标要加强与国家规划计划、宏观政策的衔接,确保国家战略有效实施。四是加强约束性指标和预期性指标的统筹。强化民生保障、公共服务、生态环保指标的刚性约束,兑现对人民的承诺;发挥预期性指标的导向作用,有效引导社会资源配置和市场预期。

第三,创新宏观调控方式和手段。坚持宏观调控有度,把有效市场和有为政府更好结合起来,提高全社会资源配置效率。一是遵循市场规律,最大限度减少政府对微观事务的干预,更多运用价格、税收、利率等市场化法治化手段实现调控目标、优化资源配置。二是积极主动作为,近期要围绕打好防范化解重大风险、精准脱贫、污染防治三大攻坚战,充分整合各方面资源力量重点突破。三是创新运用大数据、云计算等现代信息技术手段,加快统计体系改革,推动信息资源共享,为宏观调控提供支撑和保障。

(四) 加强经济领域的保密管理

坚持新发展理念,促进高质量发展,要求我们一方面要注重发展,另一方面也要注重保护。这里所谈到的保护是指经济领域相关信息、数据、工艺、方法等的保护。例如国家宏观经济数据提前泄露，就会危害经济运行秩序，干扰市场公平竞争，影响政府公信力，从而使国家、社会以及人民的利益遭受重大损失。曾经轰动一时的景泰蓝制作工艺遭到窃取事件表明我们在经济发展过程中对于保密管理需要予以更多关注。加强经济领域的保密管理首要任务是加强制度建设，主要包括两个方面的重要制度：一是会同组织人事部门制定专门规定，突出对接触、知悉涉密经济数据人员的政治条件和资格审查；二是进一步完善国家保密行政管理部门与其他部门查处涉嫌泄露国家秘密案件的协调机制，严厉打击泄露经济数据的违法犯罪活动。发现一起，查处一起，决不姑息。其次要加强监督检查。要建立涉密经济数据专项督察制度，实行重点督察、专项检查等方式，不断查找漏洞、完善制度、加强管理。再次要加强教育培训。通过各种形式帮助指导有关工作人员和涉密人员增强保密意识，提高保密技能，筑牢保密思想防线，切实从中吸取教训，防止此类事件再次发生。

### （五）坚持打击走私活动

依法严厉打击各种走私违法犯罪活动，是保证经济秩序安全、经济发展安全，也是维护经济主权安全的重要环节。走私犯罪活动不仅破坏经济秩序，对经济发展也带来严重危害。因此，要把握新形势下走私犯罪活动的新规律、新特征，坚决予以最严厉的打击，以维护经济秩序，促进经济发展。

当前，走私活动出现一些新变化、新动向，打私工作面临的形势依然严峻，有关方面要引起高度重视。要深刻理解做好打私工作的重要意义，采取有力措施，全力打击"洋垃圾"走私，严厉打击农产品走私，坚决打击枪支毒品走私，重点打击涉税商品走私，全面整顿流通领域私货交易，确保打击走私专项治理顺利推进。要坚持标本兼治，构建"打、防、管、控"的长效综合治理体系。各地、各有关部门要按照中央和省委省政府的决策部署，始终保持打击走私的高压态势，坚决守住不发生区域性、系统性风险的底线，有效维护国家安全和人民群众切身利益。

第一，要认清形势，切实增强反走私斗争的紧迫感和责任感，提高打击走私犯罪的政治自觉性。客观地说，由于我国政府对走私犯罪活动的高度重视，采取了强力措施打击，取得了一定成效。表现在大规模走私被有效遏制；进出口秩序明显好转，海关税收大幅度增长；走私最严重商品的市场秩序和企业生产经营环境大大改善；缉私执法的整体能力得到提高；反走私的社会舆论环境得到净化。但新形势下，尤其是经济全球化背景下，走私分子不断变换手法，走私违法犯罪活动出现了一些新的动向和特点，这就要求各级检察机关要充分认识反走私斗争的长期性、艰巨性和复杂性，从践行新发展理念、实现第二个百年奋斗目标的高度，把依法严厉打击走私犯罪活动作为当前一项重要而紧迫的任务，摆上重要议事日程，加强领导，层层落实领导责任制，切实抓好各项工作措施的落实。走私犯罪活动较严重的重点地区的检察机关，要制定参与打击走私专项行动的工作方案，提出具体工作措施。

第二，要摸清规律，突出重点，以最强力手段坚决依法严厉打击走私犯罪活动。如打击重点水域和地区绕越设关地偷运走私，就要把重点放在东南沿海，特别是珠江口、北部湾水域的"蚂蚁搬家"走私,以及东北、西南边境等重点地区绕越设关地的偷运走私;打击商业瞒骗走私。重点打击以低报价格和夹藏为主的商业瞒骗走私活动,尤其是境内外企业假借所谓特殊经济关系,利用各种手法从事的走私活动,打击加工贸易渠道走私。打击重点商品走私和国内市场的私货营销,打击外汇黑市交易和各种形式的洗钱活动等。此外,要继续狠狠打击严重影响国家稳定、社会安定的毒品、武器弹药、反动宣传品等走私活动,特别是西北、西南边境地区毒品和武器走私活动。

第三,要加强配合,形成打击走私犯罪的强大合力。在打击走私工作中,各级检察机关要加强与海关、公安、工商、税务、人民法院等部门的协调配合,既分工负责,又通力协作,形成打击走私犯罪的合力。要切实发挥与海关、法院建立的各个层次的联席会议制度的作用,互通工作情况,及时研究解决工作中的问题,共同督办疑难、复杂或有阻力的案件,克服打击走私工作中的地方保护主义。对重大走私犯罪案件,要抽调业务骨干及时介入公安机关的侦查活动,参加案件讨论,提出侦查取证的意见和建议,配合海关缉私部门做好对证据的全面收集、甄别和固定工作。对认识有分歧的案件,要与有关部门及时协商,防止出现扯皮、拖延现象。对提起公诉的重特大走私犯罪案件,要选派优秀公诉人出庭支持公诉,配合法院做好审判工作,对走私犯罪分子依法予以严惩。

 **思考题**

1. 请结合所学内容阐述基本经济制度安全的主要内容,以及它在整体国家安全观中的地位和作用。

2. 经济秩序安全包含哪些内容?实现的途径和方法有哪些?

3. 请结合实际列举典型的克服地方保护主义现象。并说明克服地方保护主义的必要性和途径有哪些?

4. 我国经济发展过程中面临哪些风险?如何防范和化解这些风险?

# 第四章 财政安全和金融安全

财政是国家治理的基础和重要支柱。本质上是一种国家行为,可理解为国家的"理财之政",它是一种伴随国家的产生而产生的经济行为或经济现象,其主体是国家或政府。它是一国政府选择某种形式获取一部分国民收入,以实现其职能的需要而实施的分配行为。财政在一国经济发展和分配体系中占有十分重要的地位和作用。财政具有促进社会资源的最优效率配置和保证经济稳定和发展的职能。金融是货币资金融通的总称,主要指与货币流通和银行信用相关的各种活动。财政和金融密不可分,支持金融的财政政策(减税、产业支持政策等)可以促进金融产业的发展,为实体经济发展提供活力,帮助财政达成提高资源配置效率和促进经济增长的职能。同时稳定的金融市场可以保证国家的经济稳定,避免其受到国内外经济波动的冲击。本章从财政和金融两个方面论述其对国家经济安全的影响和重要作用。

## 第一节 财政安全

财政作为社会经济活动的一个重要参与者,是各国确保政府有效运行、改善社会公共福利、调整宏观经济运行的重要手段。财政安全作为经济安全的子系统,是国家经济安全的核心内容之一,越来越受到重视。我国正"加快形成以国内大循环为主体、国内国际双循环相互促进的新发展格局"。在此背景下,我国经济发展既有机遇,也有挑战。中国经济韧性强劲、内需空间广阔、产业基础雄厚,经济基本面不会改变,向好的趋势也不会改变。但与此同时,我国经济发展面临巨大挑战,经济发展的下行压力仍然很大。加之疫情及国际上逆全球化思潮的影响,经济运行中的各种风险,如金融风险、贸易风险、财政风险等,充斥在经济生活的各个环节。需要加以高度重视。而防范化解经济运行中的风险,要把财政安全放在更加重要的位置。毫不夸张地说,公共财政是一切社会经济风险的最终承担者,而财政安全则是防范化解金融风险的最后一道屏障。没有财政安全,金融安全、民生安全、企业减压增效、对外经济平衡乃至社会的稳定也都无从谈起,整个国家的经济安全必然会面临巨大风险。由此可见,财政安全无论是之于财政本身,还是整体宏观经济运行,都具有重要作用和意义。那么要研究财政安全,首先必须对其进行系统、准确的定义。

## 一、财政安全的内涵

"财政安全问题是一个国家最高层次的安全问题之一"。[①] 然而,目前关于什么是财政安全这一概念还没有形成一个系统且统一的认识。我们试图从多维度探讨其定义,以期更系统、更全面、更客观地反映我国财政安全的现状及未来发展趋势。财政具有资源配置、收入分配、经济稳定与发展三项职能。由此入手理解财政安全具有重要意义。

在市场经济体制下,经济社会资源的配置通过两种方式来实现,即市场机制和政府机制。市场对资源的配置起决定性作用,但由于存在着公共品、垄断、信息不对称、经济活动的外在性等情况,仅仅依靠市场机制并不能实现资源配置的最优化,还需要政府在市场失灵领域发挥资源配置作用。财政作为政府调控经济社会运行的主要杠杆,是政府配置资源的主体。因为在经济体系中,市场提供的商品和服务数量有时是过度的,有时是不足的,整个社会的资源配置缺乏效率。财政的资源配置职能就表现在对市场提供过度的商品和劳务数量进行校正,而对市场提供不足的产品和服务进行补充,以实现社会资源的有效配置。财政的资源配置职能主要表现在以下三方面:(1)财政可通过采取转移支付制度和区域性的税收优惠政策、加强制度建设、消除地方封锁和地方保护、完善基础设施、提供信息服务等方法,促进要素市场的建设和发展,推动生产要素在区域间的合理流动,实现资源配置的优化。(2)财政通过调整投资结构,形成新的生产能力,实现优化产业结构的目标。政府通过产业政策指导和集中性资金支持,支持诸如交通、能源等基础产业项目以及对资金和技术要求较高的诸如5G、人工智能等高新技术产业的发展。政府的这种支持不仅可以起到支撑作用,还能够防止规模不经济现象的产生。除了政府直接投资外,还可利用财政税收政策引导企业投资方向,以及补贴等方式调节资源在国民经济各部门之间的配置,形成合理的产业结构。(3)财政在提供公共物品方面发挥不可或缺的作用,这也是财政的基本职能之一。因公共物品具有非竞争性和非排他性,不能由私营部门通过市场提供,而必须由公共部门以非市场方式提供。这需要强有力的财政支撑。

基于上述职能表现,财政安全可以理解为政府有足够的财政支付能力、充足的政策空间,通过财政政策的实施,促进产业结构优化、实现生产要素合理流动,并不断提升公共物品供给能力的一种稳定的状态。

除了进行资源配置,财政还具有分配收入职能。我国是社会主义市场经济国家,确立了以公有制为主体、多种所有制经济共同发展,按劳分配为主体,多种分配方式并存的基本经济制度。在这样一种基本制度的指导下,财政的收入分配职能即政府为了实现公平分配的目标,对市场经济形成的收入分配格局予以调整。所采取的手段主要有税收、转移支付和补贴。此时的财政安全可以理解为:充足的税收收入、合理的政府收费、稳定的国有资产收益、规模适当的政府债务发行。简单地说就是税、费、利、债都要安全,不仅数量安全、质量也要

---

① 姜彦福、雷家骕:《财政安全主要问题》,《科学决策》1999 年第 6 期,第 2-6 页。

进一步提升。正所谓巧妇难为无米之炊,如果不能保证财政收入的稳定与安全状态,政府职能的实现将成为空谈。

财政的经济稳定与发展职能是资源配置与收入分配之外的又一重要职能。实现充分就业、稳定物价水平、平衡国际收支是财政经济稳定职能中的三个方面。要保证社会经济的正常运转,保持经济稳定发展,就必须采取相应抉择政策,即根据经济形势的变化,即时变动财政收入政策。如积极的财政政策、消极的财政政策、稳健的财政政策以及扩张的财政政策。同时采用"自动"稳定装置,以不变应万变,减缓经济的波动。在政府税收方面,主要体现在累进的所得税上。当经济处于高峰期时,可抑制需求;当经济处于低谷时,刺激需求,促使经济复苏。在政府支出方面,主要体现在社会保障支出上,用以控制在不同经济发展时期失业人口的数量。同时还有政府的农产品价格支持制度。这些都是促进经济发展,实现经济稳定发展的重要措施和手段。如果说"稳定压倒一切",那么发展则是必由之路。发展是人类永恒的主题。中国作为发展中的大国,市场的发展程度仍然存在欠缺,经济结构亟待调整,收入分配差距拉大的现象依然存在,人民对美好生活的期待热烈而迫切。如果说与前述政府职能所匹配的财政安全可简单理解为收支安全,或者债务安全(可称为财政的内部安全),那么在经济稳定与发展这个层面的财政安全则可以理解为财政在宏观经济、社会中作为一个变量出现时,财政自身运行及其外围环境所实现的安全。[①] 以财政自身运行为例,财政安全要关注税基和财源随着经济发展的进一步变化,并能够根据这些变化制定符合趋势的财政政策。如"十四五"时期,我国数字经济的比重将从现在的 36.2% 上升到 45%,如果财政政策、财政功能、财政运行手段等不能跟上这种变化,财政安全也无从谈起。

本书将财政安全定义为一个国家的财政收支平稳且稳固增长、债务规模处在合理区间,并具备充足的财政政策空间用以调整经济结构、保障社会经济及运行的同时能够以强大的财政实力应对各种危机的状态。所以,就财政安全的本质而言,就是防范各种可能引发财政危机的现实或潜在的风险,保证政府履行其职能的财力需要,特别是保证政府始终拥有各种突发事件和危机的能力。

财政安全问题不仅是一个国家经济安全的问题,更是一个社会安全问题,也是一个巩固政权维护政治利益的问题。它在时下备受人们关切的国家经济安全问题中占有相当大的权重,同时也与国家的社会稳定和政治状况的稳健相互交织,密切相关。财政安全是国家经济安全的最高形式,是国家政治安全和社会安定的重要保障。它是国家合法性的基础,是一切社会经济风险的最终承担者,是政府应对各种危机能力的保证。总的来讲,财政安全不只是财政业务自身的安全运转、财政系统的安全运作、经济的良态发展和政府安全的问题,也是社会个人与集体的切身利益的安全问题。

---

① 高翔:《关于财政安全内涵的初步探讨》,《中国审计报》2008 年 9 月 3 日,第 6 版。

## 二、财政安全的影响因素

财政本身是一个复杂系统,因此,影响财政安全的因素也众多。但说到底,就是收入与支出的数量关系及比例构成。其中财政收入风险主要体现在税、费、利、债四个方面,财政支出按照功能作用不同,可以分为不同的层次,其支出数量能否满足,支出比例是否合理均构成财政支出风险的可能表现形式。此外,财政政策风险也是影响财政安全的主要方面。政策制定是否合理,政策出台是否及时,政策是否能反映经济社会发展变化等也都从深层次影响财政安全。下面我们从三个方面阐述影响财政安全的因素,通过深入剖析这些因素对财政安全的影响,确保财政不出现系统性风险,为维系财政安全奠定基础。

### (一) 财政收支风险对财政安全的影响

任何一个国家都不可能出现绝对意义上的财政收支平衡,也就是说国家财政收支不平衡是普遍存在的,甚至是正常的。从某种程度上讲,国家财政的动态发展就是财政不平衡、化解财政不平衡矛盾、实现财政收支新均衡的调整过程。国家财政政策的调整、财政管理制度的不断变化恰恰是这种由不平衡到平衡循环往复的过程的纠偏手段。目前,理论界对财政风险(fiscal risk)认识还不够统一:有人认为,财政风险是指政府不适当的财政活动或财政行为给政府进一步的财政活动以及给社会经济带来的各种潜在危害的可能性。还有人认为,财政风险是专指财政领域中因各种不确定因素的综合影响而导致财政资金遭受损失和财政运行遭到破坏的可能性,也就是说财政风险分为内生风险和外生风险两种。财政收入风险属于内生性财政风险,如果出现下述状况中的某一种,便可确认发生了财政收入风险。如可调控财力不足,主要收入来源不稳定,财政收入占 GDP 的比重、中央财政收入占国家总财政收入的比重(国际比较)均偏低,预算外资金膨胀、税基被侵蚀问题长期得不到解决、中央和地方政府债务增长超出安全警戒线等。

### (二) 政府债务对财政安全的影响

首先,国债依存度高低对财政安全的影响。所谓国债依存度是指当年国债发行额占当年中央财政支出或财政支出的比率。该比率是反映一个国家在一定时期内财政支出中有多少是依赖发行国债筹措资金的指标。当国债发行规模过大、债务依存度过高时,表明财政支出过多依赖债务收入,财政状况脆弱。国际上关于国债依存度公认的警戒线是 20%。衡量国债依存度一般依据以下几个指标:一是包括国内和国外债务总和占国家财政支出的比率,反映国债总规模的大小;二是国内债务收入占国家财政支出的比率,反映国内债务规模的大小;三是国内债务收入占中央财政支出的比重,反映国债发行主体的债务负担情况。在财政收入的四个方面即税、费、利、债中,如果过分依赖债务收入,也就是国债依存度过高,会对一个国家的财政收入与支出造成潜在风险,进而会影响到一个国家的财政安全状况。以希腊主权债务危机为例,2009 年 10 月初,希腊政府突然宣布,2009 年政府财政赤字和公共债务占国内生产总值的比例预计将分别达到 12.7% 和 113%,远超欧盟《稳定与增长公约》规定的 3% 和 60% 的上限。鉴于希腊政府财政状况显著恶化,全球三大信用评级机构惠誉、标准普尔和穆迪相继调低希腊主权信用评级,希腊债务危机正式拉开序幕。

其次,偿债率高低与财政安全之间的关系。偿债率(debt servicing ratio),是指当年的还本付息额与当年出口创汇收入额之比,它是分析、衡量外债规模和一个国家偿债能力大小的重要指标。国际上一般认为,一般国家的偿债率的警戒线为 20%,发展中国家为 25%,危险线为 30%。当偿债率超过 25% 时,说明该国外债还本付息负担过重,有可能发生债务危机。根据世界银行的建议,中国的偿债率应以 15% 为安全线。

最后,国债负担率对财政安全的影响。国债负担率又称国民经济承受能力,是指国债累计余额占国内生产总值(GDP)的比重。这一指标着眼于国债存量,反映了整个国民经济对国债的承受能力。国际公认的国债负担率的警戒线为发达国家不超过 60%,发展中国家不超过 45%。我国的国债负担率很低,一直都低于 20%,为 16% 左右,远小于《马斯特里赫特条约》要求欧盟国家的 60%。但我们不能就此认为国债规模还可以进一步扩张。一是我国的国债负担率呈上升趋势,基本上每年上升 2 个百分点。相对我国 GDP 的平均增长率,国债余额年增长率是很高的。照此速度发展下去,国债规模很可能达到难以控制的程度,这一点无法与有着悠久国债历史的发达国家相比。二是尽管西方发达国家的国债负担率较高,但他们的财政收入占 GDP 的比重也较高,一般为 45% 左右,而我国财政收入即使加上预算外收入,也只占 GDP 的 20% 左右。因此,我国对外债务的承受能力要弱一些。

综合上述三个方面的指标,我国的债务状态,无论是外债还是内债,均在警戒线内,对国家财政安全不构成破坏性影响。这一点由财政部的数据就可以清晰地看到。截至 2020 年末,全国政府债务余额 46.55 万亿元,按照国家统计局公布的 2020 年 GDP 初步核算数 101.6 万亿元计算,政府债务余额与 GDP 之比(负债率)为 45.8%,低于国际通行的 60% 警戒线,风险总体可控。

### (三) 其他因素对财政安全的影响

除了财政收支与债务风险这些经济运行中的直接因素对财政安全造成巨大影响,一些其他因素也是导致财政安全风险加剧的诱因。如政策、社会保障、国有资产管理等因素也都会对财政安全产生巨大影响。

为防止经济下滑、降低企业经营成本、扩大内需等,我国实施了减税降费,得到企业界及普通民众的一致认同。减税降费能够降成本、扩需求、提振经济信心,进而对冲经济下行压力,但是防范财政风险必须加以重视。众所周知,征税是为了支出,且减税降费的成本巨大,需要财政通过发行国债等方式提供资金支撑。而国债发行规模的加大,就必然产生财政赤字,但要保证财政赤字占 GDP 的比重不超过 3%,这是减税降费以及政府赤字的"安全阀",也是在特定政策实施情况下确保财政安全的重要工具。

### 三、强化财政安全的途径

首先,要努力维护财政收支基本平衡。财政收支平衡,是财政收入和财政支出的平衡,是社会主义国家对整个社会的货币资金运动进行全面了解、分析、计划和管理,组织综合平衡,实现财力、物力和人力最优利用的重要手段。维护财政收支平衡既要开源,也要节流。2012—2021年,全国一般公共预算收入从11.73万亿元增长到20.25万亿元,十年累计163.05万亿元,年均增长6.9%,为实现第一个百年奋斗目标提供了坚实财力保障。同时,全国财政支出规模逐年扩大。全国一般公共预算支出从2012年的12.6万亿元增长到2021年的24.63万亿元,十年累计193.64万亿元,年均增长8.5%,有力促进了经济社会事业全面发展进步。为确保我国财政收支的平衡,要进一步实施税收征管体制改革。第一,理顺征管职责。根据深化财税体制改革进程,结合建立健全地方税费收入体系,厘清国税与地税、地税与其他部门的税费征管职责划分,着力解决国税、地税征管职责交叉以及部分税费征管职责不清等问题。第二,创新纳税服务机制。推行税收规范化建设和便利化改革,不断提高纳税服务水平,着力解决纳税人纳税成本较高、缺乏便利性等问题。第三,转变征收管理方式。进一步落实简政放权、放管结合、优化服务的要求,适应纳税人特别是自然人数量不断增加以及企业经营多元化、跨区域、国际化的新趋势,转变税收征管方式,提高税收征管效能,着力解决税收征管针对性、有效性不强问题。在支出方面,以往政府基建投资比重较大,公共设施投资和公共消费比重较低。新冠肺炎疫情之后,财政应把计划花在投资项目上的钱,转移一部分到教育、医疗、文化等公共设施领域,提高国家供给质量,并以此政府消费促进中国经济可持续、高质量发展。经验表明,财政投资铁路、公路的基础设施,其只有30%左右转化为当年的GDP;但投资教育、卫生、文化等公共服务及设施,60%~70%可以转化为当年的GDP。因此,同样是财政投入,对公共卫生领域的投资效率更高,对GDP的拉动作用更大。同时,可以满足人民群众需要,形成社会服务平衡。

其次,严控地方政府债务规模,以底线思维避免债务违约风险。为避免债务危机对财政安全带来的影响,要持续完善法定债务管理,保持宏观杠杆率基本稳定。兼顾稳增长和防风险需要,合理确定政府债券规模,保持适度支出强度。继续坚持“资金跟项目走”原则,提前做好项目准备,完善专项债券项目确定机制,适当放宽发行时间限制,合理扩大使用范围,提高债券资金使用绩效。同时要持之以恒地防范化解隐性债务风险,持续用力、久久为功。坚决遏制隐性债务增量,对各类新增隐性债务行为,发现一起、查处一起、问责一起,终身问责、倒查责任;稳妥化解隐性债务存量,完善常态化监控、核查、督查机制,对各类隐性债务风险隐患做到早发现、早处置,牢牢守住不发生系统性风险的底线。同时还要加快预算体制改革和地方投融资体制改革,尽快理顺中央与地方财权事权的对应体制,切实转变地方政府职能,完善地方政府官员的激励约束机制。在强调更多盘活存量资产的同时,要加大改革力度引入社会资本进入城市基础设施建设,更多地放开地方竞争性信贷市场,并有序、有步骤地推进地方政府开展发行债券试点工作。

最后,提高财政政策效率,确保政策稳定和可持续。如何进一步提高政策效率,是发挥财政政策保障功能所遇到的一项重要挑战。提高财政政策效率,实施财政政策转型是必要手段之一。例如,我们连续实施多年的积极财政政策就面对同一政策效力递减难题。要优化财政政策工具,创新财政政策形式,确保财政政策效力。同时,需要对财政政策进行科学、有效的评估,这也是提高财政政策效率的必要手段。加强财政政策绩效评估,是财政现代化所不可或缺的手段。任何公共政策的实施都需要耗费成本。提高财政资源配置效率,要求尽可能降低公共政策成本,提高公共政策绩效。财政政策绩效评估,可以促进财政政策具体实施方式的优化。在确保财政政策可持续性方面,选择什么样的政策类型尤为重要。以我国目前实施的积极的财政政策为例,该政策类型已经连续实施多年,但作为周期性财政政策,是否继续、何时推出或应该做出怎样的调整仍需理论论证与实践支撑。在恢复经济增长阶段,积极财政政策是必需的,但经济增长进入正轨之后,是否继续实施积极财政政策,仍存在争议。如何处理好这样的问题,选择适合经济增长和发展的政策类型对于维护财政政策效力和可持续性具有重要作用。同时也是维护经济安全,避免经济出现大起大落的重要方面。此外,财政政策保障作用和效力的发挥离不开货币政策的配合与协调。因此,促进财政政策与货币政策的有机协调也是确保财政安全的重要组成部分。

# 第二节　金融安全

金融是现代经济的核心。保持经济平稳健康发展,必须把金融搞好。党的十八大以来,以习近平同志为核心的党中央高度重视金融安全工作。习近平多次提出:金融安全是国家安全的重要组成部分,是经济平稳健康发展的重要基础。维护金融安全,是关系我国经济社会发展全局的一件具有战略性、根本性的大事。金融活,经济活;金融稳,经济稳。必须充分认识金融在经济发展和社会生活中的重要地位和作用,切实把维护金融安全作为治国理政的一件大事,扎扎实实把金融工作做好。

## 一、金融安全的内涵

我国金融业发展取得巨大成就,金融成为资源配置和宏观调控的重要工具,成为推动经济社会发展的重要力量。我国反复强调要把防控金融风险放到更加重要的位置,牢牢守住不发生系统性风险底线,采取一系列措施加强金融监管,防范和化解金融风险,维护金融安全和稳定,把住了发展大势。随着金融改革不断深化,金融体系、金融市场、金融监管和调控体系日益完善,金融机构实力大大增强,我国已成为重要的世界金融大国。金融大国的安全状况已经不仅仅是对本国具有重要意义,对全球金融发展和金融安全也具有同等重要的作用。因此,维护金融安全已经不仅仅是一个国家的内部事务,必须以全球化视角研究其演变、发展规律。

　　我国金融形势是良好的,金融风险是可控的。同时,在国际国内经济下行压力因素综合影响下,我国金融发展面临不少风险和挑战。在经济全球化深入发展的今天,金融危机外溢性凸显,国际金融风险点仍然不少。一些国家的货币政策和财政政策调整形成的风险外溢效应,有可能对我国金融安全形成外部冲击。对存在的金融风险点,我们一定要胸中有数,增强风险防范意识,未雨绸缪,密切监测,准确预判,有效防范,不忽视一个风险,不放过一个隐患。那么什么是金融安全?

　　金融安全指货币资金融通的安全和整个金融体系的稳定。通常可理解为,一国的金融体系能够抵御内外部冲击,金融主权处于没有危险和不受威胁,国家其他利益处于免受金融手段或渠道所致危险威胁的状态。在此状态下,金融监管制度较为完备,金融基础设施有效运转,金融机构稳健运行,金融风险得以防控,金融活动有序开展,金融环境保持健康。金融安全是金融经济学研究的基本问题,在经济全球化加速发展的今天,金融安全在国家经济安全中的地位和作用日益加强。金融安全是和金融风险、金融危机紧密联系在一起的,既可以用风险和危机状况来解释和衡量安全程度,同样也可以用安全来解释和衡量风险与危机状况。安全程度越高,风险就越小;反之,安全程度越低,风险越大;危机是风险大规模积聚爆发的结果,危机就是严重不安全,是金融安全的一种极端。

　　金融安全并不是一个静止的过程,也不是一成不变的,它是一个动态变化的过程。这是由经济运行的状态所牵引和导致的,因此金融安全总是处在不断变化的过程中。当经济处于快速增长时期,银行会不断扩张信贷,其结果有可能导致不良资产增加;在经济衰退时期,银行迫于经营环境的压力会收缩信贷,其结果往往是使经济进一步衰退。美国经济学家费雪(I. Fisher)对金融脆弱性机制进行研究很好地证明了这一点。他认为金融体系的脆弱性与宏观经济周期密切相关,尤其与债务的清偿紧密相关,是由过度负债产生债务通货紧缩过程而引起的。费雪指出银行体系脆弱性很大程度上源于经济基础的恶化,这是从经济周期角度来解释银行体系脆弱性的问题。因此,金融安全是基于信息完全和对称及其反馈机制良好的运行基础上的动态均衡,安全状态的获得是在不断调整中实现的。

　　有人提出把金融安全理解为金融稳定也不尽然。金融安全是一种动态均衡状态,而这种状态往往表现为金融稳定发展。但金融稳定与金融安全在内容上仍有不同:金融稳定侧重于金融的稳定发展,不发生较大的金融动荡,强调的是静态概念;而金融安全侧重于强调一种动态的金融发展态势,包括对宏观经济体制、经济结构调整变化的动态适应。国外的学者在研究有关金融危机的问题时,更多地运用金融稳定的概念而较少使用金融安全概念。而本书所述金融安全的概念大大超过金融稳定的范畴,更适合当今世界与国内经济发展的现实状况。

　　很难有哪一个国家可以在本国范围内讨论金融安全,它已经成为一个全球化,包括金融全球化、经济全球化背景下的产物。也就是说由全球化的负面影响所导致的金融系统动荡问题使金融安全这一概念应运而生。它是作为应对金融全球化的一个重要战略而提出的,已经成为国家安全战略的一个重要组成部分。既然金融安全概念产生于经济全球化、金融全球化背景之下,那么,金融安全状态赖以存在的基础就必然要求金融主权、经济主权独立。如果一国的经济发展已经受制于他国或其他经济主体,那么无论其如何快速发展,金融安全隐患始终存在,也就无从谈起金融安全的维护。毫无疑问,当今世界,发达国家掌握国际金融主导权,它们通过金融工具或者各种重要物品金融化,如粮食金融化等手段控制发展中国家,这不仅加大了世界各国发展的差距,也使全球金融安全形势面临挑战,这又迫使一些国家,尤其是发展中国家开始更加重视本国金融安全。

## 二、我国金融安全的总体情况

党的十九大把防范化解重大风险攻坚战确定为三大攻坚战之一。在党中央、国务院的坚强领导下,金融系统按照"稳定大局、统筹协调、分类施策、精准拆弹"的方针,认真贯彻落实各项决策部署,坚决打好防范化解重大金融风险攻坚战,取得重要阶段性成果。系统性金融风险上升势头得到遏制,金融脱实向虚、盲目扩张得到根本扭转,金融风险整体收敛、总体可控,金融业平稳健康发展。2017年4月25日,习近平在中共中央政治局第四十次集体学习时强调:"准确判断风险隐患是保障金融安全的前提。总体看,我国金融形势是良好的,金融风险是可控的。同时,在国际国内经济下行压力因素综合影响下,我国金融发展面临不少风险和挑战。"[1]

首先,我国金融基础设施较为完备,但仍存在不足之处。金融基础设施指为各类金融活动提供基础性公共服务的系统、制度等。经过多年建设,我国逐步形成了为货币、证券、基金、期货、外汇等金融市场交易活动提供支持的基础设施体系,功能比较齐全、运行整体稳健。金融基础设施连接金融市场的各个部分,是现代金融体系的枢纽、市场安全高效运行的基础保障。国际清算银行和国际证券协会组织联合发布的《金融市场基础设施原则》将金融基础设施定义为"参与机构(包括系统运营商)间的多边系统,用于清算、结算或记录支付、证券、衍生品或其他金融交易",并将金融基础设施划分为五类,即支付系统、中央证券存管系统、证券结算系统、中央对手方清算系统、交易数据库。广义上的金融基础设施既包括上述金融领域的硬件设施,还包括一些制度安排,比如法律制度、会计准则、信用体系及公司治理体系等方面。总体而言,我国金融基础设施运行整体稳健,功能不断完善。在促进经济增长、维护金融安全等方面发挥了十分重要的作用。但也存在一些问题需要在发展过程中不断完善,如金融基础设施法治建设相对欠缺,缺乏针对性较强的法律法规,监管体系仍需完善。不同的监管部门管理不同的金融基础设施,各监管部门的管理方式、监管标准不同的现象非常普遍。尤其是随着经济的发展,对以互联网为代表的金融科技平台的监管缺乏统筹也是存在的问题之一。

其次,金融对外开放持续深化,但金融市场开放水平仍有待提升。我国金融市场开放水平总体而言仍然偏低,随着未来开放水平持续提高,大规模资金跨境流动的风险值得关注。

[1]　《习近平关于总体国家安全观论述摘编》,中央文献出版社2018年版,第96页。

总体而言,我国金融业防范化解金融风险的能力仍需大力提升。伴随着我国金融双向开放持续推进,防范化解金融风险,尤其是跨境金融风险传播的能力不足、认识不够、储备有限。近年来,我国金融开放水平不断增强,金融业国际竞争能力不断提升,为更好地满足企业和居民投融资需求,促进经济、社会发展发挥了重要作用。在开放过程中,金融企业的公司治理结构和水平不断提升,在一定程度上起到了倒逼金融机构努力提高自身发展水平的促进作用。但是,客观地讲,我国目前对潜在金融风险的认识可能还不够,应对风险的能力、工具还不足。一是我国中小金融机构参与竞争的能力较弱,应对风险的能力不足,会对国内金融机构整体业务模式、盈利能力、管理水平等造成冲击。二是金融业对外开放过程中,面临较大合规风险。具体表现为对国际经济、金融、法律等规则了解不足。2020 年中国银行原油宝期货事件就是一个典型案例。

再次,数字金融和金融科技快速发展,但与此同时一些新型金融风险开始出现或酝酿。如互联网金融平台存在垄断问题、数据治理、隐私保护、伦理道德等一系列问题给金融安全带来全新的挑战。一是部分数字金融企业打擦边球,使自己的新业态、新模式游离于监管框架之外,在功能和法律界定上具有较大模糊性、特殊性和复杂性。很难纳入现有监管框架,导致野蛮生长,风险徒增。二是数据开放共享与跨境数据流动成为新常态,数据安全、隐私保护、跨境治理等成为金融安全需要关注的重点问题。三是一些大型科技公司加速向各个领域渗透,混业经营可能形成系统性金融风险。它们经营模式和算法趋同,如果风险管理不到位,面临市场冲击时可能会出现"羊群效应",放大金融体系的顺周期性,容易积累形成潜在系统性金融风险。

最后,金融领域抗压能力有所加强,但面对美国等西方国家的打压、制裁不断升级,相对于贸易领域,金融仍是我国的短板,金融领域的冲突对中国的影响可能更大、更广泛、更深远。2018 年美国对我国挑起贸易摩擦。时至今日,非但没有缓和迹象,相关领域已经从贸易拓展到科技、金融等多个方面,我国金融安全面临新的挑战,预期的风险十分巨大。除了金融机构自身要实力过硬,还需要有充分的预案稳定金融市场,这都需要我们对金融领域摩擦的范畴、表现和应对有足够的认知和准备。

## 三、金融安全的影响因素

一国金融安全状况和安全程度高低,主要取决于该国防范和控制金融风险的能力与市场的感觉与态度。这种客观上的能力与主观上的感觉与态度是以减轻与处理危险的各种相关资源为后盾的。也就是说,金融安全问题的国别差异使各国维护金融安全的能力与信心有所不同,从而影响各国金融安全的因素也就有所不同。

### (一)国家经济基础和实力是影响一个国家金融安全状况最基本的因素

经济实力强劲使金融领域的问题在可控状态下加以解决,避免系统性金融风险的累积。1997 年,韩国在亚洲金融危机爆发时,代表一国经济实力的外汇储备不足以偿还短期到期债务,造成信用危机,从而使韩国深陷亚洲金融危机泥潭。反观我国,不仅没有深陷危机,反而负责任地提出坚持人民币不贬值,2008 年国际金融危机席卷全球,我们更是拿出 4 万亿元用于支持本国和世界经济复苏。这是一国经济实力对于金融安全保护的最好例证。一个国家如果发生金融危机,当局通常都是通过动用各种资源来控制局势、摆脱危机。可动用的资源有行政资源和经济资源。行政资源如动员社会力量、争取国际社会的支持等,但更重要的是经济资源,而且要动用大量的经济资源来进行救助。显然,救助能否顺利实施、信心缺失能否弥补,都将取决于国家的经济实力。总之,经济实力是金融安全的基础。

### (二) 金融系统的完整性与独立性是维护金融安全的前提条件

金融体系的完善程度可从两个方面理解,一是该国的宏观经济环境是否与金融体系相协调,即金融体系的正常运行是否有良好的宏观经济环境;二是金融体系自身制度环境的完善程度,如金融机构的产权制度状况、治理结构状况、内部控制制度状况等。当前我国经济处在结构转型的关键时期,与之相匹配的金融体系的转型也在如火如荼地进行。促进金融体系的平稳转型,推动我国经济全面协调可持续发展,一是要继续推进基础性建设,加快资本市场的建设,推动金融创新,加强金融监管协调,有效化解金融风险。应加快包括主板、中小板、创业板、债券等在内的市场发展,完善资本市场结构。推动上市公司和证券期货经营机构做大做强,提高国际竞争力,同时应强化各种金融风险和外部冲击的快速决策和反应机制,保证金融市场的稳健运行。二是要推动相关制度的变革和建设,为资本市场的建设创造有利的基础。特别是要进一步完善国有资产管理机制,推动信用体系和诚信文化的建设,为资本市场的可持续发展创造良好的环境。三是要加强监管的有效性,合理界定政府职能的边界,进一步构建市场化导向的创新体系的建设。同时要充分发挥交易所的自律监管功能,逐步完善市场的自我约束机制,形成高效的多层次监管体系。完善法律体系,加大执法力度,提高执法效率,不断完善法律法规,推动资本市场法律体系的建设,完善快速反应机制,做到及时发现,及时制止。提高违规成本,建立有效的体系。四是要积极应对国际竞争,稳步对外开放,增强我国市场的国际竞争力。2020 年中国宏观经济迈入 100 万亿元大关,这个庞大的经济基础为金融体系的转型发展提供了良好动力支撑。加之金融体系自身制度环境的不断优化,使金融体系的转型与宏观经济的转型完美契合,这为我国金融安全奠定了重要且可靠的物质基础。

关于金融机构的独立性,我们从商业银行改革历程以及我国金融参与经济全球化的历程可见一斑。1993 年 12 月,国务院颁布了《关于金融体制改革的决定》,首次明确提出"把国家专业银行办成真正的商业银行"的改革目标,开启了国有银行商业化改造的历程。当时中国金融体制改革有两项基本的任务:一是宏观层次上建立独立于传统财政体系的金融体系,二是微观层次上对原金融机构进行商业化改造。这两项改革首先构建起独立于财政的金融体系,其次商业银行改革使银行变成市场主体,大量有实力、符合监管要求的商业银行作为独立经营者出现在市场上,以一种独立的姿态参与市场竞争。国有银行也大多进行了股份制改革,按照市场化思路进行改革与经营。两大任务完成后,中国形成了适合自身经济运行和发展的完整的金融体制：在政府层面，中国人民银行充当中央银行的职能，其目标是保卫人民币的币值稳定，使用货币供应量、利率、汇率等货币政策工具，促进经济健康持续发展；在监管层面，按照金融机构的类型进行功能监管，运用金融许可证、高级管理人员任职资格及其他专业监管措施等工具保证金融机构的合理合法运营；在机构层面，形成了银行、证券公司、保险公司、财务公司、信托公司、基金公司等多层次的机构，其目标是成为股东利益最大化的营利机构，使用的工具就是以风险控制为中心的商业化运营体系。中国金融改革中利率市场化、汇率自由化都已经基本完成。但是资本项目可兑换尚未放开，根据目前的全球金融形势，要审慎推进，这也是我国金融能够在国际金融危机爆发后独善其身的一个方面，未来我们要在保持金融体系独立性的前提下，慎重推进该项改革。

### （三）国际游资对金融安全的影响

国际游资是在世界范围寻找盈利机会的国际短期资本的一部分，又称"国际热钱"或者"国际投机资本"，其投资对象主要是外汇、股票及其衍生产品市场。国际游资具有停留时间短、反应灵敏、隐蔽性强等特点。它给世界各国金融系统带来极大不确定性。国际游资通常采用的手法是：同时冲击外汇市场和资本市场，造成市场短期内的剧烈波动，实现其投机盈利。在国际游资的冲击下，市场的剧烈波动必然影响投资者的市场预期和投资信心，这样就有可能出现市场恐慌，出现资本大量外逃，其结果导致汇率和股票价格的全面大幅度下跌。为了挽救局势、捍卫本币汇率，中央银行往往采用提高利率的方式吸引外资，从而进一步打击国内投资、恶化经济形势，使本国经济陷入恶性循环。1997 年的亚洲金融危机虽然有危机国自身的根本原因，但国际游资的炒作就是压倒这些国家金融体系乃至整个经济体系的最后一根稻草。国际游资在金融领域的各个环节都可以翻云覆雨，那些短期外债过多、本币汇率严重偏离实际汇率的国家或地区往往首当其冲。国际游资还可以利用股票市场本身存在的泡沫、既定的预期以及制度上的漏洞，乘虚而入，大肆炒作，哄抬股价，引发"羊群效应"，吸引更多的机构和中小投资者进入；一旦得手，在适当之时又相反炒作，尽数抛卖股票，沽空股指。其本质是投机炒作而非"价值投资"。外资的大幅流入流出，对我国股市的影响也极大。据统计，每一次中国股市要涨的时候，北向资金的大幅卖出都会导致股市的大跌，这与上证综指下跌时的时点高度重合。近 4 年，北向资金净卖出超过 50 亿元的交易日共有 38 个，其中 36 个上证综指的平均跌幅都在 1.79%。可见，国际游资对我国股市和整体金融安全的影响巨大。① 为此，在全方位推动我国金融事业发展的过程中，应该充分全面地应对国际游资的影响，全面把握国际游资的演变动态，继而全面保障金融稳定与安全。②

### （四）金融衍生工具对金融安全的影响

毋庸置疑，金融衍生工具的发展，给金融以及全球经济发展都带来巨大好处，成为推动

---

① 聂庆平：《当前国内金融安全的几个问题》，《经济导刊》2021 年第 1 期，第 55-57 页。
② 刘瑾：《国际金融风险对中国金融安全的影响及对策》，《农村经济与科技》2020 年第 31 卷第 24 期，第 100-101 页。

全球经济发展的原动力之一。但与此同时，金融衍生工具的出现，也在很大程度上增加了金融风险的发生概率，提高了金融风险发生的等级。衍生工具投机失败给很多国家造成了巨大损失，2008年国际金融危机的发生，就与金融衍生工具存在巨大关系，眼花缭乱的金融衍生工具使美国房地产市场发生次贷危机，房地美和房利美两大巨头纷纷面临倒闭并继而引发大规模金融风暴，美国政府不得不出手，采用联邦资金挽救两家濒临倒闭的企业，避免了更大损失。虽然美国次贷危机的根源就是美国经济脱实向虚恶果的展现，但金融衍生工具的失败也给予其致命一击，从而引发大规模次贷危机继而形成全球范围内的金融危机。在我国，虽然金融发展速度非常迅猛，但金融监管体系以及金融发展机制等还存在着一定的差距和不足。为更好地提升金融风险的管理水平，全方位提升金融风险的管控力度，必须科学全面地优化衍生金融工具的科学利用。现阶段，为了追求短期和既得利益，一些金融机构盲目采用衍生金融工具，给我国金融事业的发展带来了诸多的安全隐患，需要特别关注。

### （五）金融科技的发展对金融安全的影响

随着大数据、人工智能等现代化技术的发展，金融与科技开始深度交融，其结果是金融模式的更新与金融科技的迅猛发展。金融科技的发展推动金融业新产品、新业态、新模式层出不穷，移动支付等新兴金融模式正在不断推动传统金融生态的重塑与发展，金融资产配置方式、支付方式、借贷模式、信用类型、征信手段、信息安全、风险管理等金融业务和服务的运作方式都在发生巨大变化。同时，金融科技在维护国家金融安全方面也发挥了越来越重要的作用。如区块链技术在金融基础设施领域的应用有利于农村金融的发展，有利于加强反洗钱、反恐怖融资的监测，人工智能、大数据等技术的运用有助于收集和分析金融市场信息，加强金融市场系统性风险的预警和防范等。同时，随着我国金融和科技改革开放的逐渐深入，金融业大幅度对外开放，金融及科技行业正面临激烈的外部竞争和外部风险的冲击，金融科技的发展面临巨大的不确定性，国家金融安全面临巨大挑战。巴塞尔银行监管委员会认为，"存贷款与融资服务""支付与清结算服务""投资管理服务""市场基础设施服务"是金融科技的四个核心应用领域，其中后两项对金融安全构成直接影响。例如，美国之所以能够滥用长臂管辖，任意制裁对其造成所谓威胁的个人、实体企业和金融机构甚至包括一国政府，就是因为它掌控着全球性金融市场基础设施的主要部分支付结算体系和系统。这些措施构成了对一国金融主权和整个经济主权，甚至政治主权的威胁，极大地损害了金融安全。

## 四、强化金融安全的途径

第一，防范化解金融风险，守住不发生系统性金融危机的底线。防范化解金融风险是维护金融安全的重要组成部分。金融风险具有隐蔽性、复杂性、突发性、外溢性。防范化解金融风险，有助于保障货币和财政政策稳健有效，金融机构、金融市场和金融基础设施能够发挥资源配置、风险管理和支付结算等功能，金融生态环境不断改善，维护政治、经济和社会稳定。加强金融风险尤其是系统性金融风险的防范化解,是金融安全工作的重中之重。"要把主动防范化解系统性金融风险放在更加重要的位置,科学防范,早识别、早预警、早发现、早处置,着力防范化解重点领域风险,着力完善金融安全防线和风险应急处置机制。"[1]

第二,加强金融基础设施建设,尤其是适应新技术要求下的金融基础设施建设。要加大投入,研究开发金融电子化的软件平台和金融电子设备的核心技术,提高金融装备的国产化水平,夯实金融安全的基础。针对我国在金融电子化的软件平台和金融电子设备的核心技术完全依赖国外进口的现状,我国在注重金融安全的过程中,应大力加大这方面的投入,通过扶植自己的技术力量和生产能力,提高金融装备尤其是核心设备的国产化水平,真正夯实我国金融安全的基础。

第三,设立专门金融安全研究和决策机构,制定金融安全政策和标准。由于金融安全关系到我国的经济安全甚至国家安全,因此保障金融安全的工作应得到国家的高度重视。要在对国内外、本外币市场的充分研究分析之后,制定出切合实际的金融风险防范措施和金融安全政策,用国际化的标准来衡量执行的情况。只有这样,我国的金融安全工作才能得以顺利开展。

第四,加强金融安全法制建设,提高金融监管机构监管水平,及时消除金融安全隐患。亚洲金融危机给了我们深刻的教训,此次金融危机尽管起因于外部的货币投机冲击,但是从根本上讲是一次自源性的危机。它是货币危机、银行体制危机、债务危机、清偿力危机的综合表现。而金融安全法制建设的落后,正是这次金融危机的根源所在。因此,在经济全球化发展的今天,我国应加强金融法制建设,健全、完善金融法律体系,逐步形成有法必依、违法必究、执法必严的金融规范化、法制化环境,尽快改变金融市场重要法律、法规不全,某些重要金融活动无法可依的现象,同时还应加强研究法律、法规的可操作性问题。理顺政府与企业和银行的法律关系,加快行政体制改革和银行管理体制改革。要强化金融执法问题。坚决执行市场准入、从业资格和分业经营等制度。要赋予国家金融监管机构以应有的权力,并使之在运作上保持独立性。必须充实金融执法队伍,提高金融执法人员的素质。严厉惩治金融犯罪和违法、违规活动,采取有力措施,坚决遏制大案、要案上升的势头。

我国要加快建立和完善市场经济条件下的金融监管制度,借鉴《巴塞尔协议》,强化金融监管。在监管对象上,由侧重对银行机构的监管转变为对所有金融机构的监管;在监管范围上,由针对性监管转变为全方位监管;在监管方式上,由阶段性监管转变为持续性监管,从一般行政性监管为主转变为依法监管为主,从注重外部监管转变为注重金融机构内部控制为主;在监管手段上,由现场检查为主转变为以非现场检查为主;在监管信息上,由注重报表数字的时效性转变为注重报表数字的真实性;在监管内容上,从注重合规性监管转向注重风险性监管。

第五,不断深化金融改革,建立适应我国国情的有序金融对外开放格局,既适应经济全球化、金融自由化的世界潮流,又确保金融安全和国家利益不受损害。经济全球化是一股世

---

[1] 《习近平关于总体国家安全观论述摘编》,中央文献出版社 2018 年版,第 97 页。

界潮流,对于我国来说,一方面不能放弃参与全球化进程的机会和权利,要积极参与建立国际金融体制和世界经济新秩序,促进自身的发展;另一方面要高度重视经济全球化的负面影响,增强防范和抵御风险的能力。为此,我们要进一步深化金融体制改革,加大改革力度,逐渐建立适应国情的对外开放格局,建立适应社会主义市场经济体制的新型金融体制。要完善宏观调控手段和协调机制,建立和健全多层次的金融风险防范体系,加强对金融风险的控制。通过金融改革的不断深化,使我国在金融开放过程中尽快适应国际新规则,同时又可以有效地降低因金融风险而造成的经济损失。

总之,维护金融安全,要坚持底线思维,坚持问题导向,在全面做好金融工作基础上,着力深化金融改革,加强金融监管,科学防范风险,强化安全能力建设,不断提高金融业竞争能力、抗风险能力、可持续发展能力,坚决守住不发生系统性金融风险的底线。

 **思考题**

1. 如何理解财政安全? 维护财政安全的途径有哪些?
2. 什么是金融安全? 如何理解金融安全与国家安全的关系?
3. 十四五时期,我国如何维护国家金融安全?
4. 为什么说防范化解金融风险是维护国家金融安全的重要组成部分?

# 第五章  粮食、能源和其他
重要资源安全

"悠悠万事,吃饭为大",这是习近平对粮食安全问题最深刻和生动的表达。党的十八大以来,以习近平同志为核心的党中央把粮食安全作为治国理政的头等大事,提出了"确保谷物基本自给、口粮绝对安全"的新粮食安全观,确立了以我为主、立足国内、确保产能、适度进口、科技支撑的国家粮食安全战略,走出了一条中国特色粮食安全之路。中国坚持立足国内保障粮食基本自给的方针,实行最严格的耕地保护制度,实施"藏粮于地、藏粮于技"战略,持续推进农业供给侧结构性改革和体制机制创新,粮食生产能力不断增强,粮食流通现代化水平明显提升,粮食供给结构不断优化,粮食产业经济稳步发展,更高层次、更高质量、更有效率、更可持续的粮食安全保障体系逐步建立,国家粮食安全保障更加有力。除粮食安全以外,包括石油、天然气等关乎国民经济发展与安全的重要资源的安全亦尤为重要。它们不仅是国家经济安全的构成基础之一,也是确保民生的基本要义。为此,必须加强前瞻性思考、全局性谋划、战略性布局、整体性推进,实现粮食、能源和重要资源领域在发展规模、速度、质量、结构、效益、安全等方面的统一与协调。

## 第一节  粮 食 安 全

2020 年初发生的新冠肺炎疫情,时至今日仍在许多国家肆虐并蔓延。由于担忧禁运以及疫情发展引发粮食危机等次生灾害发生,很多国家如泰国、越南、俄罗斯等为了保证国内粮食价格稳定,供应充足,纷纷宣布暂停粮食出口。

2022 年 2 月 24 日,随着俄罗斯对乌克兰特别军事行动的展开,世界粮食供给所面临的不确定性再次大增。国际粮食、能源、大宗商品等价格持续飙升。叠加疫情引发的全球性通货膨胀,使得本就艰难复苏的全球经济更加困难。尤其是战争所导致的粮食价格上涨、供应链中断等问题,必然会对今后一段时间全球粮食供给以及我国粮食安全形势带来巨大影响和冲击。俄罗斯和乌克兰都是世界上重要的粮食出口国。两国合计占全球小麦出口的29%、玉米出口的 19%、葵花子油出口的 80%。相关数据显示:2021 年,俄农产品出口额达377 亿美元,出口量 7 710 万吨。而乌克兰素有"欧洲粮仓"之称,是世界第二大粮食出口国。

两国之间发生战争必然会对全球粮食供需造成重大影响。这种影响传导至国内,会对我国粮食安全状态带来极大冲击,甚至可能打破一直以来的"紧平衡"状态。

2021年中央一号文件明确要求:地方各级党委和政府要切实扛起粮食安全政治责任,实行粮食安全党政同责。要提升粮食和重要农产品供给保障能力,深入实施重要农产品保障战略,完善粮食安全省长责任制和"菜篮子"市长负责制,确保粮、棉、油、糖、肉等供给安全。"十四五"时期各省(自治区、直辖市)要稳定粮食播种面积、提高单产水平。加强粮食生产功能区和重要农产品生产保护区建设。建设国家粮食安全产业带。稳定种粮农民补贴,让种粮有合理收益。坚持并完善稻谷、小麦最低收购价政策,完善玉米、大豆生产者补贴政策。[①] 2022年中央一号文件进一步提出:牢牢守住保障国家粮食安全和不发生规模性返贫两条底线。[②]

## 一、粮食安全的内涵

民以食为天,粮以安为本,这句话说的是粮食是保障人民生活的重要物资,而粮食安全又是影响政治安定、经济增长、社会稳定的重要因素。所以,保障粮食安全是保障国家长治久安必须一以贯之的政策。

粮食安全关系到国计民生,我国一直非常重视粮食安全问题。要保证我国的粮食安全,必须了解什么是粮食安全。粮食安全的定义是随着全球形势的变化与时俱进的。1974年,世界上大部分国家都是发展中国家,许多国家还处于贫困当中,甚至一些国家处于极度贫困中,连基本的生活都无法保障,所以,联合国粮农组织(FAO)认为粮食安全强调的是一种基本生活权利,这种权利保证任何人在任何地方都能够得到未来生存和健康所需要的足够食品,是一种保证食物来源的基本需求。1983年,随着国际经济形势的好转,以及人们对于食物需求层次的提高,FAO对这一定义进行了重新修订,并且沿用至今。目前的粮食安全指的是保证任何人在任何时候能买得到又能买得起为维持生存和健康所必需的足够食品。从这个概念可以看出其核心要义主要包括粮食生产的充足及需求的可满足,其实也就是粮食的供需平衡,具体表现为足够的粮食产量、全方位的营养需求、稳定的粮食价格等,粮食安全所涵盖的基本内涵是十分复杂的,不仅涉及供求关系,还涉及消费者的消费心理。

因为粮食安全的内涵丰富,所以学者对粮食安全的划分也是多种多样的,但是主要有两种观点受大众认知度较高,一种主要以供求规律为核心指导理念,将粮食安全分为生产、消费和流通储备三个方面,其中,生产方面以粮食产量为代表,消费方面以各种消费量为代表,流通与储备方面以粮食进出口量、储备率为代表;另一种是将粮食安全分为数量安全与质量

① 《中共中央国务院关于全面推进乡村振兴　加快农业农村现代化的意见》,人民出版社2021年版,第7页。

② 《中共中央国务院关于做好二○二二年全面推进乡村振兴重点工作的意见》,人民出版社2022年版,第24页。

安全两个方面,数量方面主要以产销量为代表,质量方面以污染水平、添加剂成分等作为代表,还有许多学者给出了粮食安全更具特色的概念,在此不做具体阐述。

为更好体现全面的粮食安全观,本书将粮食安全划分为供需安全及营养安全两大方面,基本涵盖了FAO定义的核心观点,且容易理解。供需安全主要包括生产与消费安全,以及两者作用所表现出的粮食价格稳定。粮食生产安全主要指的是粮食产量充足,能够供应口粮、工业用粮的各方面,在满足消费的基础上也能够满足国家战略储备需求,稳定粮食库存,保证粮食收储制度的完善与稳定,发挥蓄水池与传送带的功能。除此之外,粮食价格也是判断粮食危机是否发生的重要因素,价格是反映国内外粮食市场运行状态的晴雨指标,如果粮食价格过高,则会损害消费者利益,如果粮食价格过低,则会造成生产者损失过大,降低其积极性。

粮食供需安全是基于粮食市场运行的,而粮食营养安全则是基于全球的营养膳食状况。当前判断粮食营养是否安全的表现很多,从国际视野来看,主要包括饥饿、隐性饥饿、超重和肥胖等。饥饿主要表现为发生饥荒即无法摄取食物,发生营养不良的问题,人口数量的变化导致食物不足发生率过高。其中食物不足发生率是FAO的统计司为了量化全球的食物不足情况提出的衡量指标,其估算方法是将日常日均膳食能量消费的概率分布与一个被称为最低膳食能量需求量(MDER)的阈值进行比较,两者均以参考人群中一个平均个体水平的概念为依据。隐性饥饿是指机体由于营养不平衡或者缺乏某种维生素及人体必需的矿物质,同时又存在其他营养成分过度摄入,从而产生隐蔽性营养需求的饥饿症状。一般情况下表现为人体缺乏重要的微量元素,如维生素、钙铁锌等。由于饮食结构的改善,人们追求更多高脂肪类的食物,加之不进行体育活动,使得超重和肥胖现象越来越常见。超重是指在正常人的标准体重的范围内大大超出其上限的体重,造成了身体过重负荷,而肥胖则是超重的更上一层级,是明显的超重及体内脂肪的过度累积,造成体重过度增长引发的身体不健康状况。超重和肥胖都有可能是食物中的营养摄入过量所导致的健康问题,还会引发其他类型的疾病。

## 二、我国粮食安全的总体状况

我国粮食安全保障目前具有产量稳步增长、供求基本自给、流储明显增强、生产潜力巨大等特点。2019年,国务院发布的《中国的粮食安全》白皮书中指出:中国人口占世界的近1/5,粮食产量约占世界的1/4。中国依靠自身力量端牢自己的饭碗,实现了由"吃不饱"到"吃得饱",再到"吃得好"的历史性转变。这既是中国人民自己发展取得的伟大成就,也是为世界粮食安全作出的重大贡献。

### (一)粮食产量稳步增长

我国粮食人均占有量稳定在世界平均水平以上。目前,中国人均粮食占有量达到470公斤左右,比1996年的414公斤增长了14%,比1949年新中国成立时的209公斤增长了

126%,高于世界平均水平。具体表现在:单产显著提高。2018 年该数值达到 5 621 公斤,比 1996 年的 4 483 公斤增加了 1 138 公斤,增长 25% 以上。2017 年稻谷、小麦、玉米的每公顷产量分别为 6 916.9 公斤、5 481.2 公斤、6 110.3 公斤,较 1996 年分别增长 11.3%、46.8%、17.4%,比世界平均水平分别高 50.1%、55.2%、6.2%。2021 年,全年粮食产量 68 285 万吨,比上年增加 1 336 万吨,增产 2.0%。实现"十八"连丰。

### (二)粮食供求状况基本自给

党的十八大所确定的"确保谷物基本自给、口粮绝对安全"的新粮食安全观得到充分贯彻。目前,中国粮食自给率达到 95% 以上,为保障国家粮食安全、促进经济社会发展和国家长治久安奠定了坚实的物质基础。

近年来,大米和小麦的产量超过需求,完全能够实现自给自足。进出口主要是为了进行品种调整。截至 2018 年,大豆占粮食进口总量的 75.4%,而大米和小麦占粮食配给总量的不到 6%。

### (三)粮食流储能力明显增强

2018 年,全国标准储粮 6.7 亿吨,简易储粮 2.4 亿吨,有效储粮总量比 1996 年增长 31.9%。食用油储罐总容量为 2 800 万吨,是 1996 年的 7 倍。我国规划和建造了一批现代化的新粮仓,修复和翻新了旧粮仓。储存能力进一步提高,设施和功能不断完善,安全储存能力不断增强,总体达到世界先进水平。

2017 年,全国粮食物流总量达到 4.8 亿吨,其中跨省物流 2.3 亿吨。粮食物流骨干渠道全部开通,公路、铁路、水路多式联运格局基本形成,散粮运输和成品粮集运比重大幅提高,粮食物流效率稳步提高。

粮食储备和应急体系逐步完善。政府有充足的粮食储备,质量好,储存安全。在价格波动较大的大中城市和地区建立了应急粮食储备。应急储备、管理和配送体系基本形成。

### (四)粮食生产潜力巨大

根据我国农业自然资源、生产条件、技术水平等发展条件,未来粮食生产仍有一定潜力。主要途径有:一是提高改良品种和方法对粮食生产的影响。从历史经验来看,中国主要农作物品种平均每 10 年更新一次,每次增产 10% 以上。随着科学技术的进步和政策扶持的不断提高,品种的更新周期将进一步缩短。初步判断,未来 15 年,通过大规模推广超级稻等优良品种和配套节水、节肥技术,预计中国粮食单产将再增长 10%,新增生产能力约 1 000 亿斤。二是提高耕地的基本生产能力。目前,我国中低产田仍占 65%。通过加强农田水利工程和农田质量建设,提高农田保水、保土、保肥能力,未来 15 年中低产田 1/3 左右的 4 亿亩农田基本土壤肥力将提高 1 个等级。据测算,每亩一级耕地可增产 100 斤,粮食生产能力可增加约 400 亿公斤。三是加强植物保护。据估计,中国每年因病虫害造成的粮食损失高达 500 亿斤。通过增加保护措施,如果损失率降低 2%,粮食损失可减少 100 亿斤。四是提高粮食生产机械化水平。目前,除小麦基本实现了全过程机械化之外,水稻和玉米的机械化水平还比较低,增产降耗的潜力还很大。按照未来水稻播种面积不低于4.2亿亩①,单产不低于400斤的目标。2020年,水稻机械播种面积达到70%,这将使水稻产量增加和减损75亿公斤。此外,我国为数不多的后备耕地资源的开发也具有一定的粮食生产潜力。

## 三、我国粮食安全的主要问题

### (一)资源约束趋紧

预计未来10年我国每年新增人口500多万人,到2030年达到峰值的14.5亿人。"十四五"期间,我国将进入高收入国家行列,每年新增城镇人口1 000多万人,带动消费进一步升级。由于人口增加和消费结构升级,预计到2030年前后,我国的谷物需求将达到峰值的7.1亿吨,即每年需增产50多亿公斤。其中,口粮消费稳中略增,新增需求主要集中在饲料粮上。

此外,进一步提升农业综合生产能力的资源环境约束趋紧。在耕地方面,随着工业化、城镇化的推进,我国现有18亿多亩耕地将继续减少,"占优补劣"的问题更加突出;在水资源方面,城镇、工业、生态用水需求增加,农业用水空间缩小;在基础设施方面,农田水利设施建设欠账较多,抗灾减灾能力不强,到2022年完成10亿亩高标准农田建设存在资金缺口;在技术进步方面,在较高单产水平上进一步突破新品种和新技术的难度越来越大,种业发展仍然存在投入不足、创新能力不强、低水平同质化竞争问题,进一步提高农业综合机械化率存在水稻播种、山地机械化等方面的短板。总体上讲,我国粮食和主要农产品的供求将长期处于紧平衡状态。

### (二)结构矛盾突出

从品种结构看,稻谷产大于需,仓储稻谷有待消化;小麦产需平衡有余,但专用优质小麦供给不足,每年均需进口几百万吨;玉米产需长期趋紧,要保持90%以上的自给率需要付出艰苦努力;大豆目前对外依存度超过80%,产需缺口有进一步扩大趋势。

从区域结构看,粮食产销区不平衡矛盾进一步加剧。13个粮食主产省中,粮食净调出省已减少到6个;11个产销平衡省中,有9个省粮食自给率从2003年平均的97%下降到现在的58%;7个主销区省粮食平均自给率从21世纪初的61%快速下滑到目前的24%,粮食主产区增产压力越来越大,同时也对粮食的流通和储备提出了新的要求。

从产品质量看,我国粮食生产始终存在数量与质量的矛盾,提高复种指数、使用高产品种、大量使用化肥农药等措施,尽管提高了单产水平,但同时也造成粮食的质量不高,还给生态环境安全带来隐患。总体上看,我国粮食品种大多属于一般水平,优质、专用、绿色产品少,初加工产品多,精深加工产品少,不能满足消费升级和多样化的需求。

---

①    1亩=666.66平方米。

## （三）生产成本提高

20 世纪 90 年代以来，我国小麦、玉米、水稻三种粮食的亩均总成本呈加快上升趋势，其中又尤以 1990—1997 年、2004—2014 年两个阶段上升速度最快。2004—2014 年，我国三种粮食亩均总成本从 395 元上升到 1 069 元，增加了 1.71 倍，年均增速高达 10.5%，其中，人工成本和土地成本年均增速分别达到 12.2% 和 14.2%，是总成本加速上升的主要推手。与美国横向比较，我国小麦、玉米、水稻单位面积生产成本分别于 1995 年、2011 年和 2013 年超过美国。2015 年，我国三种粮食的亩均用工量 5.61 小时，日均工价 79.7 元，亩均人工成本 447.2 元；而美国每亩用工量仅 0.38 小时，尽管日均工价 849 元，是我国的 10 倍之多，但亩均人工成本 322.6 元，比我国低 27.9%。

2014 年以后，我国三种粮食价格均超过国际市场，为解决价格倒挂造成的"产量增加、进口增加、库存增加"的扭曲问题，国家启动重要农产品的价格形成机制改革，先后取消了棉花、油料、糖料、玉米的临储政策，调整小麦、稻谷最低收购价政策，实行生产者补贴。在这一背景下，近年来，三种粮食的收购价格总体上呈下行趋势，而亩均成本仍在高位上缓慢上升，结果导致亩均收益明显下降。2019 年，我国三种粮食的亩均产值 999.1 元，比 2015 年下降了 10%，总成本上升了 1%，亩均净收益除水稻微利外，小麦、玉米、大豆等均由正转负。

种粮收益远远不能支撑农村居民的消费需求，农民种粮积极性明显下降。虽然国家粮食补贴能够一定程度上提高农民收入、缓解种粮收益低的困境，但这种补贴增加了国家财政负担的同时，对动辄上万元的人均消费支出来说还是杯水车薪。

## （四）贸易不确定性加大

2019 年，中国进口大米数量为 254.6 万吨，系全球进口大米最多的国家，但进口大米占我国大米消费约 1%，主要用于品种余缺调剂，如泰国香米。进口小麦数量为 349 万吨，而 2019 年中国小麦的产量高达 1.336 亿吨，进口数量的占比仅有 2.6%。中国最主要的口粮（大米、小麦）完全可以自给自足，而每年的进口主要是改善性的消费。

然而，自 2004 年以来，我国的粮食贸易已连续十几年出现赤字。我国粮食贸易的突出特征是进口来源地过于集中在少数几个新大陆国家，如美国、加拿大、阿根廷、澳大利亚等。

以大豆为例，我国大豆进口量占据世界大豆总进口量的 64.5%，进口总量居世界第一，进口来源国主要是巴西、美国、阿根廷、乌拉圭、加拿大，这五个国家占了我国大豆进口的 99.4%。谷物进口也相对集中：小麦进口的主要来源国是澳大利亚、美国和加拿大，玉米进口的主要来源是乌克兰和美国，稻米主要来源国是越南、泰国和巴基斯坦。这些国家的粮食出口政策会影响到我国粮食进口，但我国的粮食进口政策却较难影响这些国家的粮食出口。以美国为例，2017 年美国是我国第二大小麦进口来源国，但我国小麦进口量仅占美国出口量的 7% 左右，小麦的国际市场仍是卖方市场。一旦产生贸易冲突，或受到如疫情一类突发事件影响粮食出口，容易出现国际市场粮食断供的可能性。

## 四、我国粮食安全的主要工作及进展

### (一)粮食生产能力不断优化

我国一直致力于保护耕地资源,严守18亿亩耕地红线,实行最严格的耕地保护制度,保证绝不突破这一底线数值。2018年,全国耕地面积13 488万公顷,粮食作物播种面积达到11 700多万公顷,为粮食生产提供了基本条件。我国的灌溉事业也已经快速发展。2018年我国灌溉面积已经达到11.1亿亩,稳居世界第一,其中耕地灌溉面积约为10.2亿亩,占全国耕地总面积的一半。我国发展灌溉排水的核心集中在节水灌溉方面,目前,我国节水灌溉工程面积达5.14亿亩,其中微灌面积9 425万亩。在农业技术方面也建立了技术支撑体系,用科技助力粮食生产。2018年,农业科技进步贡献率达到58.3%,比1996年的15.5%提高了42.8个百分点。科学施肥、节水灌溉、绿色防控等技术大面积推广,水稻、小麦、玉米三大粮食作物的农药、化肥利用率分别达到38.8%、37.8%。

### (二)粮食储备制度逐渐改善

我国合理确定中央和地方储备功能定位,中央储备粮主要用于全国范围守底线、应大灾、稳预期,是国家粮食安全的"压舱石";地方储备粮主要用于区域市场保应急、稳粮价、保供应,是国家粮食安全的第一道防线。2020年1月新冠肺炎疫情暴发以来,全国并未发生抢粮等危险事件,粮食价格虽有上升,但是也是符合市场规则的,没有大幅上涨的情况发生。疫情发生之后,湖北作为重灾区,进行了各种封城的管制措施,在这种状态下,粮油贸易企业仍然能保持粮油副食产品供应,中储粮集团湖北分公司现有库存可满足湖北省6 000万人半年以上需求。能够提供充足粮食的前提是能较好地储存和运输。目前,我国已经解决了粮食储藏保鲜保质、虫霉防治和减损降耗等棘手问题,保证北粮南运的有效进行,同时先进的仓储设备也不断升级。2018年实现机械通风、粮情测控和环流熏蒸系统的仓容分别达到7.5亿吨、6.6亿吨和2.8亿吨。安全绿色储粮、质量安全、营养健康、加工转化、现代物流、"智慧粮食"等领域科研成果得到广泛应用。

### (三)粮食质量安全得到关注

我国一直推进优质粮食工程,建立专业化的粮食产后服务中心,为种粮农民提供清理、干燥、储存、加工、销售等服务。我国已建立了6个国家级、32个省级、305个市级和960个县级粮食质检机构构成的粮食质量安全检验监测体系,主要负责监测有毒有害物质,有着严格的卫生标准,致力于为全国提供安全优质的粮食产品。我国的食品安全问题也需要重视,当前我国食品行业准入制度、食品企业管理水平、食品法规标准完善、食品风险管理和交流、全社会的食品安全意识等方面还与西方发达国家有很大差距。

## 五、强化粮食安全的途径

第一，实施严格的耕地保护制度，重视黑土地的永续利用，确保综合生产能力。威廉·配第说，土地是财富之母。对于农业产业而言，确保粮食安全的前提在于保证产量，保证产量的关键则在于农业生产能力的提高。而农业生产能力的提高首要依靠土地的数量和质量。保护土地数量首先确保要实施最严格的耕地保护制度，充分落实耕地保护责任、防止耕地"非农化"倾向加剧。具体而言则是，必须坚守耕地红线（18亿亩）、粮食播种面积红线（16亿亩）、谷物播种面积红线（14亿亩）。采用"天地合一"的手段对耕地数量加以保护。所谓"天"就是利用通信卫星，采集和确认耕地数量实时变化数据。从高空的卫星、低空的无人机到地面的各种现代农业物联网传感器，将各种智能技术应用于传统农地保护与农业发展，通过天地一体化的信息采集技术与装备，实现对农地数据、农业数据的感知和诊断。发挥区块链技术不可篡改等特点在耕地数量保护中的作用。其次，在耕地质量的保护方面，要在实施最严格的耕地保护制度基础之上，加强黑土地保护，在保证粮食供给的前提下，正确处理好粮食作物与经济作物之间的比例关系，重视土地生产与休养生息之间的调节。同时在必要的地区有序实现退草还耕、退林还耕。最后，严格限制农药及各种化学物品在农业生产中的使用数量，不仅是保障粮食质量安全的迫切需要，也是保护耕地质量的必然要求。总之，从保护耕地入手，提高粮食生产能力。这是保证粮食供给安全的治本之策，更是巩固国家粮食安全的重要战略手段。

第二，强化涉农科技研发与应用，向技术要产量。国家提出要深入实施"藏粮于技"战略，这是契合农业发展未来趋势、结合我国具体实际的重要战略。传统农业看天看地看作物，而现代农业中的"农耕技艺"的内涵正随着世界科技大潮的不断涌现而被重新定义。确保粮食安全，实施科技战略，首先要实施种业安全战略，这是现代农业的"芯片"。通过技术攻关摆脱种源"卡脖子"的现状，推动我国由种子大国向种子强国迈进。其次，采用卫星遥感技术对生产环节加以优化。包括作物种植面积监测、作物长势监测、作物产量估算、土壤墒情监测、作物病虫害监测与预报。遥感影像可实时记录作物不同阶段的生长状况，获得同一地点时间序列的图像了解不同生育阶段的作物长势。作物长势遥感监测建立在绿色植物光谱理论基础上，同一种作物由于光温水土等条件的不同，其生长状况也不一样，卫星照片上表现为光谱数据的差异，根据绿色植物对光谱的反射特性，可以反映出作物生长信息，判断作物的生长状况，从而进行长势监测。及时发布苗情监测通报，可为指导农业生产，预测作物单产和总产提供重要的依据和参考。最后，在收割与储藏环节，要加大现代化机械的普及数量和应用数量。国家采取补贴的方式，以区域或农场为单位普及现代化大型农机具应用。此外，采用现代区块链技术对农村品的储藏、流通环节进行监测和管理。

第三，实行农作物分类保障制度，充分利用国内国际两种资源、两个市场，构建有效的农产品供求体系，保障农产品需求安全。以玉米为例，一方面，在国内的农产区加大对玉米的研发、培植和生产，提高产出玉米的数量和质量，提高国内用于粮食作物玉米的供给水平，为口粮安全保驾护航。另一方面,玉米作为一种经济作物,要进一步推动其市场化、国际化,扩大玉米的进口贸易量,从而有效弥补国内供给不足,为国内工商业对于玉米的有效需求提供支持。充分利用海外市场对我国粮食安全的保障作用,一方面要确保稳定的国际供应链,另一方面要加大海外屯田、种田的数量。同时开展国际合作,共同应对气候、病虫害等对农业带来的负面影响。

第四,构建有效的粮食安全预警系统,设置防范粮食安全风险的首要屏障。构建有效的、可复制的粮食安全预警系统,实时反映粮食安全动态变化,设置规避粮食安全风险有效屏障,避免系统性风险发生也是维护粮食安全的重要举措。为了达成此项目标,要做好以下几方面工作:一是要完善全产业链监测,构建粮食大数据体系;二是强化数据算法和智能分析,提升粮食安全层级和趋势预测能力;三是构建多信息预报发布体系和共享平台,推动粮食安全相关数据开放共享;四是构建粮食安全预测预警安全网,设置粮食供求"安全阀",全面提升粮食安全预警能力;五是实施农产品质量安全保障工程,借助区块链、人工智能等先进技术完善监管体系、监测体系、追溯体系、召回体系。构建粮食安全预警系统的目的是及时准确发现、评价并处理粮食安全风险因素,其终极目标是确保我国粮食安全,这是完成全面建成小康社会"三农"领域必须完成的硬任务。为此,我们要以粮食安全评价结果及影响因素为依据,以构建粮食安全预警系统为手段,从财政、金融、产业、科技、法律等方面构建相应的政策支撑体系与配套措施。

第五,完善储备政策,健全收储制度,通过立法打造粮食安全坚实壁垒。"三年之丰可抵一年之灾",应完善储备机制,在产量高的丰年未雨绸缪开展相应储备计划,以备不时之需。2022年10月17日,国家粮食和物资储备局局长在中国共产党第二十次全国代表大会的记者招待会上表示,我国将加快构建与大国地位相符的国家储备体系,不断提高防范和化解风险挑战的能力和水平,以储备的确定性来应对经济社会发展面临的不确定性和不稳定性,并进一步优化储备的布局结构,确保平时备得住、储得好,关键时刻调得出、用得上。

# 第二节　能 源 安 全

近来,受俄乌冲突刺激,国际基准油价之一的布伦特原油价格一度攀升至每桶140美元,创下2009年以来新高。随着对油气断供风险的恐慌情绪蔓延,能源安全再度成为全球主要国家的关键议题。能源是一个国家国民经济和社会发展的命脉,与基本民生息息相关。衣食住行都离不开能源供给。党中央、国务院历来高度重视能源安全,党的十八大以来,习近平提出"四个革命、一个合作"能源安全新战略。党的十九届六中全会审议通过的《中共中央关于党的百年奋斗重大成就和历史经验的决议》强调要保障粮食安全、能源资源安全。2022年政府工作报告再次强调,要确保粮食能源安全。当前,我国正处在向全面建成社会主义现代化强国的第二个百年奋斗目标迈进的重大历史关头,必须把能源安全放在国家发展战略的重要位置。

据国际能源署《全球能源统计年鉴2021》数据显示,2020年,中国天然气消费量3 280亿立方米,约占世界消费量的 8.6%;当年进口管道气与液化天然气分别为 476.6 亿立方米和 926.4 亿立方米,合计进口 1 403 亿立方米,占世界天然气贸易量的 14.9%,对外依存度约为 42%。中国作为制造业大国,要发展实体经济,能源的饭碗必须端在自己手里。为此党中央提出了能源安全的“四个革命,一个合作”战略。“四个革命”是指推动能源消费革命,抑制不合理能源消费;推动能源供给革命,建立多元供应体系;推动能源技术革命,带动产业升级;推动能源体制革命,打通能源发展快车道。“一个合作”是指全方位加强国际合作,实现开放条件下能源安全。这个战略极大地推动了我国能源安全状况,为不断提升我国能源安全层级奠定了现实基础。党的十八大以来,我国多轮驱动的能源供给体系逐步完善,供给质量和效益不断提升,能源自给率保持在 80% 以上。

## 一、我国能源安全的总体情况

提升能源安全层级、促进我国能源供给与消费的结构优化,有必要对我国总体能源概括有一个准确的把握。

能源安全作为国家安全体系的重要组成部分,受到我国的高度重视。《新时代的中国能源发展》白皮书指出我国已经基本形成了煤、油、气、电、核、新能源和可再生能源多轮驱动的能源生产体系。据初步核算,2021 年,我国能源消费总量 52.4 亿吨标准煤,比上年增长 5.2%。煤炭消费量增长 4.6%,原油消费量增长 4.1%,天然气消费量增长 12.5%,电力消费量增长 10.3%。

在能源生产体系方面,2012 年以来原煤年产量保持在 34.1 亿~39.7 亿吨。原油年产量保持在 1.9 亿~2.1 亿吨,天然气产量明显提升,从 2012 年的 1 106 亿立方米增长到 2019 年的 1 762 亿立方米。在可再生能源方面,2019 年我国清洁能源占能源消费总量的比重达到 23.4%,比 2012 年提高 8.9 个百分点,水电、风电、太阳能发电累计装机规模均位居世界首位。我国建立了完备的水电、核电、风电、太阳能发电等清洁能源装备制造产业链,有力支撑清洁能源开发利用。能源的绿色发展对碳排放强度下降起到了重要作用,中国 2019 年碳排放强度比 2005 年降低 48.1%,提前实现了 2015 年提出的碳排放强度下降 40%~45% 的目标。

在能源消费结构方面,我国能源消费结构正向清洁低碳加快转变。据初步核算,2021 年煤炭消费量占能源消费总量的 56%,比上年下降 0.9 个百分点;天然气、水电、核电、风电、太阳能发电等清洁能源消费量占能源消费总量的 25.5%,上升 1.2 个百分点,如图 5-1 所示。提前完成到 2020 年非化石能源消费比重达到 15% 左右的目标。重点耗能工业企业单位电石综合能耗下降 5.3%,单位合成氨综合能耗与上年持平,吨钢综合能耗下降 0.4%,单位电解铝综合能耗下降 2.1%,每千瓦时火力发电标准煤耗下降 0.5%。全国万元国内生产总值二氧化碳排放下降 3.8%。

我国新能源汽车快速发展,年销量从 2016 年的 50.7 万辆提高到 2020 年的 136.7 万辆,年均增长率达到了 28%;2021 年新能源汽车行业取得的成绩更是超出了一些专家和机构的预测。截至 2021 年底,全国新能源汽车保有量达 784 万辆,占汽车总量的 2.60%。2021 年新能源汽车产业表现“亮眼”,产销双双突破 350 万辆,分别达到了 354.5 和 352.1 万辆,同

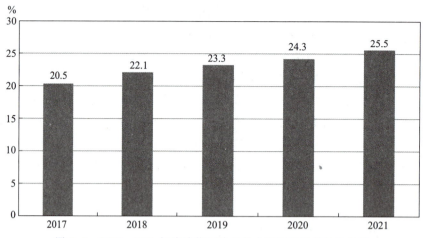

图 5-1　2017—2021 年清洁能源消费量占能源消费总量的比重

比均增长 1.6 倍,连续 7 年位居全球第一,累计推广量已超过 900 万辆。截至 2021 年年底,全国充电基础设施保有量达 261.7 万台,同比增加 70.1%,已经建成世界最大规模充电网络,有效促进了交通领域能效提高和能源消费结构优化。

## 二、我国能源安全的主要问题

目前,我国已成为世界最大的一次能源消费国,但国内能源生产难以满足消费需求。国内化石能源增产空间有限,既是我国能源安全必须直面的核心问题,又是导致能源自给率逐年下降的主要因素。受资源禀赋影响,我国部分能源品种对外依存度较高。在全球地缘政治日趋复杂、新冠肺炎疫情蔓延的背景下,我国能源安全面临严峻挑战。与此同时,环境保护、气候治理也对我国能源行业提出了更高要求。

### (一)能源资源禀赋较差

从总体上看,中国能源储量较大但人均占有量不足。我国总人口数占世界总人口的 20%,已探明的煤炭储量占世界储量的 11%,原油占 2.4%,天然气仅占 1.2%,人均煤炭资源为世界平均值的 42.5%,人均石油资源为世界平均值的 17.1%,人均天然气资源为世界平均值的 13.2%。这意味着我国必然会遇到能源供给不足问题。同时,我国能源分布不均衡,煤炭多分布于华北和西部地区,石油多分布于中西部地区及海域,而能源消费多集中于东南沿海地区,这无疑给我国能源的优化配置带来许多困难。此外,我国能源储量中煤炭占 90% 以上,而石油、天然气、水电等所占比例相对较低,低质能源所占比例较高,许多能源都处于地质条件复杂、开采难度较大的偏远地区,这些直接影响了我国能源开发与供给。

### (二)能源对外依存度不断提升

20 世纪 90 年代以来,中国能源消费急剧增加,目前已成为世界第一大能源消费国。近年来,我国能源对外依存度不断加大,石油对外依存度已超过 60%。《BP 世界能源统计年鉴》2021 中文版显示,2018 年中国石油对外依存度达 72%,为近 50 年来最高,此外,2018 年中国天然气消费也在继续快速增长,继 2017 年成为世界最大原油进口国之后,又超过日本成为世界最大的天然气进口国,天然气对外依存度升至 43%。2020 年我国原油净进口量约 5.57 亿吨,同比增长 8.8%,对外依存度升至 73%;天然气进口量 940 亿立方米,增长 −3.1%,对外依存度 43%。同时,由于中国正处于城市化和工业化的快速发展期能源需求量还会持续稳定增长,意味着中国能源对外依存度还将持续上升。然而改革开放以来,我国与周边国家及西方国家的关系有了明显改善,但在石油进口、对外石油合作等方面仍会遭到西方国家的干扰和破坏,这些直接影响着我国石油供给安全。

**（三）能源安全政治化倾向明显**

能源问题是影响国家安全的重大问题,美国、俄罗斯、日本等国家都将能源安全提升到了国家安全的战略高度,试图建立有利于本国的全球能源格局,这使中国与许多国家处于能源竞争状态。此外,中国能源安全问题常常与环境安全、恐怖主义、分裂主义等非传统安全问题交织在一起,而新冠肺炎疫情的影响,使中国面临的国际安全问题更为复杂。

**（四）能源产业的环境约束加剧**

中国是富煤、少气、贫油的国家,这种能源分布状况决定了中国只能以煤炭作为主要供应能源。煤炭在我国能源消费中占据绝对比例,而且短期内很难改变这种以煤炭为主的能源结构。由于煤炭燃烧后会产生大量的二氧化硫、二氧化碳等气体,给我国环境安全带来挑战。此外,我国还面临能源利用率低、高能耗产业占比过高等问题,这些不仅带来了能源浪费,还带来了环境污染。

**（五）行业整体科技水平较低**

经过多年发展与积累,我国能源行业在工程科技领域具备了相对技术优势,部分已接近或达到世界顶尖水平;但行业整体科技水平还不足以支撑能源结构转型升级的需求,相比发达国家仍然在部分方向上存在差距。因此,核心技术自主研发、外部技术引进消化吸收等仍有较大的发展空间。

在煤炭领域,大部分物探技术与装备、开采装备的制造工艺、材料、装配、密封、机械加工精度、自动化技术、煤炭提质加工技术方面还不够先进;在油气领域,海洋深水、页岩油气、致密油、天然气水合物等前沿技术积累不足,低温环境下油气开发、大型液化天然气开发技术水平仍需提高;在电力领域,高端电力设备的关键部件制造能力相对较弱,海上风电系统、智能化分布式电源与微电网应用技术尚需提升,高效低成本储能、多能互补技术也是未来能源发展的主要瓶颈。在自由贸易环境下,通过互通有无、比较优势形成的全球产业分工体系与产业链可以解决上述问题,但易受地缘政治的影响,正在经历前所未有的挑战。采取全球化产业链和技术链合作,依赖引进技术来提升国内能源行业水平的模式,在当前面临着较大风险。亟须加强能源行业核心技术与产品的自主研发,逐步降低并最终摆脱对进口技术与产品的依赖程度,切实提升科技对能源行业的关键支撑作用。

## 三、我国能源安全的主要工作及进展

### (一)清洁低碳转型加快

我国坚持节约资源和保护环境的基本国策,建立了能源消费总量和强度双控制度,把节能指标纳入生态文明、绿色发展等绩效评价体系。"十三五"以来,我国以能源消费年均低于3%的增速支撑了经济的中高速增长,能源利用效率显著提高;2020年,煤炭占能源消费总量的比重降低至56.8%,能源消费结构向清洁低碳加快转变。

### (二)供给能力质量提高

我国确立了生态优先、绿色发展的鲜明导向,深化能源供给侧结构性改革,优先发展非化石能源。"十三五"期间,我国能源自主保障能力始终保持在80%以上,供需关系持续向好;水电、风电、光伏、在建核电装机规模等多项指标保持世界第一。到2020年年底,清洁能源发电装机规模增长到10.83亿千瓦,首次超过煤电装机容量,占总装机比重接近50%,达到49.2%,建立起了多元清洁的能源供应体系。

### (三)科技创新能力提高

我国大力实施创新驱动发展战略,构建绿色能源技术创新体系,实现科技创新从"跟跑、并跑"为主,向"创新、主导"加速转变。我国建立了完备的清洁能源装备制造产业链,化石能源清洁高效开发利用技术水平明显提升,建成全球规模最大、安全可靠的电网,供电可靠性位居世界前列。一大批能源新技术、新模式、新业态蓬勃兴起,技术进步已经成为推动能源发展动力变革的基本力量。

### (四)市场发展活力增强

我国深化重点能源领域和关键环节市场化改革,构建有效竞争的能源市场,完善主要由市场决定能源价格的机制。油气勘探开发市场有序放开,油气管网运营机制改革取得关键进展,实现管输和销售业务分离;全国统一电力市场体系建设积极推进,逐步构建起了以中长期交易为"压舱石"、辅助服务市场为"稳定器"、现货试点为"试验田"的电力市场体系;"放管服"改革取得重大成效,取消或下放了72%的审批事项,市场主体和人民群众办事创业更加便利。

### (五)国际合作全面开展

我国遵循互利共赢原则开展国际合作,积极参与全球能源治理,共同维护全球能源市场稳定,引导应对气候变化国际合作。同时,大幅度放宽外商投资准入,促进能源贸易和投资自由化、便利化,积极推动跨国、跨区域能源基础设施联通,与29个国家发起成立"一带一路"能源合作伙伴关系,积极参与多边机制下的能源国际合作,在国际能源舞台的积极影响力显著提升。

### (六)惠民利民保障民生

我国把保障和改善民生作为能源发展的根本出发点,在全面建成小康社会和乡村振兴中发挥能源供应的基础保障作用。例如,新一轮农网改造升级,全国农村大电网覆盖范围内全部通动力电,农村电气化率达到18%;建成2 636万千瓦光伏扶贫电站,惠及6万个贫困村、415万贫困户;北方地区清洁取暖取得明显进展,清洁取暖率提升到60%以上。

## 四、强化能源安全的途径

### (一)稳定传统能源生产

在需求侧调整、供给侧结构性改革的双重作用下,我国煤炭消费总量将步入平台期。尽管我国煤炭资源储量丰富,但仍需科学规划产能,提升大型矿井产能比重,加快智慧矿山建设,稳定国内煤炭产能规模,满足国内煤炭消费的基本需求。保持煤炭进口量、进口来源的基本稳定,重点满足东南沿海地区的用煤需要。

加大海域、新疆、非常规石油勘探开发力度,实施"两深一非"(陆地深层、海洋深水,非常规)科技攻关,提升新区新领域探明储量;提高采收率,减缓老油田产能递减速度;加强页岩油开发技术储备和转化,尽早形成产能。努力实现国内石油产量长期稳产,力争对外依存度控制在70%以内。深化国际合作,弥补国内低效产能对油气企业的经营压力。

受大气污染防治、能源低碳清洁化转型的双重驱动作用,天然气消费将持续保持增长态势。加上大陆、海域主要含气盆地的勘探力度,坚持常规气、非常规气并重;实施致密气、页岩气、天然气水合物等方面的技术攻关和技术转化,保持国内天然气产量稳定增长。将天然气作为战略性、成长性业务,稳妥提升海外天然气资产比重,有序构建天然气勘探开发、大型液化天然气和天然气销售及利用一体化的价值链,稳步提高海外天然气权益产量。

### (二)保障进口油气供给安全

我国原油进口对高风险国家和地区的依赖程度较高,如海上进口占比高、海上运输严重依赖马六甲海峡和霍尔木兹海峡。从长远发展的角度看,我国从全球获取资源还存在较多的不确定性,有必要及早谋划新航线。例如,尝试开辟新的海陆通道,在实现中亚、俄罗斯、西亚、中东、非洲、澳大利亚、南美、北美等地区油气资源多元化进口的同时,保持引进通道的海陆均衡、航线多元。

加大原油储备设施建设,提高对国际原油市场波动的调节能力,降低进口通道可能受限对经济发展的影响。建立并完善天然气调峰与应急体系,逐步开展天然气战略储备建设。发挥国家石油天然气管网公司的作用,提高油气资源配置效率,保障油气供应安全。

### (三) 实施多能互补,提升可再生能源消费比重

加快可再生能源综合利用是解决我国未来能源安全的核心任务,也是降低能源对外依存度的最现实途径。在保障生态环境的前提下,实施大渡河、澜沧江上游等西南地区水电站、抽水蓄能电站的开发建设。稳步推进沿海地区核电开发,提高核电装机规模。通过多能互补,稳步推进西部、北部风光资源的集约化开发,加强中东部、南方风光资源的就地开发;进一步提升光伏发电转换效率、风电单机容量,合理降低发电成本。加强电力系统的灵活性改造与建设,提升电力系统对新能源的消纳能力。大力发展储能技术、降低储能成本,逐步提升可再生能源在能源消费中的比重。

### (四) 提高能源科技水平,加快能源科技创新合作

继续加大工业节能、建筑节能等成熟技术的推广应用,加强能源生产与利用的新型节能技术研发,提高能源利用效率,提升能源生产和利用水平。同步实施能源关键技术与装备的攻关研制。

在科技创新合作方面,合理加大投入,加强能源行业与人工智能、大数据等先进信息技术融合,优化能源开发和利用方式,推动传统"优势产能"向科技创新"新产能"转变。顺应未来能源转型和发展趋势,积极开展以下方面的开发合作:极地油气、天然气水合物等能源与资源,大规模可再生能源高效低成本开发利用和储能,以可再生能源规模利用为主体的局域能源综合系统及智能化能源网,劣质资源开发与资源循环再利用,能源与资源开发生态环境保护,能源与资源高端装备制造。

### (五) 完善能源发展体制机制

能源革命只有在市场化环境下才能成功,可采取的相关措施包括:推进我国能源市场化改革并提高能源市场开放程度,推动能源价格改革,进一步完善有利于促进新能源发展的市场机制建设,健全促进可再生能源发展的长期稳定的体制机制,逐步构建具有中国特色的能源行业体制机制,建立风险应对机制以有效化解和降低不可预测事件对国家能源安全的影响。

# 第三节    其他重要资源安全

## 一、水资源安全

人类的生产、生活离不开水。水是最重要的资源之一,它是生命之源、生产之要、生态之

基。"一泓清水,用之不觉、失之难存"。

正所谓"善治国者必重治水"。习近平对我国水资源安全及其治理非常重视。2021年5月14日,习近平在推进南水北调后续工程高质量发展座谈会上强调要加快构建国家水网,"十四五"时期要以全面提升水安全保障能力为目标,以优化水资源配置体系、完善流域防洪减灾体系为重点,统筹存量和增量,加强互联互通,加快构建国家水网主骨架和大动脉,为全面建设社会主义现代化国家提供有力的水安全保障。

至于如何界定水资源安全,目前还没有一个统一的定义。应用比较广泛、为大众所接受的定义为:水资源安全是指国家或区域利益不因洪水灾害、干旱缺水、水质污染、水环境破坏等造成严重损失,水资源的自然循环过程和系统不受破坏或严重威胁,在某一具体历史发展阶段下,水资源能够满足区域国民经济和社会可持续发展的需要。

### (一) 我国水资源的总体情况

我国水资源具有总量多人均少、水资源时空分布不均匀(南多北少,沿海多内地少),水资源利用率低,污染严重等特点。

#### 1. 总量多人均少

根据《中国水资源公报2020》显示:2020年,全国水资源总量31 605.2亿立方米,比多年平均值偏多14.0%。其中,地表水资源量30 407.0亿立方米,地下水资源量8 553.5亿立方米,地下水与地表水资源不重复量为1 198.2亿立方米。我国水资源总量丰富,多年平均(2004—2019年)水资源总量仅次于巴西、俄罗斯、加拿大、美国、印度尼西亚,居世界第6位。然而,由于我国人口众多,人均占有水资源量只有约2 034立方米(2004—2019年),不到世界平均水平的1/4,耕地亩均占有水资源量为1 440立方米,约为世界平均水平的1/2,是世界上13个贫水国家之一。

#### 2. 水资源时空分布不均匀

受季风气候和自然地理的区域分异性(青藏高原区、西北干旱半干旱区和东部季风区)影响,我国水资源时空分布很不均匀,降水年际变化大,径流年际变化显著。全国降雨一般集中在6—9月份,在夏季汛期4个月的径流量占全年的60%~70%,而我国北方河流的汛期径流更为集中,部分河流的最大4个月径流占全年径流的80%以上。我国水资源的空间分布总体上呈"南多北少"的态势:全国水资源可利用总量的2/3分布在长江、珠江、东南和西南诸河流域,而国土面积占全国2/3的北方海河、黄河、淮河、辽河、松花江及西北诸河流域,其可利用水资源量仅占全国可利用总量的1/3。

#### 3. 水资源利用率低

我国水资源利用率低下,水浪费现象严重。比如,我国部分地区农业水灌溉利用系数为0.3~0.4,较发达国家的0.7~0.8还有很大的差距。

#### 4. 水环境污染严重

我国地表水体和地下水体污染十分严重,点源污染不断增加,非点源污染日渐突出,水污染加剧的态势尚未得到有效遏制。2010年全国水功能区达标率为46.0%,全国667个地表水集中式饮用水水源地中,合格率达 100% 的水源地占评价总数的 53.1%,全年水质均不合格的水源地有 37 个,占评价总数的 5.5%。全国 763 眼监测井中,水质为 Ⅳ—Ⅴ 类的监测井占 62.0%。目前我国水污染呈现出复合性、流域性和长期性,已经成为最严重和最突出的水资源问题。

### (二)我国水资源安全的主要问题

#### 1. 洪涝灾害风险

受大陆性季风气候以及地理位置、地形和地貌等因素影响,我国降雨量年内分布不均,暴雨洪涝灾害突出,大约 2/3 的国土面积受不同类型和不同程度洪涝灾害的影响。我国洪涝灾害的分布与降雨的时空分布高度一致,具体表现为东部多,西部少;沿海多,内陆少;平原多,山地少;夏季多,冬季少。根据《中国水旱灾害公报(2018)》,我国自 1990 年以来的洪涝灾害直接经济损失总体呈上升趋势,年均损失在千亿元以上,占同期 GDP 的 2%~4%。其中 1998 年长江发生了全流域大洪水,嫩江、松花江发生了流域性特大洪水,西江和闽江也发生了特大洪水,全国因洪灾死亡 4 150 人,直接经济损失 2 550.9 亿元。2010 年、2012 年与 2013 年洪涝灾害直接经济损失分别达 3 745.43 亿元、2 675.32 亿元与 3 155.74 亿元。

进入 21 世纪,中国暴雨洪涝呈现新的特征,主要体现在中小河流洪水、山洪、暴雨诱发的泥石流和滑坡,以及城市内涝灾害频发,造成人民生命伤亡和财产巨大损失。例如,2007 年 7 月 16—18 日,重庆市主城区最大 24 小时降雨量达 26 毫米,大暴雨造成农作物受灾面积 20 万公顷,倒塌房屋 3 万间,受灾人口 643 万,因灾死亡 56 人,直接经济损失 31 亿元;2012 年 7 月 21 日,北京、天津、河北等地出现特大暴雨,京津冀受灾人口 540 万,因灾死亡 115 人、失踪 16 人,农作物受灾面积 53 万公顷,房屋倒塌 3 万间,直接经济损失 331 亿元;2016 年 6 月 30 日至 7 月 7 日,受多轮强降雨影响,武汉市出现严重渍涝,南湖、汤逊湖周边湖泊水位满溢出现较严重持续渍水,暴雨造成武汉市 62.71 万人受灾,13.24 万人紧急转移,直接经济损失 53.03 亿元。

#### 2. 干旱灾害风险

我国是干旱灾害最频发和损失最严重国家,大范围的干旱灾害连年发生。黄淮海地区和长江中下游地区受旱面积和成灾面积占全国的 60% 以上,是我国的干旱重灾区;华北,东北和西北地区则是旱灾发生频次最高的地区。此外,厄尔尼诺现象也导致我国华北平原旱灾受灾面积和成灾面积逐渐增加。20 世纪 50 年代以来我国受旱面积和受旱成灾面积呈上升趋势,根据《中国水旱灾害公报(2018)》统计,1950—2018 年,全国年均受灾面积 2 030 万公顷,成灾面积 912 万公顷,受灾人口超过 2 300 万,造成粮食减产 162.52 亿公斤/年,直接经济损失高达 851.64 亿元/年(2006—2018 年)。2000 年是新中国成立以来旱灾最严重的一年,全国受旱面积和成灾面积分别达 4 054 万公顷和 2 678 万公顷。

中国旱灾发生具有明显的时空分布规律。从全国范围看,东北地区的旱灾主要集中在 4—8 月的春夏季节;黄淮海流域经常出现春夏连旱,甚至春夏秋连旱,是全国受旱面积最大的区域;长江流域以 7—9 月出现干旱概率最大;华南地区的干旱主要出现在秋末、冬季及初春;西南地区的旱灾主要出现在冬春季节。

3. 地下水超采问题

据全国地下水利用与保护规划成果(评价期 2001—2015 年)记载,全国平原区地下水超采区面积为 28.7 万平方公里,总超采量为 158 亿立方米。华北地区是全国地下水超采问题最为严重的地区,是世界上最大的地下水降落漏斗区,平原区超采面积和地下水超采量分别占全国的 63% 和 61%。京津冀地区地下水超采问题突出,面积约占华北地区的一半。

地下水资源超采导致的地下水降落漏斗、地面沉降、地面塌陷、地裂缝、海水入侵和土地沙化等生态环境问题越发严重。

(1) 地面沉降。长期过量开采地下水,使得含水层水头压力降低,进而导致黏土质隔水层及含水层中黏土质透镜体被压缩,引起地面沉降。截至 2015 年,全国已有 21 个省(直辖市)102 个地级以上城市发生地面沉降,主要发生在长江三角洲、华北平原、汾渭盆地、珠江三角洲、东北平原、淮河平原、江汉平原、滨海平原,以及山区断陷盆地等地区,其中长江三角洲、华北平原、汾渭盆地地面沉降最为严重。目前,京津冀地面沉降区面积达 $9 \times 10^4$ 平方千米,年沉降速率大于 30 毫米的严重沉降区面积约 $2.53 \times 10^4$ 平方千米,部分地区年最大沉降量达 160 毫米。

(2) 海水入侵。地下水超采导致地下水水位下降,破坏淡水与海(咸)水之间的水力平衡,使海(咸)水从海洋向内陆运移,造成淡水水源地水质恶化变咸,使淡水资源更加短缺。20 世纪 70 年代以来,我国海水入侵开始发生并有逐年增加趋势。起初,我国海水入侵主要分布在辽宁、河北、天津、山东和广西等沿海地区。20 世纪 80 年代后,随着国民经济的持续高速发展,地下水开采力度增强、范围增大,海水入侵速度随之加快,特别是在渤海滨海平原区形成一条连续的海水入侵带。1991—2004 年,随着地下水开采量增加显著,加之大量抽取地下卤水资源,海水入侵区面积达到最大。2005—2018 年,降水量保持稳定,渤海滨海平原区地下水位负值漏斗区面积有持续缩小趋势,海水入侵速度明显减缓,局部终止。目前,渤海滨海平原地区海水入侵依然较为严重,主要分布于辽宁锦州地区,河北秦皇岛、唐山和沧州地区,以及山东潍坊地区,海水入侵距离一般距岸 13~25 千米;黄海、东海和南海沿岸海水入侵影响范围较小,除江苏盐城、浙江台州监测区海水入侵距离超过 10 千米外,其他监测区海水入侵距离一般距岸 4 千米以内。

(3) 土地沙化。地下水的过量开采,加剧了区域性地下水位下降的进程,使包气带厚度加大,植物的生长发育受到制约并发生退化,绿洲内外林木及草本植物不断退化、衰败和枯死。我国沙漠荒漠化土地面积已达 267.4 万平方公里,占国土面积的 27.8%。河北张家口坝上地区,是首都水源涵养功能区和生态环境支撑区的重要区域,由于区域干旱少雨、水资源短缺,地下水开采严重,年超采量达到 0.48 亿立方米,使得区域内土地沙化现象明显,沙化土地面积已达 1 927.5 万亩,占全省沙化土地面积的 60.5%。

4. 局部地区水环境问题

全国地下水环境质量"南方优于北方,山区优于平原,深层优于浅层"。地下水污染区域主要分布在华北平原、松辽平原、江汉平原、长江三角洲和珠江三角洲等地区。2000—2002

年自然资源部（原国土资源部）"新一轮全国地下水资源评价"成果显示,全国地下水资源符合Ⅰ～Ⅲ类水质标准的占63%,符合Ⅳ～Ⅴ类水质标准的占37%。南方大部分地区水质较好,符合Ⅰ～Ⅲ类水质标准的面积占地下水分布面积的90%以上,但部分平原地区的浅层地下水污染严重,水质较差。北方地区的丘陵山区及山前平原地区水质较好,中部平原区水质较差,滨海地区水质最差。根据《中国生态环境状况公报（2019）》,全国10 168个国家级地下水水质监测点中,Ⅰ～Ⅲ类水质监测点占14.4%,Ⅳ类占66.9%,Ⅴ类占18.8%;全国2 830处浅层地下水水质监测井中,Ⅰ～Ⅲ类水质监测点占23.7%,Ⅳ类占30.0%,Ⅴ类占46.2%。水质超标指标为锰、总硬度、碘化物、溶解性总固体、铁、氟化物、氨氮、钠、硫酸盐和氯化物。

目前,我国地下水污染呈现由点到面、由浅到深、由城市到农村的扩展趋势,污染程度日益严重。南方地区地下水环境质量变化趋势以保持相对稳定为主,地下水污染主要发生在城市及其周边地区。北方地区地下水环境质量变化趋势以下降为主,其中,华北地区地下水环境质量进一步恶化;西北地区地下水环境质量总体保持稳定,局部有所恶化,特别是大中城市及其周边地区、农业开发区地下水污染不断加重;东北地区地下水环境质量以下降为主,大中城市及其周边和农业开发区污染有所加重,地下水污染从城市向周围蔓延。

另外,随着我国经济社会的发展,农业面源污染正在成为水体污染、湖泊富营养化的主要原因,已严重影响到我国的水环境质量、生态环境健康,制约了我国经济社会的可持续发展。我国地下水近50%被农业面源所污染,湖泊的氮磷50%以上来自农业面源污染。随降水径流和渗漏排出农田的氮素中有20%～25%是当季施用的氮素化肥,就地表水（湖泊等）硝态氮的污染而论,氮素化肥占50%以上。比如,太湖水体富营养化的总氮总磷贡献率中,农业面源污染所占的比例分别是59%和30%;滇池水体中的氮、磷负荷有53%和42%来自农业面源污染物。

### （三）我国水资源安全的主要工作及进展

水资源安全始终是维系我国经济社会可持续发展的重要前提。20世纪80年代由于工业缺水与水污染问题突出,国家水资源安全工作主要集中在工业节水与循环利用两方面;20世纪90年代因城市缺水和减排问题突出,水资源安全工作重心转向节水型城市建设。进入21世纪后,为应对区域系统性水资源短缺、极端水文灾害频发、水环境污染和水生态退化等问题,国家开始致力于节水型社会建设、最严格水资源管理和调配、水生态环境保护和修复等水资源安全建设。

在节水型社会建设方面,全国范围内已建成100个国家级节水型社会试点和200个省级试点,形成了"以点带面"的区域节水建设格局。通过用水结构调整、大中型灌区改造、节水型企业建设、城市供水管网节水改造和再生水利用等诸方面的工作推进,现已在局部地区实现地下水位的恢复,全国范围内新增农田节水灌溉工程面积1.5亿亩,万元工业增加值用水量降低至61立方米,已基本完成对运行超过50年的老城区供水管网的改造工作,北方缺水城市的再生水利用量达到污水处理量的25%～30%,南方沿海缺水城市则达到10%～20%。

在最严格水资源管理和调配方面,已在全国范围内大力推广"水资源开发利用控制、用水效率控制和水功能区限制纳污"三条红线制度,严格控制用水总量过快增长的同时,将水资源开发控制在承载范围之内。同时,着力于用水浪费遏制,全面提高社会用水效率;将排污量限定在水环境承载能力范围之内,以确保水资源能够满足相关部门的用水要求。另外,依据国家水资源统一调配方案,已完成跨区域调水工程建设17宗,调水总规模达到600亿立方米;并对后期拟建设的一系列重大调水工程进行详细的规划。

在水生态环境保护与修复方面,现已启动多个专项计划,由行政管理部门及各地区政府管理部门牵头,制定并落实了"河长制"水生态环境保护措施,以长期对污水排放和防洪排洪等问题进行布控和排查。同时,随之实施了湿地系统保护工程,对水体中吸收的各种污染物质进行降解处理,以达到净化污染水体的目的。因水生态修复与土壤污染密切相关,相关部门还出台了"土十条"等一系列土壤污染防治政策文件,制定实施了重金属综合防治规划,现已启动土壤污染治理与修复试点建设,编制土壤污染防治相关行动计划,以助力水生态环境的加速修复。

在京津冀地下水超采治理与地面沉降防治方面,中国地质调查局、首都师范大学以及京津冀省级地质环境监测部门等单位,在地面沉降监测与预警网络建设、地面沉降监测与预警试验基地建设、地面沉降监测与防治新理论新技术新方法的研究与应用等方面开展了研究。中国地质环境监测院联合首都师范大学等单位,建立了自然资源部京津冀平原地下水与地面沉降野外科学观测研究站。2020年3月23日,由自然资源部牵头,联合国家发展改革委等六部委下发了《京津冀平原地面沉降综合防治总体规划(2019—2035年)》。

**(四)强化水资源安全的途径**

1. 进一步加强立体监测能力建设

完善由卫星观测、近地遥感和地面测量所组成的"空—天—地"立体监测体系。在常规洪涝、干旱监测基础上,加强对区域地面沉降、地下水等要素的监测,提高综合监测能力,为深入研究分析积累大数据。

2. 进一步加强风险预警能力建设

提升水资源安全预警机制研究水平,建立相关评价和预警指标,加强GeoAI等人工智能、大数据技术应用水平,加强部门管理和社会监督的联动机制,提供风险预警能力。

3. 进一步加强基础研究能力建设

注重区域水循环和水资源管理机制研究,加强多要素、多尺度、多过程复杂机理研究,加大水文水资源研究领域专业人才队伍的培养力度,以提升水资源管理队伍综合素质,有效适应新时期水资源安全管理要求。

我国的水资源安全工作在区域性认识和系统性管理等方面仍存在诸多不足,迫切需要将水资源安全研究从当前的定性评价提升到量化评估阶段。就目前的水资源现状而言,通过流域一体化管理实现区域水资源安全建设是主流的发展趋势。未来可尝试进一步拓宽水资源安全建设范畴,对各类水资源问题和部门供水提出全面有针对性的解决思路和管理办法。同时,进一步促进多学科的交叉研究,综合利用环境、生态、社会、经济、法律等学科知识深入揭示水资源开发和管理机理,有效解决水资源安全建设所面临的诸多问题。

## 二、其他战略物资安全

### (一)战略医药储备

在新冠肺炎疫情发生后,全国各地的医疗机构需要大量的医疗物资保障,这构成对我国医药储备制度的一次重大考验。尽管国家相关部门已经在第一时间通过调用已有储备、组织医药生产企业应急生产等方式筹措抗击疫情所需要的医疗物资,但由于短时间内疫情暴发超出负荷能力以及疫情导致的交通管制、相关工作人员经验不足等原因,医疗物资短缺的现象仍然严峻。短缺背后所反映出的更深层次的问题即为我国医药储备制度尚存在不足之处。

1. 医药储备制度的现状

20 世纪 70 年代,为了适应战备需要,我国开始实施医药储备制度。之后医药储备又逐步从单纯的战备扩大到应对各类突发事件。1997 年,国务院发布《国务院关于改革和加强医药储备管理工作的通知》,在中央统一政策、统一规划、统一组织实施的原则下,对国家医药储备体制进行改革,建立中央与地方两级医药储备制度,实行动态储备、有偿调用的体制。同年,财政部发布《国家医药储备资金财务管理办法》,加强国家医药储备资金管理,确保国家医药储备资金的安全和保值。1999 年,原国家经济贸易委员会对《国家药品医疗器械储备管理暂行办法》(1997 年发布)进行修订,发布《国家医药储备管理办法》,进一步加强和完善医药储备管理工作。2003 年发布、2011 年修订的《突发公共卫生事件应急条例》将医药储备纳入公共卫生事件应急储备体系中。新冠肺炎疫情暴发后,2020 年 2 月 7 日,国家发展和改革委员会、财政部、工业和信息化部为保障医疗防护紧缺物资供应,提高防控保障能力,加强疫情防控工作,发布《关于发挥政府储备作用支持应对疫情紧缺物资增产增供的通知》。

我国目前医药储备的模式是,由主管部门根据国家灾情、疫情的需要制定医药储备计划,并将储备资金下达至承担医药储备任务的企业,由其按照计划储备医药物资并进行管理。在国家发生突发事件时,按照规定的程序进行储备医药物资的动用。

2. 医药储备制度存在的问题

(1)缺乏协调机制。一方面,政府各主管部门之间缺乏协调机制。应急药品的研究、生产、储备、使用属于政府的不同部门管理,药品的研究主管部门是科技部,生产归药品监督部门管理,储备由经贸系统主管,使用由卫生部门管辖。各部门之间缺乏沟通,各自为政,尚无一个单位协调应急药品的研究、生产、储备和使用,存在突发事件发生时容易发生混乱、审批程序复杂、处理环节较多、需求重复申报等现象。实地调查结果显示,汶川地震就发生了同一需求多次供应,导致了应急药品结构性的过剩,灾后各级救治机构药品大量过剩,仅四川省药监部门就剩余药品 23 471.6 件、医疗器械 29 236.9 件、"消杀灭"溶液 1 201.62 吨,分别占接受数量的 6%、14%、20%。另一方面,中央储备与地方储备缺乏协调。由于市场经济改革和经费缺乏等原因,地方储备的药品在品种和数量上主要根据当地卫生部门意见安排,没有统一标准,与中央储备缺乏互补性,难以满足应急要求。例如汶川地震救援初期由于短时间产生大量伤员,前一周急救药品严重不足,而中央储备紧急支援到达时又过了急救期,结果造成急救药品大量过剩。

（2）信息沟通不畅。目前我国药品储备仍没有建立全国统一的药品储备数据库。我国各省市区医药储备之间没有建立横向联系,全国也尚未联网,管理手段较为落后,大大影响药品应急快速反应的程度。而且在紧急情况下,对于未安排有储备的品种或市场货源紧缺的品种也缺乏社会动员、政府征用、事后补偿的机制,以致依靠现有储备规模加以应对,明显感到不足。实地调查结果显示,84.2%的承储单位的应急药品储备信息未能与政府储备主管部门或其他药品储备单位联网,从而不能实现信息共享;而且部门或单位间获取储备信息非常困难。

与此同时,救援用药信息传递不畅。造成前方救援用药信息不能精准地传递给后方药品供应部门的客观原因是突发事件造成的通信不畅、交通运输受阻;缺少事故用药信息的事先评估与救援现场用药信息收集汇总机制;突发事件不同、治疗阶段不同导致用药信息变化制约了信息的精准传递。在管理方面,应急药品相关部门间的协调配合、沟通效率低对用药信息的传递会造成影响,同时缺少专门收集、统计汇总用药信息的药学专业人员。信息传递的不准确、不及时,使得应急药品供应产生滞后性。

（3）缺少整体机制。目前战略药品储备呈现出缺乏整体性的保障协调机制的现象。

一是应急保障环节缺乏统一筹划。药品应急体系涉及应急药品的研究、生产、储备、供应和使用,目前的药品应急保障注重储备,而在应急药品管理的其他环节缺乏统一的筹划,在平时缺乏对应急药品研究、生产和使用的管理。另外地方储备和中央储备相互不沟通,缺乏互补性。

二是应急药品生产很难落实。一些临床必需、用量少、利润低的品种（如二巯基丙醇、普鲁士蓝注射液等）企业不愿意生产,更新换代和市场紧俏的应急药品也很难筹措。

三是医药储备缺乏资金和统一标准。应急药品储备的资金规模不足,补偿机制不完善。实地调查结果显示,有89.5%的储备单位不能享有相关部门的补偿。由于政策环境的变化导致储备企业的损失和储备资金的流失。药品应急储备目录没有统一标准且缺乏动态修订机制,资金储备与实物储备的比例不合理。

四是应急药品的供应和使用平时缺乏训练。企业和医院缺乏应对突发事件的意识,造成了突发事件发生时不知如何组织、如何供应、如何使用的状况。

3. 政策措施

第一,要加强储备保障体系建设。根据国务院机构改革的最新情况,对相关法律法规进行修订,明确我国医药储备中央管理部门为国家工业和信息化部,并对地方管理部门在国家级制度层面上进行统一的明文规定,可以参考国家发展改革委、财政部、工业和信息化部《关于发挥政府储备作用支持应对疫情紧缺物资增产增供的通知》,以省工业和信息化厅作为地方管理部门,解决地方管理部门多样化的现象,消除各地信息难以互通的问题,并明确各级储备体系之间的关系,地方储备管理部门在中央管理部门的领导下结合地方情况进行相应的管理工作,从而构建系统完备的两级医药储备体系。

第二,要构建统一医药指挥平台。为加强突发灾害应急药品供应指挥协调,应建立国家、省和市三级应急指挥平台。国家级由工信部牵头,发改委、卫计委、财政部、工业和信息化部、国家市场监督管理总局共同组成药品应急领导小组,负责国家药品在应急条件下的筹措、储备、供应的指挥与协调工作,并指导下一级药品应急保障工作。省级药品应急领导小组负责在应急条件下的地方储备药品筹措、储备、供应及指挥协调工作。市级药品应急领导小组负责在应急条件下的医院储备药品筹措、储备、供应及指挥协调工作。

第三,要优化信息数据交流渠道。研究建立应急药品科研、生产、储备、供应信息数据库,数据库内容包括国内外科研机构和生产供应厂商的科研能力、生产能力、产品品种数量、采购方式、供货渠道以及国内各地应急药品存储能力、运输能力、配发使用能力等,并根据需要及时对数据库信息进行更新补充,加强数据库资源的网络化建设,在地理信息系统(GIS)上提供应急药品信息共享和使用平台,以便在应急事件发生时,能及时启动应急药品的研究、生产、征用、供应和复原程序。

### (二)木材战略储备

总体上讲,我国仍是一个缺林少绿、生态脆弱的国家,随着经济社会的发展,供需矛盾不断加剧,进口难度逐步加大,木材安全问题越来越凸显。木材安全问题已演变为重大的资源战略问题和日益复杂的国际政治问题。从第八次森林资源清查结果来看,我国森林资源的增长不能满足社会对林业的多样化需求,仍然是林业发展的主要矛盾之一。

1. 木材储备存在的问题

(1)森林资源总体不足。根据第八次森林资源清查结果,我国森林覆盖率比世界平均水平 31% 低 10 个百分点;人均森林面积仅为世界人均水平的 1/4,人均森林蓄积只有世界人均水平的 1/7。我国单位森林蓄积量为 $89.79m^3/hm^2$,不足世界平均水平的 70%,我国人工乔木林单位蓄积量更低,仅为 $52.76m^3/hm^2$。我国森林资源面积占世界森林资源面积的 5.15%,但蓄积量却仅占世界的 2.87%;占世界 5% 的森林资源,既要满足占世界 22% 人口的生产、生活和国家经济建设的需要,又要维护占世界 7% 土地的生态安全,总量显然是不足的。

(2)结构性失衡问题凸显。用材林大径级组越来越少,小径级组株数比例由第四次森林资源清查的 55%,上升到第八次森林资源清查的 73%,大、特径级组由 13% 下降到 3%,下降了 10 个百分点;中小径级采伐消耗量所占比例由第五次森林资源清查的 59% 相继提高到 63%、67% 和 75%;用材林可采面积比例由第五次森林资源清查的 10% 下降到第八次森林资源清查的 5%,可采蓄积仅占 23%。珍贵用材树种更少,木材结构性矛盾十分突出。

(3)刚性需求加大。随着经济社会的快速发展,木材及其制品的国内消费迅速增长。近 10 年来,我国木材消耗量年均增长 10.4%,全国木材消费总量由 2002 年的 1.83 亿立方米,猛增到 2012 年的 4.95 亿立方米,10 年间增长了 1.7 倍。随着新型城镇化加快推进,据第七次全国人口普查结果,全国人口中,居住在城镇的人口为9.02亿人,占63.89%。(2020年我国户籍人口城镇化率为45.4%),与第六次全国人口普查相比,城镇人口比重上升14.21个百分点。仅城市人口装饰装修和家具消费对优质木材的需求将年新增6 000万立方米以上。按目前的增长速度,未来我国国内木材消费总量将进一步攀升。

(4)对外依存度较高。目前,我国原木、锯材进口量约占全球贸易量的1/3。据统计,近10年来,我国原木进口量由2004年的2 630.9万立方米,增加到2013年的4 515.9万立方米,增加了1 800多万立方米;锯材进口量由2004年的605.2万立方米,增加到2013年的2 404.3万立方米,增加了近3倍。从消耗总量上看,目前我国木材对外依存度已接近50%,并且我国木材进口国高度集中,主要为新西兰、俄罗斯、美国、巴布亚新几内亚等几个国家,品种高度集中,主要为樟木、楠木、柚木、红木、红松等珍稀树种,约占总进口量的50%。前不久,《濒危野生动植物种国际贸易公约》严格限制交易的树种新增到220多个,先后有86个国家出台政策限制和禁止珍稀和大径级原木出口,珍稀树种和大径级原木进口存在断供风险。

2. 政策措施

(1)设立清晰的木材安全目标。我国的木材资源安全须由自己牢牢掌控。通过改进生产关系、完善国内森林经营管理政策、提高科学技术水平,立足于木材供给以国内为主、以国际为辅,不断满足全社会日益增长的木材数量等方式及质量需求。到2035年,85%以上的全口径木材供应(包括原木、锯材、家具制造、纸浆等)实现自给;到2050年,全面实现全口径木材供应自给自足,并具备1年左右的战略储备。

(2)着力提高森林经营水平。欧洲部分发达国家,如德国、奥地利的林业发展实践表明,通过森林近自然经营,完全可以做到"越采越多、越采越好",目前这两个国家的林分平均蓄积达300立方米/公顷以上,是中国的3倍多。在北美,因为采用生态系统经营,美国用只占全球8%的阔叶林成为全球最大的阔叶原木出口。根据联合国粮农组织森林资源评估报告,全球约50%的森林立木蓄积增长源于美国,美国森林每年增加6亿立方米以上,超过俄罗斯(1.25亿立方米)和中国(2.34亿立方米)每年增加的总和。

欧美发达国家先进的森林经营理念值得学习和借鉴。应充分借鉴这些已有的森林经营理论,在全国有计划地开展森林经营试验示范,走出一条适合中国国情的成功之路。

(3)加强国家储备林基地建设。近年来,国家林业和草原局编制了国家储备林建设规划,到2035年拟建成2 000万公顷国家储备林。因此应在现有基础上,根据规划不断巩固提高国家储备林基地建设;如果可能,应进一步加大基地建设规模,并加大投入,全面提升经营管理水平。

(4)集体林规模化、集约化经营。集体林权制度改革,使我国4亿多林农获得了1.8亿公顷集体林地的使用权和经营权,但是集体林权改革决不能就此画上句号。要充分发挥集体林地的生产潜力,必须打破一家一户的小作坊式经营,按照现代社会化大生产的要求,通过学习借鉴北欧建立小林主协会的做法,在确保林农利益不被损害的前提下,逐步实现规模化、集约化经营,才能实现林产品供给能力的根本性改变。

（5）对国有林全面提质增效。我国国有林地面积 1.24 亿公顷,分布于国家投资建立的专门从事林业生产的 4 800 多个国有林场和东北五大森工集团。国有林占用全国约 40% 的林地面积,却只有 23.4 亿立方米的森林蓄积,占全国森林蓄积量的比例约 17%,通过实施科学经营,制定切实有效的森林经营方案,其提质增效的潜力十分巨大。

（6）不断加大林业投资力度。林业是投资价值大、综合效益高的投资领域之一。从新中国成立到 2019 年的 70 年间,我国林业投入 4.5 万亿元,已经创造了 20 万亿元以上的资源价值、64 万亿元的林业产值和每年 12.7 万亿元的生态价值。但当前的林业投资与我国巨大的木材需求相比,远不能满足客观需求。特别是对林业科教的投入还不能完全适应当前林业管理、科研、生产的实际需求。对速生丰产树种选育、木材节约代用和循环利用的深入系统研究,可以大幅缓解我国木材供给压力。

（7）鼓励开发境外森林资源。结合"一带一路"倡议,可以在适合林木生长、土地资源丰富的国家,特别是周边国家,以国有企业为龙头,发挥各类企业的市场主体作用,有计划、有针对性地开展海外森林资源培育和开发。同时,加大对"走出去"企业的金融、财税和科技支持力度;通过发布相关国家林业政策和技术指南,不断提高对森林资源培育和开发企业"走出去"的指导。

 **思考题**

1. 何为粮食安全?如何理解粮食安全的重要作用和地位?

2. 保障粮食安全的途径和方法有哪些?

3. 结合实际谈谈我国能源安全的现状和所面临的困难,以及确保能源安全的途径。

4. 我国水资源的现状和问题有哪些?维护水资源安全在国家经济安全体系中具有怎样的作用和意义?

# 第六章　其他重要领域安全

开放型经济条件下,各国间的经济交往日益紧密,利益相互交织,错综复杂,由此国家经济安全的内涵与外延进一步拓展。产业链供应链安全、国际贸易安全、海外利益安全,以及以半导体产业为代表的支柱产业安全,正成为中国国家经济安全体系不可或缺的有机组成部分。本章探讨产业链供应链安全、国际贸易安全和海外利益安全,以及半导体产业安全,以勾勒出国家经济安全的完整体系。

## 第一节　产业链供应链安全

习近平强调:"必须坚定不移走自主创新道路,坚定信心、埋头苦干,突破关键核心技术,努力在关键领域实现自主可控,保障产业链供应链安全,增强我国科技对国际风险挑战的能力。"[①]《中共中央关于制定国民经济和社会发展第十四个五年规划和二〇三五年远景目标的建议》把安全问题摆在非常突出的位置,提出在宏观经济方面要防止大起大落,资本市场上要防止外资大进大出,粮食、能源、重要资源上要确保供给安全,要确保产业链供应链稳定安全。可见,产业链供应链安全是我国战略性重大问题。

产业链供应链安全是产业安全的基础,是国家经济安全的重要组成部分,维护产业链供应链安全的核心在于增强产业链供应链的高水平自立自强,统筹推进补短板和锻长板,不断提高产业链供应链的自主可控能力、创新能力、竞争能力和抗风险能力,确保国家经济和产业利益不受威胁和伤害。

### 一、产业链供应链安全的内涵、重要性与研究意义

#### (一)产业链与供应链的内涵

产业链是产业经济学的一个概念,指各个产业部门之间基于一定的技术经济关联,并依据特

---

[①] 《习近平在中央政治局第二十四次集体学习时强调:深刻认识推进量子科技发展重大意义　加强量子科技发展战略谋划和系统布局》,《人民日报》2020 年 10 月 18 日。

定的逻辑关系和时空布局关系客观形成的链条式关联关系形态。产业链一般包含价值链、企业链、供需链和空间链四个维度,这四个维度在相互对接的均衡过程中形成了产业链,这种"对接机制"是产业链形成的内在模式,它像一只"无形之手"调控着产业链的形成。① 产业链的实质是不同产业的企业之间关联,而产业关联的实质则是各产业中企业之间供给与需求的关系。

供应链是管理学中的一个概念,是指商品到达消费者手中之前各相关者的连接或业务的衔接,是围绕核心企业,通过对信息流、物流、资金流的控制,从采购原材料开始,制成中间产品以及最终产品,最后由销售网络把产品送到消费者手中,是将供应商、制造商、分销商、零售商,直到最终用户连成一个整体的功能型网链结构。②

产业链供应链安全,指特定行为体自主产业链供应链中的生存与发展不受威胁的状态。这里的特定行为体,既包含国家,也包含非国家行为体,如区域性经济组织(欧盟、东盟等)、独立行政区(省、市、区等)、跨国企业集团等。主权国家的产业链供应链安全,是指主权国家经济社会发展中的关键领域和核心产业的产业链供应链在整体上自主可控、安全高效,整个产业链供应链处于无危险、无内外威胁的状态,具有保障持续安全状态的能力。

### (二) 产业链供应链安全的重要性

**1. 产业链供应链安全是国家长远发展的战略考虑**

产业链供应链关键环节的任何问题都会影响国家安全、企业发展和社会稳定。在百年未有之大变局的时代背景下,主要经济体纷纷出台政策措施加强对产业链供应链的"国家干预",保障产业链供应链安全成为关系国家长远发展的战略考虑。近年来,党中央高度重视产业链供应链安全,党的十九届六中全会审议通过的《中共中央关于党的百年奋斗重大成就和历史经验的决议》把保障产业链供应链安全作为党在经济建设上的重要内容和重大经验。因此,必须持之以恒抓好抓实,着力打造自主可控、安全可靠的产业链供应链,保障我国产业安全和国家安全。

**2. 产业链供应链安全是构建新发展格局的重要内容**

产业链供应链安全稳定是大国经济循环畅通的关键,是重塑国际合作和竞争新优势的战略选择,也是构建新发展格局、促进国内国际双循环相互促进的重要保障和内容。产业链上下游各环节环环相扣,供应链前后端供给需求关系紧密、关联耦合,生产和供给是经济循环的起点,其稳定性如果出了问题,整个产业链供应链就会受到影响,正常稳定的生产和供给就难以得到保障,经济循环也难以顺畅运转。在当今全球产业链供应链竞争日趋激烈的背景下,必须立足强大的国内市场,加快提升产业链供应链现代化水平,提高我国产业核心竞争力,保障产业链供应链稳定和安全,加快构建国内大循环为主体、国内国际双循环相互促进的新发展格局,推动实现更高质量、更有效率、更加公平、更可持续、更为安全的发展。

**3. 产业链供应链安全是国民经济稳定运行的关键举措**

国民经济长期稳定运行面临国内、国际的多种风险,产业链供应链安全稳定发展既要避

---

① 吴金明、邵昶:《产业链形成机制研究——"4+4+4"模型》,《中国工业经济》2006年第4期,第36—43页。

② 马士华、林勇:《供应链管理》(第2版),机械工业出版社2005年版,第37页。

免中长期风险,又要防止短期风险。"保产业链供应链稳定"是我国"六保"的重要内容,就是考虑到制造业生产网络环环相扣,少数关键零部件的缺失或将导致特定产业链的停摆。通过强化对重点产业链供应链运行的监测,建立完善产业链供应链苗头性问题预警机制,加强问题分析研判,积极应对突发情况,及时处置潜在风险,有助于工业经济平稳健康运行。

### 4. 产业链供应链安全是产业安全的基础保障

在开放合作、共同发展的时代,产业发展与安全是国家经济发展与安全的基础,也是国家发展与安全的重要基石。若没有产业链供应链自主可控,产业安全就没有基础保障,产业自主可控和产业竞争力也就无从谈起。因此,国家间经济博弈、产业竞争,更为突出地表现在对关键领域产业链供应链的控制力、效率与效益的比较优势竞争。一个国家在某一产业具有强大的产业基础,掌握产业核心科技和关键生产要素,拥有可影响、支配国内国际市场的跨国企业和市场认可的优质品牌,就可以借助技术和资本要素,主导区域、全球该产业链与供应链的构建,占据价值链高地,形成强大的产业生态体系和产业竞争优势,进而影响全球和他国的产业发展与安全。因此,大国经济,特别是产业竞争,更为直接的表现是产业链与供应链的竞争。

### (三) 研究产业链供应链安全的重要意义

#### 1. 有利于完善总体国家安全观理论体系

总体国家安全观是我国国家安全理论的最新成果。研究产业链供应链安全是产业经济学理论发展的需要,是产业安全理论研究工作的创新,是对国家经济安全理论的重要补充和完善。产业链供应链安全是在运用产业结构理论、产业布局理论、产业组织理论和产业政策及供应链相关理论基础上,以供应链的思维研究产业链安全、以产业视角研究供应链安全,与总体国家安全观中经济安全、科技安全、网络安全、生态安全、资源安全等多个安全领域息息相关。产业链供应链安全的理论突破与创新,是对总体国家安全观理论体系的重要支撑。

#### 2. 有利于加快建设自主可控的产业链供应链体系

建立自主可控的产业链供应链体系是我国重大战略部署。研究产业链供应链安全的主要目的,是确保我国战略性产业的关键原材料、关键装备、关键技术的全球稳定供应和自主创新,巩固我国优势产业领域的产业链供应链完整。因此,应以总体国家安全观为指引,研究构建我国产业链供应链安全治理体系,形成具有更强创新力、更高附加值、更安全可靠的产业链供应链,以关系我国国计民生和国家经济命脉的核心领域、支柱产业的产业链供应链的自主可控能力为研究重点,主动适应我国经济迈入高质量发展新阶段的客观要求,有效应对后疫情时代全球产业链重构和大国竞争博弈新形势,重塑我国经济发展与经济安全新优势。

#### 3. 有利于增强我国产业链供应链国际竞争力

提升我国产业链供应链国际竞争力是面对新时代国际竞争形势的重要举措。我国通过改革开放,加入全球产业分工,主动融入全球产业链供应链体系,取得了经济社会的快速发展,我国产业链供应链的国际竞争能力不断增强。但是,近年来国际形势复杂多变,多边贸易体制徘徊不前,投资保护主义升温,经贸摩擦政治化倾向抬头。尤其是新冠肺炎疫情蔓延,对全球产业链供应链和全球经济贸易造成了严重打击。因此,更应加强我国产业链供应链安全的研究,破解制约我国产业链供应链安全的难题,平衡发展与安全,增强产业链供应链全球大分工下的话语权,提升产业链供应链国际竞争力。

## 二、我国产业链供应链安全的现状

### (一)发展现状

2001 年加入世界贸易组织后,我国顺应经济全球化的潮流,主动加入国际产业分工体系,发挥我国产业体系完备的独特优势,在众多领域内逐步形成了配套齐全、链条完整的产业链供应链,在增进人民福祉、提升经济实力方面发挥了重要作用。目前,我国产业链供应链呈现以下三个特点:

1. 产业体系齐全

我国已形成全球最完整的工业体系和上中下游产业链供应链,是世界上唯一拥有联合国产业分类目录中所有工业门类的国家。无论是以纺织服装为代表的传统制造业,还是以光伏、风电为代表的新能源装备产业,以钢铁、稀土为代表的原材料工业,我国都已具备了全产业链供应链的优势和很强的国际竞争力。完整强大的工业体系,已成为我国产业竞争力的重要来源,也是有效应对重大突发事件的重要产业应急能力基础。

2. 技术持续突破

近年来,我国在量子科学、铁基超导、暗物质粒子探测卫星、CiPS 干细胞等基础研究领域取得重大突破,在高铁、卫星导航、新能源汽车、三代核电、国产大飞机、盾构机等关键领域也攻克了一批"硬"技术、"硬"装备。快速补齐了一批重大短板,锻造成型了一批关键长板,在一定程度上降低了我国关键产业被"卡脖子"的风险,也夯实了重塑产业国际竞争力的新优势基础。

3. 地位整体跃升

我国目前在亚洲区域产业分工网络中的核心地位已牢固确立,并呈现出向全球价值链中高端攀升的良好态势。电子政务、数字娱乐、在线办公、在线学习、在线医疗等新业态、新模式加速发展,我国数字经济领域正逐步显现出"并跑"甚至"领跑"之势,有望在数字经济时代中实现"换道超车"。[①]

### (二)主要问题

1. 基础不稳

近些年来,我国的低劳动力成本、低土地成本的优势日益消减,东南沿海等地部分企业为规避关税成本上升、环保压力、市场开拓限制、技术封锁等风险因素影响,已将一些传统制

---

① 马建堂:《保障产业链安全,为构建新发展格局提供支撑》,《中国发展观察》2021 年第 1 期,第 5—6 页。

造业和低技术附加值的加工组装等行业向国外尤其是东南亚地区转移布局,使得我国一些劳动密集型制造业的产业链供应链的规模和完整性受到影响,传统产业比较优势面临挑战。此外,我国制造业在融入全球产业链供应链的进程中,虽然形成了相对完整的产业链供应链体系,但部分出口型产业链供应链的控制权由外资掌控。

### 2. 能力不强

我国对制造业产业链供应链的整体控制能力还不够强大,产品附加值偏低,总体上处于全球价值链的中低端位置。产业链供应链顺畅运行还存在不少梗阻制约,主要表现在:一是部分产业的基础能力薄弱,一些基础装备、基础零部件、基础技术、工业软件、关键材料等还要依赖进口,短期难以实现技术替代;二是产业链供应链缺乏协同创新能力,人工智能、大数据等产业链上下游的协同效应尚未形成,人工智能应用企业与下游数据资源供应商之间沟通不畅、信息不统一;三是金融对产业链供应链畅通运行的支持不足,部分企业资金链面临较大的流动性风险;四是国内产业的梯度转移循环不畅,产业对内转移慢。

### 3. 风险突出

我国部分重要资源、关键零部件和核心技术受制于人。从生产要素的供应链看,我国主要供应的是少量中高端的技术及劳动力,充足的中端和低端技术及劳动力。燃料、矿石、农产品等基础原材料需大量进口,汽车设计、机械设计、航空器设计等领域使用的工业软件、设计软件,光刻机、高端芯片、网络测试仪、触觉传感器等高端生产设备、高性能检测设备和关键核心零部件基本依赖进口。发达国家一旦断供,将直接影响我国相关产业链供应链安全。近年来,美国陆续采取举措限制人工智能、集成电路等领域软件和技术与我国的合作,使得我国在集成电路、无人机、自动驾驶汽车等新兴战略领域受到较大冲击。此外,海外疫情蔓延导致我国部分新兴产业供应链出现断点,一些关键设备和关键材料面临较大供给缺口。

## 三、我国产业链供应链安全面临的机遇和挑战

### (一)重大机遇

#### 1. 国际化机遇

尽管部分国家,特别是欧美发达国家近年来在一定程度上出现了"逆全球化"趋势,但由于各国资源禀赋不同,产业全球大分工不可改变。面对新时代国际情势,我国依然拥有显著的国际化机遇。除 WTO 推进了经济全球化,区域间的高水平贸易协定更是进一步加强了世界各国与我国的产业合作。2022 年初,全球涉及人口最多、经贸规模最大、最具发展潜力的自贸协定《区域全面经济伙伴关系协定》(RCEP 协定)在多个成员生效。该协定所涉及的货物贸易、服务投资、规则等各个领域的开放水平均显著高于我国在 WTO 中承诺的开放水平。作为我国与东盟国家、东亚国家及太平洋地区国家的贸易纽带,该协定使我国在农业、制造业、商贸流通业与成员国的贸易关系更加紧密,有助于细化产业分工,构建供应链联盟,共同

应对产业链供应链安全问题。

### 2. 数字化机遇

随着 5G、物联网、云计算、人工智能、区块链等新一代信息技术取得突飞猛进的进步和应用,数字化将成为未来全球经济转型的一个方向,数字技术将推动制造业逐步向智能化、分布式方向发展,其在迎合了风险分散需求的同时,也使整个产业链供应链变短变平,增强了本土化、区域化趋势,弱化全球化趋势,加速全球产业链供应链的重构。此外,数字技术也将加剧生产要素比较优势逻辑的变化,技术替代劳动力的可能性进一步上升,而超低利率和负利率的货币环境也将大幅降低企业资本和融资成本,未来产业链供应链资本化程度将不断提高。谁抓住数字化机遇,在竞争中领先,谁就能掌握产品创新和生产流程的主动权,从而引领产业链供应链的结构和空间布局的方向。我国正在努力推进新技术革命和信息化进程,推动数字经济和实体经济的深度融合,如果能够在更大范围内抢占先机,将会极大地提高创新能力和生产效率,提升产业链供应链竞争力。

### (二)主要挑战

#### 1. 高科技打压

当今世界正经历百年未有之大变局,从国际博弈的大局看,中美冲突没有因为政府的更迭而改变遏制我国发展的战略。全球产业链供应链中绝大多数高精尖技术和关键产业的零部件供给由美国控制,这就为其通过出口管制等措施,阻止高技术产品对我国出口、定点制裁我国高科技企业,动摇我国产业链供应链安全根基提供了条件。目前被美国制裁限制的我国高科技企业和机构已超过 300 家,加之我国不少重要产业"缺芯""少核""弱基"的状况尚未根本改变,维护产业链供应链安全依然任重道远。

#### 2. 脱钩威胁

由美国引发的贸易保护主义的兴起,正在改变全球产业链分工的逻辑和形态,防止关键产业链供应链出现"去中国化",我国必须高度警惕。疫情促使很多国家把医药、医疗器械等涉及公共安全关键领域的产业链供应链的本土化视作核心利益,并通过立法、补贴等多种方式推动关键产业链回流,甚至对于汽车、机械装备等公共属性较弱的产业链,一些国家也在鼓励本国企业开展分散化布局,提出所谓的供应链"中国+1""去中国化"战略。从长期看,全球产业链分工逻辑将从成本至上、效率优先转向成本、市场、技术可获得性及国家安全并重,产业链供应链区域化、周边化、国别化调整的可能性明显上升。不同国家、产业、群体走向分化,单边主义、保护主义、民粹主义仍将作祟,产业链供应链"区域化+本地化"特征将更趋明显。

## 四、提升产业链供应链韧性与安全水平的途径

当前国际环境复杂严峻,新冠肺炎疫情仍在蔓延,对全球的生产贸易活动造成严重冲击,全球产业链供应链加速重构,而我国部分行业的产业链供应链的高效运转面临一定压力。针对上述问题,不断提升我国产业链供应链韧性和安全水平,需持续推进以下五个方面的工作。

一是锻长板补短板。一方面,立足我国产业规模优势、配套优势和部分领域先发优势,加快实施制造业核心竞争力提升五年行动计划,在改造提升传统产业、培育发展新兴产业中打造一批优势长板产业,提升重点领域全产业链竞争优势。另一方面,聚焦国计民生、战略安全等关键领域,紧盯"卡脖子"薄弱环节,按照"揭榜挂帅""赛马"等机制,一体推进短板攻关、迭代应用和生态培育,坚决打赢关键核心技术攻坚战。实施产业基础再造工程,突破重点基础领域短板弱项。

二是稳定工业生产。严格落实疫情防控"九不准"要求,全力杜绝随意关停产业链重点企业和涉及民生保供的重点企业,坚决避免疫情防控的简单化、一刀切和层层加码等问题,努力确保工业园区有序运转、企业能够正常生产经营。持续抓好物流保通保畅,着力做好能源、原材料安全保供,确保重要产业链供应链畅通运转。

三是优化产业布局。坚持"全国一盘棋",推动产业链供应链布局调整优化,提高全产业链运行效率。强化重大生产力统筹布局,加强规划引领和政策指导,避免盲目投资、重复建设。深入实施国家战略性新兴产业集群发展工程,构建产业集群梯次发展体系,培育一批各具特色、优势互补、结构合理的战略性新兴产业增长引擎。

四是深化开放合作。促进外贸产业链供应链畅通运转,支持跨境电商、海外仓等发展。提高利用外资质量,鼓励外资加大高端制造、高技术等领域投资,支持外资研发中心创新发展。务实推动国际合作,高质量共建"一带一路",推动 RCEP(区域全面经济伙伴关系协定)高质量实施,用好各类多边机制,构建互利共赢的产业链供应链国际合作体系。持续打造市场化、法治化、国际化的营商环境,更大程度激发市场活力和社会创造力。

五是强化风险防范。着力推动已经出台的稳增长政策真正落地见效,特别是加大对中小微企业的纾困解难,进一步释放政策效应。加强产供储销体系建设,强化市场监管,持续抓好大宗商品、原材料保供稳价。完善产业链供应链风险监测体系,提升风险及时识别发现、精准有效处置能力,进一步压紧压实各方责任,力争做到风险早发现、早报告、早研判、早处置,切实保障重要产业链供应链安全稳定运行。

# 第二节　国际贸易安全

贸易安全是国家经济安全的重要组成部分,也是总体国家安全观的重要方面。在经济全球化的背景下的今天,各国之间"相通则共进,相闭则各退"的国际贸易发展的历史潮流和规律也同样不可撼动。当今世界,开放融合是大势所趋,各国经济社会发展联系日益密切,全球治理体系和国际秩序变革加速推进。同时,世界经济深刻调整,保护主义、单边主义抬头,经济全球化遭遇波折,多边主义和自由贸易体制受到冲击,不稳定不确定因素依然很多,风险挑战加剧。高筑壁垒、以邻为壑,单边主义和保护主义已经成为国际贸易的重大威胁。恰是在这样的历史节点,习近平坚定地向世界宣布:"中国推动更高水平开放的脚步不会停滞!中国推动建设开放型世界经济的脚步不会停滞!中国推动构建人类命运共同体的脚步不会停滞!"①改革开放以来的经济发展实践也不断证明,中国坚持打开国门搞建设,实现了从封闭半封闭到全方位开放的伟大历史转折。中国向世界敞开怀抱,拥抱新的发展机遇,奋起直追、迎头赶上,成为世界第二大经济体。中国不断扩大对外开放,不仅发展了自己,也造福了世界。改革、开放、锐意进取已然成为当代中国的鲜明标志。为此我们有必要深刻理解国际贸易安全的外延与内涵,以便于我们在同世界各国发展国际贸易的过程中,更好地维护自身安全与利益,更好地维护和推动人类命运共同体。

## 一、国际贸易安全的内涵

国际贸易安全的内容基本上可以分为两个方面:贸易活动内部因素的安全和贸易环境的安全。目前关于国际贸易安全尚无统一定义,其影响因素也多种多样,且安全与否也是相对的。因此理论界没有一个确切的有关国际贸易安全的定义。通常在考察这个问题的时候,会从贸易风险入手,分析贸易风险因素、发生机理以及规避贸易风险的手段与方法。

## 二、国际贸易安全的影响因素

从贸易活动内部因素考虑,国际贸易安全包括贸易方式、贸易对象和贸易流程等方面的安全。例如信息传递安全、货物运输安全、货款结算安全、通关和操作规范等。

### (一)贸易中的支付与结算安全

从经济角度而言,外贸型企业在出口业务中存在的最大的风险就是收汇风险。出口收汇风险是指一国出口本国产品后,未能按合同金额收取相应的货币,其中包括本币和外币,从而导致对外债权流失的可能性。从法律的角度讲,该风险的发生主要是由于在相关出口合同履行过程中,由于合同本身约定不利或是履行过程中操作不当所引发,并导致商品出口后无法按照预先的设想或约定收回预期的货款。出口收汇风险可分为一般风险和特殊风险。一般风险包括市场风险、信用风险、操作风险、环境风险和政策风险等。而特殊风险一般主要是指出口逃汇。这里主要对一般风险加以介绍。

1. 市场风险

市场风险是指由于国际市场上商品价格的变动,使出口企业无法收汇或无法全额收汇。以近期国际原材料价格上涨为例,受国际大宗商品价格持续上行影响,2021 年 3 月工业企业主要原材料购进价格指数为 66.7%,连续 4 个月高于 60.0%。从行业情况看,石油、煤炭及其他燃料加工,黑色金属冶炼及压延加工、有色金属冶炼及压延加工,电气机械器材等行业主要原材料购进价格指数均超过 70.0%,企业采购成本压力持续加大。同时,原材料购进价格上涨助推出厂价格上升,2021 年 3 月出厂价格指数高于上月 1.3 个百分点,为 58.5%,是

---

① 《习近平谈治国理政》第 3 卷,外文出版社 2020 年版,第 202 页。

近期较高水平。原材料价格上涨的原因有两个：一是货币超发。2020 年新冠肺炎疫情暴发后，各国纷纷采取量化宽松的经济刺激政策，不断加印钞票，比如从各国央行的资产负债表数据来看，仅 2020 年上半年，全球的主要经济体中除了我国为负增长外，其余国家均呈现正增长。以绝对数量来看，从 2020 年 1 月底到 6 月，美联储的资产负债表扩张了超过 3 万亿美元，因为美元是世界货币，这种印钞方式，差不多相当于让全世界 75 亿人每人都必须出血 400 美元，来救助美国企业和个人。所以各国央行的超发货币必将导致原材料价格的上涨，当然，由于超发的货币流通到市场到影响至终端需要一定的时间，所以原材料的价格从 2020 年下半年才开始上涨，而终端商品的价格到年末才开始上涨，这是价格传导的时效性所致。二是产量下降。自 2020 年新冠肺炎疫情在全球暴发以来，除了我国强有力控制，其余国家目前基本都还处于疫情的影响中，在疫情影响下，不少企业的生产都受到影响，比如汽车芯片行业，受疫情影响全球芯片供应商迎来短缺潮。预计 2021 年全球范围内的汽车芯片短缺将造成多达 450 万辆汽车产量的损失，而这已经相当于全球汽车年产量的近 5%。所以市场上产品供不应求，必将造成产品价格的上涨。在这种情况下，很多企业面临进退失据的状况。由于原材料价格上涨，企业已经发生亏损，但为了保住订单只能硬着头皮继续生产。如果原材料继续上涨，产品将不得不提价，但可能导致失去订单；而继续生产，也将导致亏损，"进退失据"。除此之外，还有一颗定时炸弹也会引起国际贸易的风险，就是一旦疫情缓解，各国收紧银根，企业现金流将更加捉襟见肘，必会变得"雪上加霜"。在这种情况下，无论是外贸企业还是其他企业，都会承担风险。此外，"涨价潮"之下，影响不限于企业端，还可能引发通胀风险，波及终端消费，产生连锁反应，会对经济和贸易产生巨大影响。因此，国际贸易中与市场有关的风险需要予以高度重视。

2. 信用风险

信用风险是指交易对象没有履行或没有完全履行结算约定而发生的收汇风险，它包括商业信用风险和银行信用风险。信用风险产生的原因有两个方面：一方面随着全球贸易量的扩大，大量中小贸易公司纷纷涌现，我国有相当一部分出口是这些公司实现的，这些企业实力不均，信用良莠不齐，欺诈案件时有发生；另一方面，我国缺乏调查客户资信的有效渠道。据有些出口企业反映，主要是通过代理行和保险公司调查客户资信状况，渠道比较单一。对发达国家客户资信调查较为可靠，对发展中国家客户进行资信调查比较困难，可信度也较低。

3. 操作风险

操作风险是指出口企业或有关银行在办理出口业务时，因操作失误而导致的出口收汇风险。例如有的企业急于出口，麻痹大意，迁就客户苛刻的要求，采用了不恰当的结算方式。有的出口企业和银行经办人员因业务不熟练，出现了货物质量、信用证项下不符点等问题。

4. 环境风险

环境风险是指在国际贸易环境发生不利于出口商的变化时，如汇率波动或自然灾害、战争等不可抗力引起的出口收汇风险。环境风险中汇率风险发生加剧的主要原因是近年来国际贸易赖以生存的金融环境有所恶化，旧的国际金融体系不能适应经济全球化的发展需要，新的国际金融体系尚未建立,巨额短期资本频繁恶意地流动,对一些国家的货币造成严重冲击,货币大幅贬值,金融危机爆发,我国出口企业因此蒙受了较大损失。

5. 政策风险

政策风险是指由于在制定和执行出口政策上的偏差而导致的出口收汇风险。如一些地方和部门片面强调出口指标,使得一些企业"重出口,轻收汇",为完成出口任务,忽视出口产品质量,甚至做违规代理业务,给出口收汇带来潜在风险。

外贸企业主要承受的是一般风险,而国家则是在承受了一般风险的基础上,还将承受特殊风险。特殊风险主要指出口逃汇。出口逃汇是指为逃避国家对出口收汇的监管,擅自在境内外截留出口应收外汇的行为。

### (二) 出口贸易中刑事、行政风险

外贸企业在出口业务中,主要应当防范的刑事犯罪风险为走私普通货物罪、骗取出口退税罪以及销售假冒注册商标罪。对于行政处罚风险,主要为涉及出口退税以及侵犯他人知识产权引起的法律风险等。为了说明上述风险,从法律的角度总结了几个风险节点,用以规避风险之用。

(1) 对于以代理货物出口业务为主的出口企业,应当防止"中间人风险"。现在有很多中间人,属于没有经营主体的个人,他们在拿到进口商订单后下单给生产商,然后再找一家代理出口企业代理出口,中间人与出口企业签订单独协议,约定手续费和代理费,出口企业分别与生产商、进口企业签订形式上的供货合同和出口合同,生产商直接向出口企业开具增值税发票,由出口企业办理退税手续。而中间人根据需要,指示出口企业支付生产商货款,出口企业再根据实约定,将扣除代理费用后的出口业务利润和退税款支付给中间人。在上述操作中,中间人是实际上的出口商和控制者,出口企业仅仅是名义上的,并且出口企业仅享有相对较小数额收益的权利,但却承担了相对大的风险。从上述操作来看,出口企业只可以从相关单据、发票上看到生产商名称、商品名称,在对于货物真实情况完全不了解的情况下,若中间人或者生产商存在代开、虚开增值税发票、购买假发票等行为,将为出口企业带来巨大的法律风险。因此,在出口企业进行出口业务,特别是代理出口业务时,应当严格遵守相关法律法规,并通过合理的控制手段控制风险。

(2) 对于出口销售的商品的知识产权应当进行了解。我国出口企业中,很大一部分都因为对于销售出口商品的知识产权状况了解不够或者因出口的商品在进口国侵犯他人知识产权而受到行政处罚或被判民事赔偿,而一旦符合特定的条件,上述风险将立即转化为刑事犯罪的风险。因此,在出口时,应当通过中国海关知识产权备案系统查询,尽可能避免出口商品因商标侵权而涉嫌制造、销售假冒注册商标商品罪。

(3) 签订的合同,应当包括知识产权授权条款以及免责条款。通过该种条款约定,可以在很大程度上让合同相对方承担知识产权违法方面的法律风险责任。

(4) 对出口业务具体办理人员及公司管理人员进行有效的、有针对性的刑事法律知识培训。

## （三）民事赔偿法律风险

出口企业在出口业务主要存在违约、知识产权侵权、货物损害财产侵权等方面的民事赔偿法律风险。以出口企业侵犯知识产权为例，不仅要承担出口国的法律风险，也同样要承担我国有关知识产权的风险。2020年12月，第十三届全国人民代表大会常务委员会第二十四次会议通过了《刑法修正案（十一）》。本次修正案第17、18、19、20、21条删除了原刑法侵犯注册商标权、侵犯著作权对应法条的拘役、管制的刑罚种类，有期徒刑的最高刑由七年上调至十年，将刑法第218条"销售侵权复制品罪"的最高刑由三年上调至五年，进一步加大对侵犯知识产权行为的惩治力度。本次刑法有关知识产权犯罪的修改与我国修改后的商标法、著作权法有效衔接，体现了我国提高知识产权保护工作法治化水平、加大对侵权行为打击力度的决心。知识产权海关保护是我国知识产权保护工作体系的一个重要环节，对优化营商环境维护我国国家形象起到非常重要的作用。

规避上述风险对于维护国际贸易秩序，促进我国企业更多走出去具有非常重要的意义，同时也是我国进一步扩大开放所必须要防范和化解的风险之一。上述风险属于国际贸易中的技术性风险，或者叫做国际贸易内部因素风险。除此之外，国际贸易外部环境风险也同样需要引起重视。

## （四）国际贸易外部环境风险

经济全球化进程加快对供应链中企业的经营发展会造成一定的风险。这种外部环境的影响是不规律的且是不可控的，所以供应链企业会受到各国政策以及市场发展形势的影响，从而增加整个供应链的经营风险，对银行提供的供应链金融服务也产生很大的风险。

2019年以来，中国外贸高质量发展的基础进一步巩固，支撑条件愈加成熟，外贸结构不断优化，内生动力持续增强，但外贸发展面临的环境更加复杂、不确定性更大、风险挑战更多。从国际看，世界经济增长势头减弱、全球市场需求趋于回落、贸易保护主义升温等加剧了外部市场的不确定性；从国内看，外贸发展面临传统优势减弱、竞争新优势尚未确立等困难。面对严峻复杂的发展环境，中国外贸实现稳中提质的发展目标还需克服更大困难、付出更多努力。

（1）世界经济增长放缓加大了国际贸易风险。世界经济和国际贸易增长趋缓。受国际贸易摩擦频发、全球金融波动加大、地缘政治风险以及新冠肺炎疫情等因素影响，世界经济面临衰退。国际贸易、投资形势趋紧。新冠肺炎疫情对贸易、服务业冲击很大，并进一步降低了全球贸易增速。仅2020年上半年世界总贸易额同期下降了14%。国际件物流严重下滑，数据显示，2020年全球航空业损失高达1 185亿美元。这给国际贸易带来巨大风险。

（2）贸易保护主义增大全球贸易发展风险。当前世界经济发展面临衰退，增长动能趋缓，各国政策向内倾斜，贸易保护主义持续升温，"逆全球化"趋势导致全球经贸摩擦加剧。作为全球第一大经济体，美国政府频繁采取强硬的贸易保护限制措施，强力推行"美国优先"

的单边主义、保护主义贸易政策。2018年7月起,美国根据301调查单方认定结果,对自华进口商品发起多轮加征关税行为。2019年5月10日,美方将对2 000亿美元中国输美商品加征的关税从10%上调至25%。升级贸易摩擦不符合中美两国人民和世界人民利益,不仅会对中国企业、也会对美国企业、美国消费者和世界经济产生影响。2019年4月,美欧之间围绕飞机补贴的贸易争端再度升级。4月8日,美国宣布将对价值约110亿美元欧盟输美产品加征关税。作为反制举措,4月17日,欧盟也公布了约200亿美元加征关税的美国商品清单。欧美新一轮贸易争端加剧了国际贸易紧张局势。贸易保护主义行为严重扰乱了全球贸易发展秩序,对国际贸易持续发展带来严峻挑战,将在各个层面深刻影响未来较长时间内的全球贸易投资发展。国际货币基金组织在《世界经济展望》报告中分析指出,关税并非影响双边贸易平衡的主要因素,大幅提高关税将对全球经济产生负面影响。

（3）国际大宗商品价格宽幅震动给国际贸易带来不确定风险。2021年以来,国际油价有所回升,不仅仅是商品期货市场价格出现大幅上涨,商品现货市场都在上调价格。国际贸易的脆弱性加大。苏伊士运河在大堵车七天中,国际大宗商品交易受到极大影响,但因各国储备量还未耗尽,因此像原油等大宗商品价格只是轻微上浮,影响并没有太大,而随着"大动脉"的再次畅通,国际原油价格将有可能出现小范围下降。

（4）突发事件对贸易的影响不容忽视。2020年,新冠肺炎疫情在全球蔓延,全球产业体系受到剧烈冲击,国际经济、金融与贸易流动一度双向中断。西方经济体潜在增长率大幅下降,部分发达国家着手重建本国制造业,号召企业回迁。全球范围内贸易保护性措施显著增加。截至2020年11月11日,有63个国家（地区）对货物贸易（除医疗物资外）采取措施,有88个国家（地区）对医疗物资贸易采取措施,有171个国家（地区）对船舶/航班/列车采取措施,有116个国家（地区）对边境口岸采取措施,有188个国家（地区）对人员入境采取措施。疫情叠加贸易保护主义 加剧了国际贸易下行压力。

## 三、强化国际贸易安全的途径

2021年1月25日,习近平在世界经济论坛"达沃斯议程"对话会上明确强调:中国将继续实施互利共赢的开放战略。经济全球化是社会生产力发展的客观要求和科技进步的必然结果,"去全球化"、搞封闭脱钩,不符合任何一方利益。中国始终支持经济全球化,坚定实施对外开放基本国策。中国将继续促进贸易和投资自由化便利化,维护全球产业链供应链顺畅稳定,推进高质量共建"一带一路"。中国将着力推动规则、规制、管理、标准等制度型开放,持续打造市场化、法治化、国际化营商环境,发挥超大市场优势和内需潜力,为各国合作提供更多机遇,为世界经济复苏和增长注入更多动力。[①]

加快构建以国内大循环为主体、国内国际双循环相互促进的新发展格局,是党中央着眼

---

① 《让多边主义的火炬照亮人类前行之路——在世界经济论坛"达沃斯议程"对话会上的特别致辞》,《人民日报》2021年1月26日。

国内外形势变化作出的重大决策部署。以国内人循环为主体，就是要充分发挥我国超大规模市场优势，扩大内需，繁荣国内经济。国内国际双循环相互促进，就是要推进更高水平对外开放，更好利用国际国内两个市场、两种资源，实现两个循环的优势互补、良性互动、相互促进。外贸连接国内国际双循环，在加快形成新发展格局中发挥重要作用。从服务国内发展大局看，外贸为国民经济稳中向好提供强劲支撑，为稳增长、保居民就业、保市场主体作出积极贡献。从开放合作看，外贸有力支持全球疫情防控和世界经济贸易复苏。未来，推动外贸高质量发展，积极融入并加快形成国内国际双循环新发展格局，重点要做好以下六方面工作。

一是加快外贸转型升级。统筹优化国际市场布局、优化国内区域布局、优化经营主体、优化商品结构、优化贸易方式等"五个优化"，加快外贸转型升级基地、贸易促进平台、国际营销体系等"三项建设"，积极扩大商品和服务进口，提高贸易发展的质量和效益，促进国内消费升级和产业升级。

二是推进贸易创新发展。培育贸易新业态新模式，加快跨境电商综合试验区和市场采购贸易方式试点建设。赋予自贸试验区更大改革自主权，支持扩大开放和创新发展，形成更多可复制可推广的制度创新成果。加快海南自由贸易港建设。推进国家级经开区提升创新发展质量。大力发展服务贸易，不断深化服务贸易创新发展试点，促进国内服务业强优势、补短板。

三是促进高质量出口产品在本土的消费。在"双循环"背景下，在鼓励企业拓展国际市场的同时，充分发挥我国国内超大规模市场优势，多措并举支持适销对路的出口产品开拓国内市场，使国内市场和国际市场更好联通的同时，加强国内市场的开发与利用。

四是高质量共建"一带一路"。搭建开放平台，帮助企业开展贸易投资合作，开拓双向市场。畅通贸易通道，推进中欧班列、陆海新通道等建设，挖掘贸易潜力。抓好项目建设，增强投资对贸易的带动作用。完善合作机制，商建更多贸易畅通工作组、投资合作工作组，解决企业困难和诉求。

五是继续提升贸易便利化水平。推进完善全球经济治理，坚定维护多边贸易体制，反对单边主义、保护主义，积极参与世贸组织改革。构建面向全球的高标准自贸区网络。加强与各国经贸合作，深化互利共赢，共同维护全球产业链供应链稳定。

六是大力推进数字贸易、服务贸易发展。要顺应数字化、网络化、智能化发展趋势，致力于消除"数字鸿沟"，助推服务贸易数字化进程。努力拓展特色服务出口基地，发展服务贸易新业态新模式。同时，加强宏观政策协调，加快数字领域国际合作，加大知识产权保护，积极促进数字经济、共享经济等蓬勃发展，推动世界经济不断焕发生机活力。随着服务贸易在国际贸易中比重不断加大，加强服务贸易发展对接，创新合作方式，深化合作领域，积极寻求发展利益最大公约数，不断拓展服务贸易规模。充分利用中国国际服务贸易交易会、中国国际进口博览会等各类平台，推动开展政策和经验交流，建立和培育政府间、国际组织、商协会及企业间多样化伙伴关系，支持组建全球服务贸易联盟，不断形成更多务实合作成果，使各国人民共同享有服务贸易增长成果。

## 第三节　海外利益安全

海外利益安全是新时期我国发展和安全利益的重要组成部分,是国家利益在海外的延伸,也是国家利益的一个重要组成部分。随着国家实力不断增强以及与世界联系日益紧密,我国人员、企业和机构大规模"走出去",海外利益的广度和深度不断拓展。当今世界面临百年未有之大变局,尤其是国际安全环境发生复杂深刻变化,各种传统和非传统安全问题突出,我国海外利益面临的安全风险增加,部分地区局势动荡、国际恐怖主义多发、重大自然灾害和传染病疫情频发等,使海外利益安全受到一定程度的威胁。面对种种可以预见和难以预见的安全风险和挑战,维护海外利益安全依然任重道远。正如习近平 2019 年在省部级主要领导干部坚持底线思维着力防范化解重大风险专题研讨班开班式上发表重要讲话所指出的:"我们要统筹国内国际两个大局、发展安全两件大事,既聚焦重点、又统揽全局,有效防范各类风险连锁联动。要加强海外利益保护,确保海外重大项目和人员机构安全。要完善共建'一带一路'安全保障体系,坚决维护主权、安全、发展利益,为我国改革发展稳定营造良好外部环境。"[1]

### 一、海外利益的内涵

海外利益安全尚未有明确的定义,但公认的海外利益安全应该包含四个要素:一是海外利益与国家利益的关系,二是海外利益的主要承载主体,三是海外利益的主要内容,四是海外利益是否需要建立在合法性基础之上。中国海外利益就是在中国领土之外的国家利益,包括海外政治利益、海外经济利益与海外文化利益,以及为维护这些利益而相伴的海外安全利益。中国海外利益是指在有效的中国主权管辖范围之外地域存在的中国利益。包括狭义中国海外利益和广义中国海外利益。狭义中国海外利益为中国机构和公民在海外的财产、生命和活动的安全。广义中国海外利益是指在狭义中国海外利益基础上,还包括在境外所有与中国政府、法人和公民发生利益关系的有效协议与合约,在境外所有中国民间和官方所应公平获得的名誉、尊严和形象。[2]

### 二、中国海外利益的现状

改革开放以来,中国经济高速增长,综合国力不断增强,自 2010 年开始中国成为世界第

---

① 《习近平谈治国理政》第 3 卷．外文出版社 2020 年版,第 222 页。

② 陈伟恕:《中国海外利益研究的总体视野——一种以实践为主的研究纲要》,《国际观察》2009 年第 2 期,第 8-13 页。

二大经济体,仅次于美国。2020年中国GDP超过100万亿元,人均GDP达到一万美元以上。随着经济增长和实力的增强,中国海外利益的规模不断增长,分布地区范围不断扩大,国际影响力不断提升。包括中国驻外机构、境外市场、境外资产、境外企业、境外中国公民侨民和海上战略通道等海外利益安全已经成为我国政府必须要重视的非传统安全之一。

## (一) 中国驻外机构现状

数据显示,截至2019年,中国在全球拥有的驻外机构276个,与180个国家(或地区)建立外交关系,在173个国家(或地区)设立驻外大使馆,在50个国家(或地区)设立驻外总领馆99个,2017—2019年中国增设了5个外交机构,排名迅速登上榜首。中国在联合国、欧盟、东盟等国际组织常驻代表团、使团、代表处11个;商务部在亚洲、非洲、美洲、欧洲、大洋洲以及国际组织中设立225个驻外经商机构。驻外文化和旅游部在47个国家(或地区)设立60个旅游办事处(中国文化中心);国家汉办在全世界超过150个国家(地区)设立了500多所孔子学院和1 000余所孔子课堂。外交影响力当然不单单是由某个国家的驻外机构的数量决定的,但外交基础设施是衡量某个国家的外交实力及其为这一实力投入资源的重要指标。而外交实力直接关系到一国海外利益安全及维护海外利益的能力。

## (二) 中国境外资产状况与企业状况

《2020年度中国对外直接投资统计公报》数据显示:截至2020年底,中国2.8万家境内投资者在国(境)外共设立对外直接投资企业(以下简称"境外企业")4.5万家,分布在全球189个国家(地区),年末境外企业资产总额7.9万亿美元,对外直接投资累计净额达25 806.6亿美元。联合国贸发会议(UNCTAD)《2021世界投资报告》显示,2020年,全球对外直接投资流量0.74万亿美元,年末存量39.25万亿美元。以此为基数计算,2020年中国对外直接投资分别占全球当年流量、存量的20.2%和6.6%,流量位列按全球国家(地区)排名的第1位,存量列第3位。截至2020年末,中国国有商业银行共在美国、日本、英国等51个国家(地区)开设105家分行、62家附属机构,员工总人数达5.2万人,其中,雇用外方员工4.9万人,占94.2%。2020年末,中国共在境外设立保险机构18家。2020年,对外非金融类直接投资流量1 340.5亿美元,境外企业资产总额5万亿美元。数家庞大而活跃的对外投资构成中国海外利益的重要组成部分,如何保障投资收益、维护投资安全不仅关系投资企业的切身利益,也是国家利益的体现。

## (三) 境外中国公民与侨民

随着改革开放的深入实施,越来越多的中国公民走出国门,出境目的多种多样,包括旅游、经商、工作、留学、探亲、访友等。如图6-1,以出境旅游为例,2014年,中国公民出境旅游首次突破1亿人次,2015年,中国公民旅游目的地已经扩大到151个国家(地区),2018年,中国公民出境旅游达到1.48亿人次,2019年达到1.55亿人次。

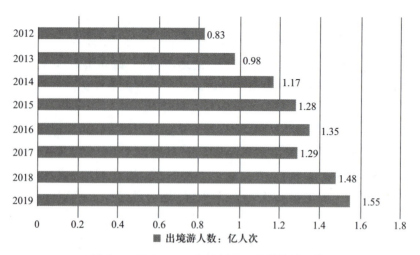

图 6-1    2012—2019 年中国公民出境旅游人数

在出国留学方面,教育部公布的数据显示:2019 年度我国出国留学人员总数为 70.35 万人,较上一年度增加 4.14 万人,增长 6.25%;各类留学回国人员总数为 58.03 万人,较上一年度增加 6.09 万人,增长 11.73%。1978 年至 2019 年度,各类出国留学人员累计达 656.06 万人,其中 165.62 万人正在国外进行相关阶段的学习或研究;490.44 万人已完成学业,其中 423.17 万人在完成学业后选择回国发展,占已完成学业群体的 86.28%。2019 年中国对外劳务合作派出 48.75 万人,在外总人数达 99.2 万人。海外侨胞方面,中国在全球近 200 个国家(地区)拥有超过 6 000 万名海外侨胞。

### (四) 海上战略通道安全

我国自古非常重视海洋权益保护。党的十八大明确提出要坚决维护国家海洋权益,建设海洋强国。建设海洋强国成为我们经济发展中的重要目标之一。海上战略通道是联结陆地或大洋的捷径,是国际海洋运输的必经之道,是国际经济往来的"主动脉"。具体说它是国家用于贸易运输且对其生存发展具有高度制约及影响的海峡、峡湾、航道或运河,既是海上交通的走廊和枢纽,也是进攻的天堑,防守的依托,伏击的支撑,遏制和封锁的咽喉要地,其安全与否,直接关乎国家海洋利益,牵动国际战略格局。特别是随着我国海外利益的进一步拓展,海上通道安全面临的风险明显增多,威胁日趋多元,高度关注海上战略通道安全,采取有效的防范措施,对于确保国家海上运输畅通具有重要的现实意义。全球 8 大海峡群中,有 16 条最为重要的咽喉航道,其中大西洋有 7 条,包括:加勒比海和北美的航道、佛罗里达海峡、斯卡格拉克海峡、卡特加特海峡、好望角航线、巴拿马运河、格陵兰—冰岛—联合王国航道;地中海有 2 条,即直布罗陀海峡和苏伊士运河;印度洋有 2 条,即霍尔木兹海峡和曼德海峡;亚洲有 5 条,其中 3 条在东南亚,1 条在东北亚,1 条在太平洋东北海域,分别是马六甲海峡、巽他海峡、望加锡海峡、朝鲜海峡和太平洋上通过阿拉斯加湾的北航线。

### 三、中国海外利益面临的风险

伴随着中国经济的快速发展,我国的海外利益也发生着深刻变化,其涉及范围之广、影响程度之深,以及其复杂性、多样性决定了我国海外利益面临的风险在不断增大、增多。尤其是在中美两个大国之间的竞争越来越激烈的背景之下,我国海外利益风险面临更大挑战。

#### (一)经济风险

世界各国经济体制各不相同,经济发展程度也参差不齐,经济治理能力更是千差万别,由此造成的经济发展不均衡、贫富差距过大、人民生活水平低下等状态不是个别现象,而是相当普遍的存在。有些国家因经济动荡导致汇率、利率等经常起伏不定,还有些国家外汇储备不足、外债偿还能力脆弱,甚至经济政策也朝令夕改。在不同的制度不同的法律法规之下,各国经济的运行体制是不同的,各个国家会根据自己的市场经济贸易特点,制定相应的政策法规。这使得中国企业在该类国家的利益充满不确定性,海外利益受到极为严峻的挑战。总结起来,经济风险主要体现在三个方面:一是影响环境不同,经营环境风险不同。二是经济危机的潜在风险。无论是发达国家还是发展中国家,在产业、投资、金融等方面都不是完美的,都需要与时俱进进行改革与调整,在任何国家投资其实都存在潜在经济风险,如汇率波动、产业调整等,这些风险对中国海外利益的冲击不可忽视。尤其值得注意的是,我国一些周边国家由于经济结构单一、对外依赖性较强等原因,经济稳定性较差,这使得中国在这些国家的长期投资面临较大的不确定性。中国在海外的投资因不了解当地劳工、税收等一系列国内法律问题而经常碰壁,如非法罢工已成为海外中资企业的头疼问题,如何加强投资保护,谨防投资冒进已成为维护海外利益的重要内容。三是大国经济竞争的影响。随着中国崛起和亚太地区战略地位的上升,大国在中国周边地区的经济竞争也更加激烈。例如,中泰铁路的一波三折就与日本的介入有关,中国在印尼的高铁项目面临着日本的竞争,中美在地区贸易规则上的激烈竞争此起彼伏。目前,虽然"一带一路"倡议倡导共商、共建、共享的理念,但与主要大国的共识还较少,彼此间的经济较量在未来较长时期内依然会延续,中国海外利益深受大国竞争影响也会成为常态。

#### (二)文化风险

世界各国历史、文化、习俗、宗教有很大差异,也恰恰是这些差异性构成了丰富多彩的世界。中国素来主张和而不同,在尊重他国历史文化、宗教信仰的基础上发展双边、多边关系。但是在此过程中不可避免受到文化差异化的制约与影响。如外资企业与本国企业之间的文化差异引起的不同经营理念与方式方法都会对我国海外利益构成影响。有些影响是积极的,有些影响则是带有一定风险的,会直接影响到我国海外利益。因此,文化风险应该受到重视。不同的国家民族文化对道德理念的理解不同。我们国家更体现的是一种儒家的道德理念,这是我们东方世界国家的一些道德约束准则,和西方文明社会有不同之处,那么西方的市场经济及道德理念,更受制于法律法规的制约。这样在实际的贸易活动当中,由于受到种种观念的约束,开展贸易活动就会有相应的阻力存在。我们国家在长期的贸易活动当中,由于更多的制造产业、制造产品没有融入国际市场当中,而且受到相应的法律制约,就会导致更多的法律诉讼存在,没有真正体会到法律约束下带来的道德理念的差异,这种差异性就是文化差异的一种体现。

## 四、强化中国海外利益的途径

中国海外利益的保护还处在起步阶段,需要借鉴其他国家的有益经验。大国崛起必然伴随国家海外利益的延伸和拓展,英国、西班牙、荷兰、美国在不同时期均有自身的崛起模式,相伴也建立起了相应的海外利益保障机制。英国曾经凭借强大的海上力量为其海外利益保驾护航。美国则通过法律、外交、国际机制、军事力量和非政府力量等多种方式共同维护海外利益。印度运用双边和多边国际合作、对外援助、军事手段、民主价值观等观念性力量及民间力量保护海外利益。正如罗马帝国盛衰史所实证的,兴于扩张,衰也于扩张,大国崛起过程机遇与挑战并存。当扩张到保障机制无法支撑的边界,风险的边际成本剧增,而收益骤减。此时,外部威胁与内部脆弱性的对比明显失衡,安全平衡状态被打破,安全风险事件的爆发只是时间问题。总体上,海外经济利益保护机制是由国家安全战略统领,以具体政策法规为依托,由多种形式的组织或单元落实的一张巨型网络。二战以后,以美国为主导的发达国家通过各种协议与机制在保护资本扩张、海外直接投资以及资源应用与开发等方面都收益颇丰,值得中国在"一带一路"倡议推进与海外利益保护方面吸纳创新。具体而言,建议采取以下措施,保护我国的海外利益。

第一,坚定地沿着中国特色社会主义道路前进,以习近平新时代中国特色社会主义思想为引领,提升我国国家治理能力。"构建系统完备、科学规范、运行有效的制度体系,加强系统治理、依法治理、综合治理、源头治理,把我国制度优势更好转化为国家治理效能"①。为此,一要提高系统治理能力。国家治理除了社会建设以外,还包括经济建设、政治建设、文化建设、生态文明建设。这些内容和要求,说明国家治理不能是单一的治理,而是系统的治理。二要提高依法治理能力。国家治理体系的现代化,离不开法律制度、法律体系以及法治体系的现代化。依法治理国家要求坚持依法治国、依法执政、依法行政共同推进,坚持法治国家、法治政府、法治社会一体建设,实现科学立法、严格执法、公正司法、全民守法。三要提高综合治理能力。社会的多元发展,单一的治理手段已经不能适应现代社会治理的需求。同样,治国理政是一个复杂的系统工程,单靠一种方法和手段是不能取胜的。应该多措并举,多管齐下,综合运用政治、经济、行政、法律、文化、道德和教育等手段,综合施策,才能攻坚克难。四要提高源头治理能力。在治理的具体实践中,有些时候我们是等某个环节出了问题之后

①　《中国共产党简史》编写组编著:《中国共产党简史》,人民出版社、中共党史出版社2021年版,第491页。

再去补救,采取事后处置的方式,也就是说常常是用吸取教训的方式来改进工作,而不是用借鉴和总结经验的方式来加强和改进某个方面的工作,这使得我们的治理工作出现了一定程度的被动。提高源头治理能力,其实就是把治理工作的重心从事后转向事前,使治理工作的关口前移,既牢牢防控风险之源,又解决根本问题。只有治理能力提高了,国家能力才能相应提高,国家形象才能进一步提升,维护海外利益安全也才有政治基础。2020年新冠肺炎疫情暴发,我国凭借强大的制度优势和治理能力,最先控制住疫情,并为全世界抗疫争取了大量宝贵时间。这就是制度优势、治理能力高超的具体体现。疫情期间,我们党和政府为海外华人、华侨提供了大量帮助,无一不是在保护海外利益安全方面的具体体现。经过这次"实战",中国维护海外利益安全的能力、水平、自信进一步提升。

第二,进一步推进结构改革,充分发挥我国超大规模市场优势和内需潜力,构建国内国际双循环相互促进的新发展格,提高经济发展质量,为更好保护中国海外利益安全提供坚实经济基础。2020年是新中国历史上极不平凡的一年。面对严峻复杂的国际形势、艰巨繁重的国内改革发展稳定任务特别是新冠肺炎疫情的严重冲击,以习近平同志为核心的党中央统揽全局,保持战略定力,准确判断形势,精心谋划部署,果断采取行动,付出艰苦努力,及时作出统筹疫情防控和经济社会发展的重大决策。各地区各部门坚持以习近平新时代中国特色社会主义思想为指导,全面贯彻党的十九大和十九届二中、三中、四中、五中全会精神,按照党中央、国务院决策部署,沉着冷静应对风险挑战,坚持高质量发展方向不动摇,统筹疫情防控和经济社会发展,扎实做好"六稳"工作,全面落实"六保"任务,我国经济运行逐季改善、逐步恢复常态,在全球主要经济体中唯一实现经济正增长,脱贫攻坚战取得全面胜利,决胜全面建成小康社会取得决定性成就,交出一份人民满意、世界瞩目、可以载入史册的答卷。2020年国内生产总值1 013 986亿元,比上年增长2.3%。人均国民生产总值突破一万美元。第一产业增加值77 754亿元,增长3.1%;第二产业增加值384 255亿元,增长2.5%;第三产业增加值553 977亿元,增长1.9%。第一产业增加值占国内生产总值比重为7.7%,第二产业增加值比重为37.8%,第三产业增加值比重为54.5%。年末国家外汇储备32 165亿美元,比上年末增加1 086亿美元。三大攻坚战取得决定性成就。按照每人每年2 300元(2010年不变价)的现行农村贫困标准计算,2020年551万农村贫困人口全部实现脱贫。党的十八大以来,9 899万农村贫困人口全部实现脱贫,贫困县全部摘帽,绝对贫困历史性消除。上述所有成绩是在新冠肺炎疫情巨大影响之下取得的,可以说实属不易。经济基础为我国维护海外利益安全提供了巨大的经济基础,是维护海外利益的重要保障。试想一个财政紧张、经济发展滞后的国家,即便有巨大海外利益安全保护的需求,缺乏足够的资金支持和强大的经济实力,也是难以为继的。归根结底,维护海外利益安全要有强大的经济基础作为支撑。

第三,尽快出台海外利益保护相关法律,用法律手段保护海外利益。关于运用法律手段保护本国海外利益方面,我们可以借鉴美国的做法。二战后,美国专门制定了《经济合作法》《对外援助法》等,为对外直接投资提供充分的法律支撑。同时,美国政府还加强了海外投资保证制度。最早在1948年开始实施"马歇尔计划"时,美国便率先创立了这一制度。海外投资保证制度主要用来奖励、促进和保护私人海外投资的安全。之后根据不同时期美国海外经济利益的不同发展,相关法律政策不断修正与完善。例如,美国官方颁布的《对外服务岗位的重要人士:商业代表指南》全面阐述了美国境外联络基本电话、传真、地址等的保护。美国国务院海外安全顾问委员会还颁布了《居住境外的美国人安全指南》《美国境外企业安全指南》《纵览海外安全防范》《如何保护美国海外商业信息》《美国海外商业旅行者安全指南》以及美国国务院外交安全局的相关文件等。充分的法律保障给予了直接参与海外投资的单位充分自信与坚实保障。执行机构主要包括跨国公司、非政府组织、境外企业(包括资源开采或者直接投资)以及使馆等。美国海外经济利益的载体——无论企业或者个人——与政府沟通密切,并能获得法律政策层面充分的支持与帮助。跨国公司能够跨越关税和进口壁垒与管制,降低关税并消除高运输成本,获得并利用当地原材料,赢得东道国的鼓励刺激该国经济,同时获得外国技术、设备与营销能力,并第一时间通过实践获得国外市场发展情况。

第四,完善紧急事务处理预案,扶持非政府组织作为海外利益相关方的沟通渠道。海外经济利益突发事件应急机制已形成体系。在非本国境内受到实际损害或存在实际损害的威胁时,采取各种方式,包括外交、情报部门的统一部署,及时沟通,综合应对,甚至采取武力干预、国际制裁等保护海外经济利益的一系列行动。同时,要重视非政府组织的作用,他们通常能够直接进驻国外,以赢得东道主国家共识,吸收当地的资助与支持,融入当地社会,获得有利于母国的商业情报或投资环境信息。境外企业作为进驻东道主国的直接投资者,在适应东道主国家的商业环境方面面临比其他单位更多的困难。因为有母国提供的充分信息与法律政策保障,所以能够成为直接在投资国获益并保护海外市场与能源安全的一线战士。使馆的部分职能是作为海外利益保护站,为在海外进行经贸活动的个人与团体提供最终屏障,也可以成为海外经济信息的归口。

# 第四节    支柱产业安全

支柱产业是指在国民经济体系中占有重要的战略地位,其产业规模在国民经济中占有较大份额,并起着支撑作用的产业或产业群。支柱产业本身对国民经济发展起支撑作用,同时还能引导其他产业发展。因此,支柱产业及重要战略物资等领域的产业安全,如半导体产业、高端装备制造产业、生物医药产业、新能源新材料产业、甚至包括房地产业等在内的战略与支柱产业安全同样应该被纳入总体国家安全观的理论框架中并加以认真考量。本节以半导体产业为例加以分析。

2018年,美国不仅大幅上调我国出口商品关税,还对我国高科技企业进行无理打压。其手段与当年打压日本企业及日本经济如出一辙。经过几轮制裁,我国高科技企业代表之一的华为公司,其芯片供应已经完全停滞。美国不仅限制了华为,对全球半导体产业发展造成了巨大破坏。在这种情况下,我国半导体产业如何突破困局,实现弯道超车,摆脱卡脖子的困境,不仅关乎半导体产业安全,更关乎整体经济安全。

## 一、半导体产业的介绍

半导体指常温下导电性能介于导体与绝缘体之间的材料,是电子产品的核心。半导体行业商业模式从集成化向产业链垂直化分工演变,具有下游应用广、生产技术工序复杂、产品种类多样、技术更新快、投资高、风险大等特点,并经历了两次空间上的产业转移。半导体行业经历了三个发展阶段,通常以 4~6 年为一周期,并且有加快的趋势,与宏观经济、下游应用需求以及自身产能库存等因素密切相关。

根据 IC Insights 分类,半导体按产品划分,可分为集成电路(IC)、分立器件(二极管、晶闸管、功率晶体管等)、光电器件(光传感器、图像传感器、激光发射器等)和传感器(压力传感器、温度传感器、磁场传感器等)。集成电路又分为数字电路和模拟电路。数字电路包含存储器(DRAM、Flash 等)、逻辑电路(PLDs、门阵列、显示驱动器等)、微型元件(MPU、MCU、DSP)。模拟电路包含通用模拟电路(接口、能源管理、信号转换等)和特殊应用模拟电路。

半导体产业链通常包含设计、制造、封装测试等环节,尤其是制造环节涉及溅镀、光刻、刻蚀、扩散等非常复杂工艺。另外,单晶硅片生产也涉及拉晶、切割、抛光等多种工艺才能制备出合适的单晶硅片。半导体生产过程中,首先根据下游客户的需求对产品进行设计并制造出符合要求的光罩。制造中根据光罩对单晶硅进行光刻、刻蚀等过程,制备所需要的电路。最后进入封装和测试环节,形成最终产品。

全球半导体产业发展总体上可以划分为三个时代:1960—1980 年的计算机时代,随着技术的发展,摩尔定律得到快速验证,使得计算机尺寸缩小,并能够广泛普及;1990—2010 年的移动时代,笔记本电脑、智能手机等消费电子的大面积推广,使半导体工业进入了新的移动时代;2010 年以后进入数据时代,智能化是未来产业发展的方向,除了当前消费电子等,未来人工智能(AI)、5G 移动通信、无人驾驶、物联网等行业应用的发展,将产生大量数据。据 SEMI 数据,全球数据总量将从 2017 年 1ZB 暴增至 2022 年 10ZB 以上,将人类社会推向真正的智能化世界,真正形成万物互联,这其中将半导体行业带来前所未有的新空间。

半导体产业于 20 世纪 50 年代起源于美国,之后共经历了三次大规模产业转移。第一次产业转移起始于 20 世纪 60 年代,集成电路封装业(组装)首先由美国向日本转移。第二次产业转移发生在 20 世纪 90 年代,全球范围内开始了以互联网为核心的技术革命,日本的半导体优势地位被韩国取代。90 年代后期,晶圆代工模式逐渐兴起,芯片设计与制造环节分离,以中国台湾为代表的晶圆代工厂改写了全球半导体产业制造模式。半导体行业经历两次产业转移后,目前正借助消费电子时代向中国转移。21 世纪以来,我国由于具备劳动力成本等多方面的优势,正在承接第三次大规模的半导体产业转移。

2020 年,我国三大产品线产生的累计贸易顺差超过 3.7 万亿美元。如果将国内对出口商品的需求纳入考虑,中国在全球消费电子产品生产中所占的份额在 60%~70% 之间。消费电子产品作为一个极度劳动密集型的产业,其组装依赖丰富和廉价的劳动力、交通基础设施的提升、与领先的电子技术供应商(日本、中国台湾、韩国)的地缘接近性、以无与伦比的规模进行供应链设计和执行的能力,以及一个快速成长的国内市场,我国在这些方面所具备的优势使我国在 21 世纪初期半导体产业特别是代工行业取得了长足发展,然而中国在全球消费电子产品出口中的份额在 2015 年已经见顶。从那以后,生产变得更加分散,没有单一的大赢家,但越南、泰国或墨西哥等国家成了小赢家。

中国作为组装中心的重要性日益增长,随之而来的是本土品牌的崛起,它们先是服务于国内市场,然后开始进军国际市场,并在产品设计和营销等更高附加值的活动中取得了一定的成功。作为消费电子行业最大的,智能手机领域的变迁很好地反映了中国厂商的崛起。特别是自 2010 年以来,竞争日趋激烈,随之而来的是诺基亚、索尼、黑莓、爱立信、NEC、富士通和东芝等一度占据主导地位的企业纷纷退出,它们被华为、小米、Oppo、vivo 等企业挤出了市场。这些中国企业不仅在国内市场占据了压倒性的份额(这四家企业便占 84%),而且在其他大型市场(法国、德国、英国、印度等)也占据了相当大的份额。10 年间,该领域的竞争格局发生了翻天覆地的变化,销量前五名中有三家是中国企业,前十名中还有另外三家。中国品牌的成功通常被归因于其物有所值、在关键功能(相机质量、内存容量)上具有良好表现,以及创新的营销方式(依赖数字分销渠道、依托社交媒体等)。

目前而言,根据全球半导体贸易统计组织(WSTS)统计显示,我国半导体市场呈现快速增长趋势,且中国半导体市场增速要高于全球半导体市场同比增速。2018 年中国半导体销售额 1 578 亿美元,占全球半导体销售额的 33.86%,中国半导体销售额同比增长 20.08%,显著高于全球的增速 13.09%。

虽然我国半导体市场呈现快速增长趋势,但是中国自给率较低。根据 IC Insights 最新数据,2018 年我国半导体自给率约 15.4%,较 2012 年的 11.9%虽有较大提升,但是仍然存在供给能力不足的问题,预计 2023 年我国自给率将达到 23%,因此我国半导体市场进口替代存在较大市场空间。

### 二、半导体产业的发展特点

确保半导体产业安全,必须了解其产业发展的特点。

第一,市场稳定增长,国外占据主导。近年来,在 5G 概念驱动,以云计算、医疗电子、汽车电子、安防电子等为代表的新兴应用方向强劲需求的带动下,全球半导体产业恢复增长。据 WSTS 统计,从 2013 年到 2018 年,全球半导体市场规模已经从 3 056 亿美元提升至 4 688 亿美元,年均复合增长率达到 8.93%,新一轮的半导体行业上升周期已至。其中,中国半导体销售额在全球市场规模中占比约在 33%。

伴随半导体行业整体景气度的提升,半导体设备市场也呈增长趋势。根据国际半导体产业协会(SEMI)数据,全球半导体设备销售额从 2013 年的 318 亿美元增长至 2018 年的预估 621 亿美元,年均复合增长率约为 14.33%。2015 年半导体需求受到 PC 出货放缓、美元升值、日本经济萎缩、欧洲危机等影响,销售增速下滑,而后半导体设备市场重新恢复生机。

全球半导体设备市场呈现出高垄断的市场格局,主要由国外厂商主导。根据 VLSI Research 统计,2018 年全球半导体设备系统及服务销售额为 811 亿美元,排名前十五的半导体设备供应商中,北美、日本区域占据主导优势,中国仅有一家挤入榜单。而前五大半导体设备供应商,由于起步较早,凭借资金、技术、客户资源、品牌等方面的优势,占据了全球半导体设备市场 65% 的市场份额。根据美国半导体产业协会(SIA)发布的数据,2019 年全球半导体销售额为 4 121 亿美元,较 2018 年下降了约 12.1%,降幅为 2001 年以来最大。这主要是受到全球贸易冲突及半导体周期性等因素的影响。

具体到按工艺划分的设备上,光刻机方面,阿斯麦公司具备垄断优势;刻蚀机与薄膜沉积设备方面,应用材料、东京电子和泛林半导体位列三强;检测设备方面,科天半导体占据龙头优势。

第二,国内增长迅速,替代空间巨大。SEMI 数据显示,2017 年中国大陆半导体设备销售额位列全球第三,为 82.3 亿美元,同比增长 27%,约占全球半导体设备销售额的 15%。根据中国半导体行业协会统计,2019 年中国集成电路产业销售额达到 7 562.3 亿元,较 2018 年增长 15.8%。

具体分析我国半导体供给端,目前国产半导体集成电路市场规模较小,2018 年自给率约为 15%。根据海关总署的数据,仅半导体集成电路产品的进口额从 2015 年起已连续四年位列所有进口商品中的第一位,不断扩大的中国半导体市场规模严重依赖于进口,中国半导体产业自给率过低。根据中国电子专用设备工业协会的统计数据,2018 年国产半导体设备销售额预计为 109 亿元,自给率约为 13%。若仅计算国内集成电路设备自给率,则仅为 5% 左右。

反观需求端,中国目前是全球最大的电子产品生产及消费市场,根据 ICInsights 统计,从 2013 年到 2018 年仅中国半导体集成电路市场规模就从 820 亿美元扩大至 1 550 亿美元,年均复合增长率约为 13.58%。随着 5G 等新兴技术的进一步发展,中国的半导体器件消费仍将持续增加。根据 SEMI 统计数据,2018 年半导体设备在中国大陆的销售额预计为 128 亿美元,同比增长 56%,约占全球半导体设备市场的 21%,已成为仅次于韩国的全球第二大半导体设备需求市场。

中国半导体设备市场面临着较大的需求缺口,进口依赖问题始终存在,受中美贸易摩擦影响,自主可控成为市场关注的重要方向,目前我国加大国产设备研发投入力度,国产设备未来成长空间充足。

第三,国家高度重视,政策供给充足。半导体为代表的集成电路行业属于国家鼓励发展的高技术产业和战略性新兴产业,受到国家政策的大力扶持。中国政府大力主导推动整体产业发展,先后颁布了《国家集成电路产业发展推进纲要》《集成电路产业"十三五"发展规划》《关于集成电路设计和软件产业企业所得税政策的公告》等政策。各地方政府为培育增长新动能,积极抢抓集成电路新一轮发展机遇,促进地区集成电路产业实现跨越式发展,也不断出台相关政策支持集成电路产业的发展。

2019 年以来中美贸易摩擦持续,美国政府持续打压华为公司,高通(Qualcomm)、科沃(Qorvo)、美光科技(Micron Technology)、西部数据(Western Digital)等美国芯片企业,已经在美国政府的"禁令"下暂停向华为供货。华为事件更加凸显出集成电路领域自主可控的重要性,此次事件也使我们认识到核心技术必须要掌握在自己手里,必须要以"国产化替代",实现自主安全可控,并促进我国在集成电路产业的大力投入与国内企业的发展。

在国家对半导体行业的扶持政策之中,一个具有典型代表性的案例是"极大规模集成电路制造技术及成套工艺",因次序排在国家重大专项所列 16 个重大专项第二位,在行业内被称为"02 专项"。02 专项目前涵盖了半导体制造设备的大部分领域,如光刻、刻蚀、薄膜、离子注入、检测等方面,同时国内有多家公司深度参与其中,北方华创项目涵盖刻蚀、薄膜等多领域,上海微电子以光刻机为主要方向,中微半导体主要负责介质刻蚀机的研发。随着项目的不断推进,各种先进设备已经在现有半导体产线进行应用及验证,支撑我国半导体设备产业快速发展。

第四,自主研发与设计能力有所提升。半导体产业的核心之一就是芯片的设计与生产。设计是芯片的研发过程,是通过系统设计和电路设计,将设定的芯片规格形成设计版图的过程;芯片设计公司对芯片进行寄存器级的逻辑设计和晶体管级的物理设计后,将不同规格和效能的芯片提供给下游厂商。Trend Force 数据显示,2017 年我国 IC 设计业收入为 2 006 亿元人民币,同比增长 22%,占国内半导体行业总产值的 38.76%。

高端核心芯片国产化水平几乎为 0。我国核心芯片主要依赖进口的难题仍然存在,高性能运算芯片 CPU/GPU/FPGA 以及高性能模拟芯片领域目前的国产芯片占有率仍几乎为 0。中兴通讯受美国制裁事件使我国高端芯片设计制造水平严重不足的情况暴露无遗,凸显了加快高端芯片国产化的必要性和紧迫性。

国内 IC 设计厂商收入前十位中,海思半导体、清华紫光展锐、中关微电子占据前三强。其中,海思在全球营收前十的 Fabless IC 厂商中排名第七名,2017 年营收同比增长 27.72%,并在技术上不断提高,已在其高端手机中采用 10nm 技术。清华紫光展锐以 IC 设计、存储和 IT 信息系统为主,在 FPGA、智能卡等领域领跑国内市场。

制造环节是将经过设计环节精密设计的电路,通过光刻、离子注入、抛光等一系列工艺步骤转移到晶圆上来,从而制造出具备所需功能的芯片。全球半导体制造行业高度集中,台积电约占据 60% 市场份额,随着国内产能的快速扩张,我国已跻身全球半导体制造第二梯队。公开数据显示,我国芯片制造业 2017 年规模达到 1 440 亿元,增速接近 30%,是近十几年来增速最快的一年。

然而,由于缺乏先进制程技术,我国大陆芯片设计完成后往往需要在台湾或国外代工厂生产。经过十几年的发展,我国晶圆制造工艺与先进水平的差距正在逐渐缩小。根据《电子工程世界》的数据,目前我国 12 英寸生产线的 65/55 纳米、45/40 纳米、32/28 纳米工艺产品已经量产;16/14 纳米关键工艺技术已展开研发并取得一定的技术突破和成果;8 英寸生产线的技术水平覆盖 0.25~0.11 微米。

与之相比,制造环节我国所占比重有待提升。2017 年国内 IC 设计、IC 制造、IC 封测分别实现销售收入 2 073.5、1 448.1、1 889.7 亿元,占整个集成电路市场规模比例分别为 38%、27%、35%。与世界设计、制造、封测结构合理占比的 3∶4∶3 相比,我国半导体制造环节有待提高。

封装测试是我国半导体产业链上最具国际竞争力的环节,最先实现自主可控。目前在全球封测市场中,中国台湾占比 54%,美国 17%,中国大陆 12%,我国封测行业市场份额居全球第三。在我国半导体产业链中,封装测试占比最大,约占 35%。另外,从企业层面看,我国企业在全球半导体封测行业中具有一定的竞争力。近年来,我国企业通过海外并购整合迅速壮大,通过外延并购和内生发展,封测企业实力得到显著提升。2017 年全球封测前十大厂商中我国占据 3 位,长电科技、华天科技、通富微电分别排名第 3,第 6 和第 7 位,营收分别增长 12.5%,28.3%,32.0%,显著高于日月光等厂商的增长水平。

从技术水平上看,我国先进封装技术水平同步全球先进水平。当前中国大陆三强通过自主研发和兼并收购,技术能力基本与国际先进水平接轨,先进封装的产业化能力也已基本形成,BGA、WLP、SiP 等先进封装均已实现量产。根据《2016 年度中国 IC 封装测试产业调研报告》,我国部分主要封测企业的集成电路产品中的先进封装产品占比达到 40%~60%。2019 年以来,由于中美贸易摩擦以及半导体产业的周期性不景气,全球集成电路市场急剧衰退。然而,作为全球最大的半导体应用市场,以及在各种有力政策的持续加持下,中国集成电路产业总体增长较快。

## 三、半导体产业面临的风险

美国贸易战叠加新冠肺炎疫情,使全球半导体产业面临巨大风险。我国半导体产业已经到了必须要走自主研发、摆脱国外控制的境地。困难与机遇并存,我国半导体产业所面临的风险也许恰恰就是摆脱受制于人的困局、最终实现自主可控的机遇所在。总结起来,我国半导体产业所面临的风险有以下几个方面。

### (一)周期波动风险

半导体产业下游应用广泛,产品种类多,受经济周期影响较大。半导体市场的增长率与GDP 增长率呈现密切的正相关关系,宏观经济的波动影响半导体产品的消费。经济景气度越高,消费者在智能手机、个人电脑等电子产品上的消费需求越旺盛,成为半导体市场成长动力。相关研究显示,全球半导体行业大致以 4~6 年为一个周期,景气周期与宏观经济、下游应用需求以及自身产能库存等因素密切相关。

### (二)国际贸易风险

我国半导体产业发展目前仍高度依赖全球产业链,除封装测试外,自给率普遍较低,需要大量进口外国高端设备、材料和产品。而目前,我们正面临着复杂的国际贸易形势,逆全球化思潮盛行。美国阻断全球化浪潮,刻意破坏全球供应链,导致产业风险、贸易风险陡增。事实上,从 2016 年开始,中国半导体已经失去了通过海外并购快速补齐短板的机会。经济全球化遭遇波折,多边主义受到冲击,国际金融市场震荡,特别是中美经贸摩擦给我国半导体企业的生产经营、市场预期带来不利影响。

### (三)技术创新风险

半导体产业是典型的技术密集型产业,技术创新是企业得以持续稳健成长的核心要素。

而对于我国企业而言,技术创新更是面对多方面的挑战。一是项目本身的难度与复杂性。企业科研能力有限将导致技术创新活动达不到预期,如果无法通过测试或达不到预期性能要求甚至可能导致企业破产。二是技术专利侵权风险。随着我国相关产品的量产,国外半导体公司的反向工程团队会通过反向分析指控中国厂商侵犯专利。

### (四)人才短缺风险

首先,我国半导体产业起步晚,没有积累起具有深厚行业经验的高端人才,制约行业发展。其次,我国高校对半导体产业人才的培养不够扎实,人才培养与企业需求之间脱节。虽然国家把集成电路的专业提升到重要的地位,很多学校也把电子类专业单独出来成立独立学院,但是在未来很长一段时间内,国内人才短缺,尤其是高端人才短缺还将是一个普遍现状,其中晶圆厂制程工艺人才短缺现状尤为明显。

## 四、强化半导体产业安全的途径

如何破局半导体产业风险,实现自主可控,应该从以下几方面入手。

第一,高度重视半导体产业链安全,增强忧患意识。总体而言,要解决半导体产业的困局,必须认识差距,立足实际,提高该领域的自主创新能力,增强自我供给范围和规模,这是实现半导体产业安全的前提。要增强产业链安全主动权意识、控制与反控制权意识。在产业规划、产业政策、投融资体制等方面充分把握产业自身和当今世界科技发展最前沿动态和趋势,充分论证、准确设计技术路线,集中优势资源攻关克难。

第二,强化知识产权保护意识。在加强研发的同时,提高知识产权保护和运用能力,做好知识产权风险分析评估、储备布局、纠纷预防与应对等工作;加强国内技术出口管制执法,避免核心技术知识产权不当流失,危及产业和经济安全。

第三,发挥新型举国体制优势,加大对半导体产业链关键环节支持力度。"关键核心技术是要不来、买不来、讨不来的"[1],最终还是要靠自力更生。加强协同创新,同时发挥市场决定性作用优化科研资源配置,促进创新要素向企业集聚,激发市场主体创新活力;瞄准产业链关键核心环节,如指令集架构等,以应用为牵引,重点扶持自主研发企业,积极推广自主研发产品,逐步建立自主可控的生态环境;在新兴的物联网、工控、AI、边缘计算等领域,鼓励国内企业战略部署和自主研发新一代基于云技术的新产品,对于率先研制出的产品,在符合要求的情况下优先推广应用。

第四,利用市场优势和法律手段,提前防范美国出口管制风险。借助国内市场优势,相关产业联盟或行业协会抓住契机,组织并代表国内企业与国外厂商就规避和应对美国出口管制协商,预先制定防范应对策略;在签订或履行相关 IP 授权合同如指令集架构授权合同

---

① 中共中央宣传部:《习近平新时代中国特色社会主义思想学习问答》,学习出版社、人民出版社 2021 年版,第 255 页。

等过程中,补充或完善相关条款,明确在国外厂商控制权发生变更时,给予先前已获授权企业以永久授权,或合同免受行政命令干扰,保持合同权利稳定性;明确在美国政府下达出口管制禁令的情况下,国外厂商应承担经济补偿、申请出口许可、支持提起诉讼等责任。

第五,重视基础研究、培养相关领域杰出人才。《中国集成电路产业人才白皮书(2019—2020年版)》中的数据显示,我国集成电路人才供不应求。随着集成电路行业竞争加剧,2025年人才缺口预计会增长至30万人左右。要通过提高半导体产业就业人员薪资待遇,打破高校和企业之间断连的客观实际,解决人才短缺等问题。同时要通过教育体制改革等国家层面的政策设计,突出基础学科的重要地位,从小抓起,重视数学、物理等相关基础学科的建设和发展。给予基础学科科研人员"十年磨一剑"的宽松环境,提高科研成果考核的"容忍度",促进基础学科和人才的发展,为半导体产业及其他高科技产业奠定人才基础。

 **思考题**

1. 如何理解产业链供应链? 我国产业链供应链存在哪些问题? 面临哪些机遇?
2. 逆全球化背景下如何维护我国的对外贸易安全?
3. 中国有哪些海外利益? 它们的安全状况如何? 维护海外利益安全的途径有哪些?
4. 我国的支柱产业有哪些? 它们的安全状况如何? 维护支柱产业安全的途径有哪些?

# 第七章  国家经济安全评价与预警

　　国家经济安全研究是一个提出问题、解决问题的过程,前者需要思想,后者需要方法。在将经济安全思想转化为体系化的经济安全理论的过程中,若经过数学的严谨推导,那么在理论逻辑上就不会存在错误的空间,整个理论体系有其逻辑自洽的一致性。[①]

　　国家经济安全评价与预警是防范重大系统性经济风险的重要环节和手段。而以计量经济学为主要方法论的经济安全评价预警实证研究,则是在经济理论与经济现实之间搭建起一座桥梁,让我们可以检验经济理论能否解释经济现实。在一定时期内,通过对国家经济安全态势进行量化评价,准确把握国家经济安全的总体状态,正确预测国家经济安全状态的变动趋势,及时预报可能出现的危险,从而为政府制定风险防范政策和措施提供可靠依据,是国家安全评价与预警的主要目标。

## 第一节  国家经济安全评价与预警指标体系

　　要对宏观经济、重点领域进行评价预警,其中重要的环节就是指标体系的建立。经济活动的变化特征会通过统计指标的数量变动反映出来,通过分析统计指标的数量变动评价经济活动的变动特征,是经济评价预警的基本思想。但是,每一个经济统计指标仅仅表征经济活动的一个方面,而我们不可能对所有经济统计指标进行全面监督,即使可以做到,也难以从如此复杂的指标数量变化中把握经济变动的脉搏。这就需要建立具有特定功能的评价预警指标体系。

### 一、国家经济安全评价与预警指标体系设计

　　指标体系是监测评估和警度预报系统的重要部分。目前,与国外学者侧重于案例分析不同,国内学者侧重通过构建指标体系来评估经济安全、预报经济警度。赵英等(1994)设计的国家经济安全监测指标体系计有 5 个子系统,包括国内经济子系统、对外经济联系子系统、社会与政治环境子系统、国家防务子系统、生态环境子系统。该指标体系比较全面,但是

---

① 洪永森、汪寿阳:《数学、模型与经济思想》,《管理世界》2020 年第 10 期,第 15-27 页。

存在的问题是,部分指标不够具体,操作难度大,实际应用中,由于许多指标数据缺乏,主观估计成分大,具体测算结果不能全面、系统、客观地评价我国经济安全的状况;[①]李海舰(1997)从外商投资企业的市场占有率、品牌拥有率、技术控制率和外资控股率四个方面将构成一个完整体系,用以监控外商直接投资对国家经济安全造成的影响;[②]1997年,党的十五大报告明确提出要"维护国家经济安全"。在此政策导向之下,中国的国家经济安全研究迎来了一个新的高潮。赵玉川(1999)构建的经济安全监测与预警指标体系主要包括金融安全、市场安全、产业安全、社会安定、国际关联等几个方面;[③]谢洪礼(2000)介绍了国家统计局课题组提出的国家经济安全指标体系,分为五个大类、十五个小类,共计三十三个指标。五个大类包括:资源与物资、国民经济速度与结构、对外经济、金融、政府与体制。该研究成果在指标体系方面还存在不足,指标内容不能全面覆盖影响国家经济安全的主要领域和方面,有些指标不够具体,难以操作等;[④]陈首丽、马立平(2002)认为国家宏观经济安全运行监测指标体系主要包括国民经济发展的对外依存度的风险程度、市场风险程度、国民经济主导产业的风险程度、宏观经济调控力度、国民经济基础产业的风险程度、科技风险制约程度、社会保障程度、金融风险程度等几个方面;[⑤]余根钱(2004)将指标分为运用监测指标和分析指标,涵盖财政金融安全、社会经济安全、外经类安全、粮食安全、矿产资源类安全和其他经济安全等方面,定量研究了冲击国家经济安全的复杂因素;[⑥]年志远、李丹(2008)将国家经济安全的预警问题具体化为财政金融安全、社会安全、外经安全、资源安全和产业安全五大定量指标体系;[⑦]叶卫平(2010)依据"基本经济制度、经济主权、经济危机"设定指标体系研究影响国家经济安全的基本因素;[⑧]张汉林等(2011)运用八个方面的指标体系来测定我国的经济安全程度,设计了含有135个指标的我国经济安全指标体系,亦专门增加了国际测度方面的指标。[⑨]

随着世界经济形势的变化,中国经济安全所面临的问题也发生了很大变化,需要对这些量化指标进一步地丰富与完善,例如,与"十三五"规划相比《中华人民共和国国民经济和社会发展第十四个五年规划和2035年远景目标纲要》新增"安全保障"指标,共设置粮食安全保障和能源安全保障两项经济安全领域目标,分别选择"粮食综合生产能力"与"能源综合生产能力"两项约束性指标,目标分别设置为2025年大于6.5亿吨和46亿吨标准煤,粮食和能源生产将保持稳定。将这两个指标设为约束性指标也体现了国家对经济安全的重视。

① 赵英、胥和平、邢国仁:《中国经济面临的危险——国家经济安全论》,云南人民出版社1994年版,第383页。
② 李海舰:《外贸进入与国家经济安全》,《中国工业经济》1997年第8期,第62-66页。
③ 赵玉川:《我国经济安全监测与预警指标体系》,《北京统计》1999年第7期,第8-9,30页。
④ 谢洪礼:《国内外经济、金融风险评价指标体系简评》,《统计研究》,2000年第1期,第23-27页。
⑤ 陈首丽、马立平:《国家经济安全的风险因素与监测指标体系》,《上海统计》2002年第6期,第12-14页。
⑥ 余根钱:《国家经济安全指标体系研究》,《中国统计》,2004年第9期,第14-15页。
⑦ 年志远、李丹:《国家经济安全预警指标体系的构建》,《东北亚论坛》,2008年第6期,第75-76页。
⑧ 叶卫平:《国家经济安全定义与评价指标体系再研究》,《中国人民大学学报》2010年第4期,第93-98页。
⑨ 张汉林、魏磊:《全球化背景下中国经济安全量度体系构建》,《世界经济研究》2011年第1期,第8-13,87页。

## 二、大数据时代下经济安全评价与预警面临巨大机遇和挑战

数字经济时代,越来越多的经济活动由数据驱动。数据生产总量(gross data product)正在成为测度一个国家在数字经济时代的财富与国力的新指标,党的十九届四中全会首次将数据列为一种重要的生产要素。在互联网、移动互联网和人工智能为代表的计算机信息技术基础上产生的大数据,提供了传统数据所没有的信息和更加丰富的素材,也在推动经济学研究范式特别是研究方法的深刻变革。大数据为经济学研究带来难得机遇,也带来巨大挑战,而这二者正在成为推动国家经济安全研究向前发展的动力。

(1)大数据为国家经济安全研究提供丰富数据支撑。大数据种类繁多,形式多样,错综复杂,如存在非结构化数据、混类与混频数据,利用大数据特别是社交网络非结构化、半结构化数据,可以构造社会舆情指数、政策不确定性指数、政策变化指数等,这些是传统数据所没有的,可用以研究这些变量对经济与市场的影响或者其决定因素是什么。实时和高频大数据,为经济学家研究高频经济现象提供了可能,例如探索实体经济与金融市场之间的互动关系、实时预测宏观经济变化趋势等。而对经济大数据进行分析的主要目的是揭示数据中经济变量之间的逻辑关系,特别是其预测关系和因果关系,从而揭示经济运行规律,预测经济未来的走势,并为制定政策提供科学依据。

(2)海量数据、新的数据形式及数据中变量间的新型复杂关系给国家经济安全研究带来前所未有的挑战。首先,大数据一方面为国家经济安全评价预警提供海量信息,但另一方面其又具有信息价值密度低的特点。在利用大数据构建模型,进行评价、预警分析时,给定样本中可供分析使用的变量维度会很高,甚至出现远远高于样本量的情况,如何更有效地筛选信息成为基于大数据进行国家经济安全评价预警分析所面临的一个重要挑战。

其次,数据多元化特征日益明显,为经济安全评价预警模型构建及计量分析带来挑战。除传统结构化数据外,大数据还包括文本数据、音频数据、视频数据等非结构化数据,甚至包括任何可以电子化记录的信息;传统的结构化数据的形式也日益多元化,从简单的点数据,扩展到区间数据、符号数据和函数型数据等。因此如何对信息含量丰富的非结构化数据、数据形式多层次化的区间数据、符号数据和函数型数据进行计量建模,是极富挑战性的研究工作。

再次,大数据不仅表现为数据形式的多样化,还表现为变量之间关系的复杂化。大数据时代数据特征变化加快,数据收集手段多样化,收集频率愈加密集,经济变量之间更容易表现出时变性、非线性和非平稳性的特点。在宏观经济数据和金融数据分析中,时变性、非线性和非平稳性日益成为主要的特征事实。已有的计量经济建模方法不能很好地刻画经济变量之间的复杂关系,从而严重制约了计量建模在宏观经济预测和实时监控中的有效性。

最后,大数据时代"互联网+"的迅猛发展也导致了新的网络型数据的产生。从宏观角度而言,随着金融科技的发展以及数据可得性的增加,以金融机构间复杂交易网络为基础的金融网络数据对于研究金融风险传染和金融风险管理具有重要的意义。但是,新兴的网络型数据给已有计量经济理论与方法带来了新的挑战,对于网络数据建模、网络形成的建模,以

及网络稀疏性处理等关键问题都需要更深入的理论研究和更多的应用尝试。①

### 三、国家经济安全评价与预警指标体系设计的原则

系统性原则。经济是一个复杂系统,影响经济安全的因素较多,既要考虑影响经济安全的国内因素,又要考虑影响经济安全的国际因素;既要考虑经济系统内部安全因素,又要考虑与经济安全相关的科技安全、信息安全、生物安全等外部因素。

科学性原则。选取的评价指标,首先要涵盖国家经济安全的主要影响因素,即能准确反映国家经济安全内涵;其次要能将抽象的研究对象和复杂的影响因素分解为可识别和可操作的指标系统。

包容性和最小性原则。包容性是指经济活动评价预警系统的目的是要把握经济活动全貌,对于任意一种经济波动形态或任一类警情,都能从指标体系中找到一个或一组指标来度量;最小性是指在满足目标的前提下,应使指标体系中的指标数量最少。

指标要满足定量分析需求。指标体系有助于科学分析国家经济安全的数量特征,设计的指标尽量可以满足定量分析的需求,满足最终量化测算使用。

可读性原则。定量分析由于所使用的定量方法和工具比较抽象,直观性不强,应该重视定量分析表述的可读性,包括数据分析的可视化、从经济学视角解释模型及模型参数的经济含义。对所获得的实证结果,特别是统计估计和检验结果,也要从经济学的角度来加以阐释,并与经济理论结合起来。

### 四、国家经济安全评价与预警指标体系的建立

构建国家经济安全评价预警指标体系是经济安全预警系统的核心,经济安全预警系统必须通过预警指标体系来揭示警源、分析警兆、报警警示。选择反映国家经济安全状况的预警指标的主要依据是认清各类经济安全问题的发生机理,从理论上弄清是哪些因素对经济安全产生影响或作用,影响或作用的程度如何以及这些因素可以用哪些预警指标来反映。国家经济系统是一个复杂系统,按照系统递阶分解原则,经济安全评价预警指标体系,应该是一个分层的树状结构。即每层指标既是上层指标的子类指标,又是下层指标的分类指标。

#### (一)指标创建思路

一级指标的设计主要反映经济运行的宏观环境以及经济安全表现的四个方面,即将宏观环境、财政金融安全、产业安全、粮食安全及能源资源安全几个方面作为一级指标构建,在一级指标下构建二级指标。二级指标的构建中,财政金融安全主要选取 3 个二级指标:商业

---

① 汪寿阳、洪永淼、霍红等:《大数据时代下计量经济学若干重要发展方向》,《中国科学基金》,2019 年第 4 期,第 386—393 页。

银行不良贷款比率、商业银行中资本充足率达到 8% 的比重、国债余额占 GDP 比重;产业安全主要选取 2 个二级指标:研发投入比和发明专利数量;粮食安全主要选取 3 个二级指标:人均粮食产量、粮食储备率和粮食综合生产能力;能源资源安全主要选取 4 个二级指标:能源对外加权依存度、石油进口集中度、国家石油储备满足消费的天数和能源综合生产能力。

宏观环境可分为国内环境和国际环境。国内环境选取 4 个指标:GDP 增长率、通货膨胀率、全社会固定资产投资增长率和城镇登记失业率;国际环境选取 6 个指标:外贸依存度、外债偿债率、外债负债率、外债债务率、资本流入流出规模/外汇储备和实际有效汇率月均值标准差。

### (二)指标体系构建

按照以上思路构建的国家经济安全评价预警一级和二级指标体系如表 7-1 所示。

**表 7-1    国家经济安全指标体系**

| 评价目标 | 分类标准 | | 具体指标 |
|---|---|---|---|
| 国家经济安全评价预警指标体系 | 宏观环境 | 国内环境 | GDP 增长率;通货膨胀率;全社会固定资产投资增长率;城镇登记失业率 |
| | | 国际环境 | 外贸依存度;外债偿债率;外债负债率;外债债务率;资本流入流出规模/外汇储备;实际有效汇率月均值标准差 |
| | 财政金融安全 | | 商业银行不良贷款比率;商业银行中资本充足率达到 8% 的比重;国债余额占 GDP 比重 |
| | 产业安全 | | 研发投入比;发明专利数量 |
| | 粮食安全 | | 人均粮食产量;粮食储备率;粮食综合生产能力 |
| | 能源资源安全 | | 能源对外加权依存度;石油进口集中度;国家石油储备满足消费的天数;能源综合生产能力 |

注:外贸依存度 = 货物进出口总额/GDP

外债偿债率 = 偿还外债本息/当年贸易和非贸易外汇收入(国际收支口径)之比。

外债负债率 = 外债余额/当年国内生产总值。

外债债务率 = 外债余额/当年贸易和非贸易外汇收入(国际收支口径)之比。

实际有效汇率(Real Effective Exchange Rate,REER):指剔除通货膨胀对各国货币购买力的影响,一国货币与所有贸易伙伴国货币双边名义汇率的加权平均数。

能源综合生产能力:指煤炭、石油、天然气、非化石能源生产能力之和。

## 第二节    国家经济安全评价与预警方法

### 一、国家经济安全评价方法

#### (一)综合评价方法

综合评价是在单项指标分析评价的基础上再进行综合分析,以分析各因素综合产生的影响。通过建立数学模型对指标进行量化分析已成为综合评价的重要手段。

1. 综合指数法

综合指数法是先综合,后对比平均,其最大优点在于不仅可以反映经济现象总体的变动方向和程度,而且可以确切地、定量地说明现象变动所产生的实际经济效果。但它要求原始资料齐全。平均指数法是先对比,后综合平均,虽不能直接说明现象变动的绝对效果,但较综合指数法灵活,便于在实际工作中运用。

2. 经验判断法

主要根据过去经济变动的历史经验,以及各个时期所采取的宏观调控政策,并参考一定时期经济发展的特征等情况综合考虑。

3. 计量分析法

当遇到小样本事件,在主观难以判断,动态趋势难以掌握的情况下,数学模型和数量分析方法是安全状态分析的有力工具。如常见的边际分析方法、弹性分析、乘数分析、系统模拟仿真等常适用于分析系统影响因素的影响和预测系统的发展趋势。

### (二) 案例分析法

根据有关学科的领域知识,可以整理出国内外或历史上有代表性的经济安全案例,提取有关经济安全案例的特征。一般情况下,可以用一系列反映经济安全状态的特征来表示案例的特征,进而对每个案例给出其整体经济安全状态的评价值。

### (三) 数据包络分析

数据包络分析方法(Data Envelopment Analysis, DEA)是在相对效率评价概念基础上发展起来,根据多项投入指标和多项产出指标,利用线性规划的方法,对具有可比性的同类型单位进行相对有效性评价的一种数量分析方法。DEA 方法及其模型自 1978 年由美国著名运筹学家查恩斯(A. Charnes)和库柏(W. W. Cooper)提出以来,由于其实用性和无需任何权重假设的特点,使其得到了广泛的应用,并且在处理多指标投入和多指标产出方面,体现了其得天独厚的优势。DEA 已成为管理科学、系统工程和决策分析、评价技术等领域一种常用的分析工具和手段。

在国家经济安全评价研究中,有的学者应用 DEA 模型对某个具体产业的安全状况进行了评估。例如,何维达等应用 DEA 模型,将 DEA 的效率定义为产业安全度,分别对我国加入世界贸易组织后汽车工业安全度[①]、我国机械工业经济安全度[②]和中国纺织产业安全度[③]进行了估

---

① 何维达、刘满凤:《入世后中国汽车工业安全度的 DEA 模型估算》,《首都贸易大学学报》2005 年第 2 期,第 42-49 页。

② 何维达、陈雁云:《入世后我国机械工业经济安全的 DEA 模型估算》,《国际贸易问题》2005 年第 6 期,第 54-59 页。

③ 何维达、贾立杰、吴玉萍:《基于 DEA 模型的中国纺织产业安全评价与分析》,《统计与决策》2008 年第 13 期,第 77-79 页。

算和分析。

### （四）人工智能技术方法

大数据背景下,高维非结构化数据成为构建国家经济安全评价及预警模型的主要信息来源,研究中需借助机器学习等人工智能方法,对数据集进行有效处理,如数据切分、特征提取等,实现对数据指标体系的排序、降维、回归,在深度学习的基础上构建起国家经济安全评价预警模型,有效识别重要解释变量或预测变量,提升计量经济学模型的可解释性、统计推断效率和样本外预测能力,从而精准识别其间的因果关系,更好地服务于政府决策。

## 二、国家经济安全预警方法

经济预警是围绕经济周期性波动这一特征展开的一整套经济监测、评价和预测的理论和方法体系。宏观经济预警研究的意义一方面在于正确评价当前宏观经济的运行态势,预测经济走势,揭示经济运行中的潜在问题,对经济发展过程中可能出现的问题提前做出警示,给政府制定调控措施和措施出台时机提供必要的信息,从而推动经济更健康地发展;另一方面,宏观经济评价与预警研究为各个行业的评价与预警工作提供参考,为企业开展经营活动提供宏观指导,企业经营决策者可以利用相关信息,及时预见即将出台的宏观调控措施,使企业经营活动适应政府的调控措施。

预警方法主要有景气指数方法、景气信号灯方法、景气跟踪图方法、计量模型预警方法、基于模式识别的预警方法、综合模糊分析方法等。此外,可以集成使用多种预警方法,对我国经济安全进行预警预报,提高预警结论的准确性。

### （一）景气指数方法

景气指数方法是通过单个或一组不同且相关的经济指标各自前后不同步的周期变动反映宏观经济的波动状况。该方法首先要确定能准确描述宏观经济运行现状的基准指标,据此判断经济波动的波峰、波谷与周期,再选择多个指标编制扩散与合成指数,用来实现对宏观经济的监测预警。

该方法的优点是利用经济变量的时滞关系揭示景气动向;计算过程简单易懂,无须复杂的模型估算;缺点是忽视了经济周期的非线性特征;在指标的归类与确认中,常出现偏差;在指标的编制中,忽略了组内指标的周期,而将各个指标简单综合进行预警,容易产生误差。

景气指数方法是目前各国政府和企业研究宏观经济走势普遍采用的方法,该方法需要具备一整套完善、稳定的经济预警指标体系和数据采集渠道。采购经理指数（PMI）是国际通行的宏观经济监测指标体系。

### （二）景气信号灯方法

景气信号灯方法是借鉴交通信号灯的颜色设计景气的表现方式。通过考察一组反映经济发展状态的敏感性指标所处的波动区间,给出经济发展态势的信号。

　　该方法的优点是采用状态预警,取代数值预警,更有利于判断经济变冷变热的性质变动;输出形式简单易懂。缺点是临界值是人为随机给定,缺乏权威性,也需要经常调整修正;采用简单代数和的方法计算景气综合值,会导致冷与热的景气值相抵消,从而掩盖险情。该方法适用的前提是经济循环波动的不同区间可知。除选取具备敏感、及时、有效的经济预警指标外,还要求研究者合理给出所有指标不同警度区间的范围。

### (三) 景气跟踪图方法

　　景气跟踪图方法最早源于德国经济信息研究所(IFO 机构)对部分调查数据进行的钟形图分析,研究人员将时钟引入景气分析的思路中来,时钟的各个部分分别对应景气周期的不同阶段。后来,OECD 又进一步发展了这一思路,将原有的连续的时间序列和钟形图转化成反映某一时期经济运行状态的跟踪图,并将其用于欧洲多个国家景气分析。

　　该方法为景气周期分析提供了一种新的展示方法与研究思路,优点是能够更为直观地发现经济运行中的拐点与变化,且同时实现对多个经济数据的可视化。缺点是由于经济数据之间相关性强,存在较强的短期波动,可能会导致钟形图对拐点判断不准确。

### (四) 计量模型预警方法

　　经济预警中的计量模型大致有 ARMA 模型、ARCH 模型、VAR 模型、STV 横截面回归模型、MCS 模型等几种,其本质上都是根据历史数据构建一个函数,使得该函数下的预测值更精准。

　　该方法的优点是可以明确表示出经济变量内部之间的数量关系,一些非线性的计量模型在处理复杂非线性的经济问题时有一定的优势;缺点是计量模型利用随机误差表示未知因素对模型的冲击,不可避免地漏掉了周期性运动的特点。此外,计量模型只能给出数值预测,无法直接判断警度状况。

### (五) 基于模式识别的预警方法

　　模式识别是指用于对所研究对象根据其共同特征或属性,分辨其所属模式类别的识别和分类方法。该方法从模式识别的角度对宏观经济进行预警。所有具有相同警度的预警样本组成一个预警模式集,一个预警样本就称作一个预警模式。

　　该方法的优点是具有很好的系统性,在处理高度非线性问题上更具优势。在实际应用方面,尽可能地提高自动化程度,减少人机对话频率和经验控制,使预警过程更加客观准确;缺点是该类方法对专业知识要求较高,例如研究者应具备处理经济预警系统网络拓扑结构、收敛速度的控制等问题的能力;并且在实际操作过程中,研究者必须具备较高的计算机水平。基于模式识别的预警方法适用于专业水平较高的人员。

### (六) 综合模糊分析方法

　　综合模糊分析方法是应用模糊数学的原理,模拟人脑在评价事物方面的思维过程,对评价事物的各相关因素进行综合考量,将各因素作用的重要程度予以定量化,对事物做出综合评定。

该方法的优点是将状态预测与点预测相结合,引入权重提高预警的准确度;输出形式用数值表示,简单明了,与信号灯法类似,取值范围设在 0~1 之间,不同数值代表经济偏冷、偏热程度;缺点是将经济的过热或过冷都赋值为 0,因此,单纯从数据上看不出经济处于何种状态,可能得到两种截然相反的结果,例如经济过热或者过冷。综合模糊法简单易懂,适用于对经济过冷或过热不加以区分,都按照经济体的运行状况不符合目前发展阶段的要求进行处理。但所选取的经济指标要具备及时、有效的经济预警作用。

# 第三节　国家经济安全评价与预警模型

## 一、国家经济安全评价模型

DEA 模型是一个线性规划模型,表示为产出对投入的比率。通过对一个特定单位的效率和一组提供相同服务的类似单位的绩效的比较,试图使服务单位的效率最大化。在这个过程中,获得 100% 效率的一些单位被称为相对有效率单位,而另外的效率评分低于 100% 的单位被称为无效率单位。DEA 数据包络分析中的 BCC 模型和 CCR 模型的区别为:对应模型不同、说明效率不同、存在情况不同。BCC 模型可以说明技术效率、纯技术效率和规模效率;CCR 模型只能说明技术效率,不能说明纯技术效率和规模效率。CCR 模型假设 DMU 处于固定规模报酬情形下,用来衡量总效率;BCC 模型假设 DMU 处于变动规模报酬情形下,用来衡量纯技术和规模效率。

作为处理多目标决策问题的方法,DEA 模型有以下三个优点:

第一,无须假设任何权重,每一个输入输出的权重由决策单元的实际数据求得最优权重,可以避免受主观因素的影响。

第二,以决策单位各输入输出的权重为变量,从最有利于决策单元的角度进行评估,避免了各指标在优先意义上的权重。

第三,假定每个输入都关联到一个或多个输出,输入输出之间存在某种关系,DEA 模型不必确定这种关系的显示表达式。

## 二、国家经济安全预警模型

预警模型是预警系统的核心,经济预警模型的建立极为关键。预警模型大致可以分为计量模型和非计量模型两类,其中计量模型包括:ARMA 模型、ARCH 模型、VAR 模型、STV 横截面回归模型、MCS 模型等;非计量模型包括:ANN 模型、概率模式识别模型等。经济预警模型在经济预测与决策以及其他经济分析中已产生了积极的作用,但现有经济预警模型基本都是基于其他国家的经济运行情况而建立的,不能完全满足我国经济状况和预警研究的需求。因此,需要根据我国的国情和经济运行情况,对现有模型进行修正与调整,以适合中国经济情况。另外,预警模型的行业适应能力不高,多数预警模型局限于某一个领域的问题,在对其他领域进行预警时,缺乏足够的适应能力,需要加强预警模型行业适应性研究。

ARMA 模型:即自回归移动平均模型,是一种时间序列预测方法,ARMA 模型所依据的基本思想是:除极个别观察值之间都具有依赖关系或自相关性,这种自相关性表明了变量发展的延续性,而这种自相关性一旦被定量地描述出来,就可以从序列的过去值预测其将来的值。

ARCH 模型:即自回归条件异方差模型,该模型针对因变量的方差进行描述并预测。ARCH 模型能准确地模拟时间序列变量波动性的变化,它在金融工程学的实证研究中应用广泛,使人们能更加准确地把握风险(波动性),尤其是应用在风险价值(Value at Risk)理论中,在华尔街是人尽皆知的工具。

VAR 模型:即向量自回归模型,是西姆斯(Sims)在 1980 年提出的一种宏观经济计量模型。VAR 模型在金融风险管理中的应用越来越广泛,特别是随着 VAR 模型的不断改进,不但应用于金融机构的市场风险、使用风险的定量研究,而且 VAR 模型能与线性规划模型(LPM)和非线性规划模型(ULPM)等规划模型论,有机地结合起来,确定金融机构市场风险等的最佳定量分析法,以利于金融机构对于潜在风险控制进行最优决策。

STV 横截面回归模型:该模型认为,实际汇率贬值,国内私人贷款增长率、国际储备/M2 是判断一个国家发生金融危机与否的重要指标。STV 横截面回归模型用于检验一个评价期内的超额收益是否与接下来的持有期内的超额收益有正的相关关系。该模型除具有 FR 模型在指标选取和方便使用等方面的相同优点外,还使用了横截面数据,克服了 FR 概率模型没有考虑国别差异的不足;同时,该模型的指导思想是寻求哪些国家最有可能发生货币危机,而不是分析什么时候会发生货币危机。

MCS 模型:即多元累计和模型,是在累计和(Cumulative Sum)框架基础上进一步深化而形成的。这个模型可以有效评估预警一国的外债风险。

ANN 模型:即人工神经网络模型,是一种数学模型,这种模型的架构,是模仿人类神经网络而来,人类神经网络之所以能起作用,是因为它本身就是一种运算方式的模型,在这种运算方式中,有三个重要的组成部分,首先是每一个神经元代表了一种函数,我们称之为激励函数,不同的神经元代表不同的函数,这本身就带来了运算的多样性,进一步,函数之间也就是神经元之间会有连结,每一种连结代表的是一种权重的赋予,而不同的神经元之间的连结代表了不同的权重值,在此之上会诞生无穷的连结方式,而最奇妙的是人工神经网络的连结所形成的函数都是一种自然界存在的函数算法的逼近,这就使得人工神经网络作为一种数学模型成为可能。目前应用最广泛的神经网络模型之一是 BP 人工神经网络模型,简称 BP 神经网络或 BP 网络,是一种按误差逆传播算法训练的多层前馈网络,可用于经济风险预警。

概率模式识别模型:所谓模式是指一些供模仿用的标本,是可供鉴别的、规范化的形式。

所谓模式识别是指一类用于对所研究的对象根据其共同特征或属性,用其所属模式类别的识别和分类方法利用预警技术分析经济走势,及时发现经济异常并发出警号。针对宏观经济及重点行业,建立先行指标体系及景气信号灯,利用先行指数和景气灯号实现对特定主题的预警。

# 第四节　国家经济安全态势预判

经济安全是国家总体安全的基础。我国《国家安全法》定义的安全不仅是一种客观状态,还有维护这个状态的能力。安全,除了客观状态、维护能力之外,还有一个重要的内涵就是主观判断。感知判断很重要,要防范风险,就要判断到底处于什么样的风险状态。

## 一、我国所处国内外形势的重大判断

当前的国际形势十分严峻,如何在纷繁复杂的形势下做出正确的战略判断,事关国家主权、安全、发展利益,事关国家未来,我们必须充分认识当今世界格局新变化,冷静、理性、清晰地做出正确的判断,并提出正确的对策,确保不犯颠覆性错误,确保不发生系统性风险。

### (一)世界处于百年未有之大变局

2018年6月,习近平在中央外事工作会议上指出:"当前,我国处于近代以来最好的发展时期,世界处于百年未有之大变局,两者同步交织、相互激荡。"①这是对当今时代形势作出的一个重大战略判断。

百年未有之大变局主要体现在进入21世纪后的国际格局变化:"新兴市场国家和发展中国家的崛起速度之快前所未有,新一轮科技革命和产业变革带来的新陈代谢和激烈竞争前所未有,全球治理体系与国际形势变化的不适应、不对称前所未有。"②其中的机遇和挑战皆前所未有。

首先,进入21世纪以来,新兴市场国家和发展中国家群体性崛起,成为不可逆转的时代潮流。国际货币基金组织(IMF)估计,按市场汇率换算,2021年新兴市场和发展中经济体的经济总量占全球的份额约为40.9%,2022年新兴市场和发展中经济体的经济总量占全球的份额将升至41.1%,并将在未来5年达到44%左右。联合国数据预测,到2050年,全球人口将达约100亿,其中85亿将属于目前的新兴市场和发展中国家。回顾近百年的发展历史,新兴市场和发展中国家群体性崛起,是国际力量对比最具革命性的变化。

其次,新一轮科技革命和产业变革带来的新陈代谢和激烈竞争前所未有。技术突飞猛

---

① 《习近平谈治国理政》第3卷,外文出版社2020年版,第428页。
② 本书编写组:《国家安全知识百问》,人民出版社2020年版,第42页。

进既是百年变局的基本内容也是导致百年变局的基本推动力量。进入 21 世纪以来,全球科技创新进入空前密集活跃的时期,新一轮科技革命和产业变革正在重构全球创新版图,重塑全球经济结构。技术进步日新月异,特别是网络信息等与数字相关的技术发展尤为迅速,从而引起了生产、流通、分配和就业等各领域的连锁反应。

最后,全球治理体系与国际形势变化的不适应、不对称前所未有。国际秩序进入深刻调整变化之中,全球治理领域积聚了越来越多需要各国共同应对的议题和亟待各国合作协商解决的新问题,发达国家和发展中国家共同面临发展和治理任务,有效的全球治理变得更加迫切。在一个内外联动的世界中,许多全球性问题的拖延或加剧,同样会对各国内部产生消极影响。二战结束后沿袭下来的全球经济治理体系与发展中国家和发达国家经济力量对比发生深刻变化愈来愈不相适应,世界向互联互通发展的内在需求与制约互联互通瓶颈之间的矛盾越来越明显,全球治理需要的共商、共建、共享理念与仍然存在的单边、独占、排他行为之间的分歧日益激烈,这些都是影响当今全球治理体系变革的主要矛盾,而围绕制度性话语权的竞争也成为各方参与全球治理竞争的重要领域。①

世界正处于百年未有之大变局,民族主义、单边主义、贸易保护主义等"逆全球化"思潮泛滥,霸凌主义和新冷战行径甚嚣尘上,必须要有长期和持久应对外部严峻复杂局面及风险挑战的思想准备。

### (二)我国发展仍然处于重要战略机遇期

"十四五"时期是我国全面建成小康社会、实现第一个百年奋斗目标之后,乘势而上开启全面建设社会主义现代化国家新征程、向第二个百年奋斗目标进军的第一个五年。② 当今世界正经历百年未有之大变局。时与势在我们一边,这是我们的定力和底气所在,也是我们的决心和信心所在。同时,我们必须清醒看到,当前和今后一个时期,虽然我国发展仍然处于重要战略机遇期,但机遇和挑战都有新的发展变化,机遇和挑战之大都前所未有,总体上机遇大于挑战。③ 大变局下,一方面,国际环境日趋复杂,大国竞争博弈加剧、地缘政治竞争激烈、逆全球化的趋势加剧,世界进入动荡变革期,不稳定和不确定因素显著增多,单边主义、保护主义、霸权主义对世界和平与发展构成威胁。另一方面,国际力量对比深刻调整,和平与发展仍是时代主题,新一轮科技革命和产业变革深入发展,特别是随着信息技术、人工智能技术的深度发展及其与生物、材料等多学科、多技术领域相互渗透、交叉融合、群发性突破,为解决和应对全球性发展难题和挑战提供了新路径。复杂多变的外部环境带来的不只是严峻的挑战,还有重要的机遇,尤其是以 5G、人工智能、云计算等为代表的新技术发展,为我国现代化经济体系、推动高质量发展注入强劲动能。

改革开放以来,党高度重视正确处理改革发展稳定关系,把维护国家安全和社会安定作

① 苏长和等:《充分认识当今世界格局新变化》,《人民日报》2017 年 1 月 3 日。
② 《中共中央关于制定国民经济和社会发展第十四个五年规划和二〇三五年远景目标的建议》,人民出版社 2020 年版,第 1 页。
③ 习近平:《把握新发展阶段,贯彻新发展理念,构建新发展格局》,《求是》,2021 年第 9 期,第 4-18 页。

为党和国家的一项基础性工作来抓,为改革开放和社会主义现代化建设营造了良好安全环境。党的十九届六中全会对国际环境带来的新矛盾新挑战深刻认识、全面判别,对国际环境中蕴含的"危"与"机"辩证看待、深刻剖析。指出当今世界进入动荡变革期,我国面临更为严峻的国家安全形势,外部压力前所未有,传统安全威胁和非传统安全威胁相互交织,"黑天鹅""灰犀牛"事件时有发生。随着全球政治经济环境变化,逆全球化的趋势加剧,部分国家施行单边主义与保护主义;国家间"小插曲"增多,尤其中美关系正在复杂中前行;新冠肺炎疫情也是关键影响因素,疫情大流行的结束尚未看见曙光,全球经济持续低迷,未来一个时期内国际形势的不稳定性不确定性增加。面对风云变幻的国际局势,十九届六中全会强调我国仍然处于重要战略机遇期,实现自身的高质量发展是应对一切风险动荡之根本,发展始终是我国不变的主基调;从"危"中育先机发轫,坚持逆流而上,在动荡变革的局势中保持战略定力,把风险抵御能力的提升作为坚实屏障,织密风险防范之网。进入新时代,党中央对国际环境带来的新矛盾新挑战的深刻认识,既从"质"的层面把握了占主导地位的时代主题,在顺境中抢抓发展机遇,下好先手棋;又从"量"的层面觉察到外部因素和条件的云谲波诡,在逆势中寻找先机,迎难而上。

## 二、我国经济安全面对的挑战

总的来看,当前全球经济形势复杂多变,不稳定不确定因素增多,挑战前所未有。不稳定性不确定性较大。

### (一)经济复苏挑战

尽管世界经济有望充气增长,但可能阻挠甚至中断经济复苏的风险挑战依然存在,需要高度重视。一方面,世界经济复苏的基础较为薄弱,面临各国宏观经济政策持续性不够和协调不畅的潜在威胁,2020年的经济衰退是自第二次世界大战以来最严重的经济衰退,各大经济板块历史上首次同时遭受重创,全球产业链供应链运行受阻,贸易和投资活动持续低迷。另一方面,疫情走向不确定性也给经济复苏带来挑战。随着疫苗研发的不断推进,新冠肺炎疫情得到有效控制。但病毒变异会不会带来疫苗全面或较大程度失效,有效疫苗的分配会不会因为强权争夺而失去,这些都存在不确定性,而这些不确实性为世界经济复苏蒙上阴影。2021年1月5日,世界银行组织发布了2021年1月的《全球经济展望》报告。报告显示,假设新冠肺炎疫苗在一年中广泛推广,预计2021年全球经济将增长4%。但是,如果决策者不采取果断措施遏制疫情蔓延和实施促投资的改革,复苏可能会缓慢乏力。

### (二)全球性通胀的挑战

为应对疫情,各国出台了大规模的救助及刺激措施,截至2020年底,各国推出总规模约14万亿美元的财政救助措施,约占全球GDP的16%。与此同时,2020年世界各经济体央行共降息 207 次,主要发达经济体央行继续维持超低利率政策。疫情之下,一些国家疯狂印钞,流动性泛滥。美国为了挽救经济,先后通过增发国债、启动无上限的量化宽松,2020 年 3 月以来,美国已累计拨款约 6 万亿美元用于财政纾困,远超 2008 年国际金融危机时的救助规模。2021 年 3 月 10 日,美国国会众议院投票通过最终版的 1.9 万亿美元经济救助计划。救助计划有望加快美国经济复苏,但带来的通胀、债务和金融稳定风险不容忽视。

### (三)一些国家的主权信用风险凸显

一些发展中国家会因疫情冲击、经济停滞而陷入债务危机。即使是一些发达国家,这种风险也不可小视。比如,2020 年底美国的政府债务已经达到 27.78 万亿美元,是美国当年 GDP 的 132.7%;联邦赤字已创新高,达 3.1 万亿美元。长期下去,必将危及美元、美股走势,给世界经济带来系统性风险。特别是那些没有主权货币的重债欧元区国家,以及那些债务水平本来就高且再次快速上升的发展中国家,主权债违约风险尤其大。一旦某个国家出现主权债违约事件或者出现主权债融资难的事件,金融市场对主权债的信心就会受到较大冲击。这种情况既会造成金融市场动荡,也会制约各国进一步刺激经济的财政能力。

### (四)国内经济领域挑战

中长期来看,我国已进入高质量发展阶段,发展具有多方面优势和条件,同时发展不平衡不充分问题仍然突出。重点领域关键环节改革任务仍然艰巨,创新能力不适应高质量发展要求,农业基础还不稳固,城乡区域发展和收入分配差距较大,生态环保任重道远,民生保障存在短板,社会治理还有弱项。短期来看,国内疫情防控仍有薄弱环节,经济恢复基础尚不牢固,居民消费仍受制约,投资增长后劲不足,中小微企业和个体工商户困难较多,稳就业压力较大。关键领域创新能力不强。一些地方财政收支矛盾突出,防范化解金融等领域风险任务依然艰巨。生态环保任重道远。民生领域还有不少短板。

## 三、识别重大系统性风险

总体国家安全观的工作要求以防控风险为重要底线。"要加强对各种风险源的调查研判,提高动态监测、实时预警能力,推进风险防控工作科学化、精细化,对各种可能的风险及其原因都要心中有数、对症下药、综合施策,出手及时有力,力争把风险化解在源头,不让小风险演化为大风险,不让个别风险演化为综合风险,不让局部风险演化为区域性或系统性风险,不让经济风险演化为社会政治风险,不让国际风险演化为国内风险。"[1]

识别重大系统性风险,首先要高度警惕"灰犀牛"风险的形成。"面对波谲云诡的国际形势、复杂敏感的周边环境、艰巨繁重的改革发展稳定任务,我们必须始终保持高度警惕,既要

---

[1]　《习近平谈治国理政》第 2 卷,外文出版社 2017 年版,第 82 页。

高度警惕'黑天鹅'事件,也要防范'灰犀牛'事件;既要有防范风险的先手,也要有应对和化解风险挑战的高招;既要打好防范和抵御风险的有准备之战,也要打好化险为夷、转危为机的战略主动战。"①

风险的最大特征是呈链状或网状结构。风险在风险链和风险网传递中会逐渐扩散放大,如控制不当或受外部冲击,就可能引爆某个风险点,导致系统性风险。当前,我国各领域风险链正在衍生,并有可能交叉形成风险网。对此,我们需要高度警惕,防微杜渐。谨防触发重大金融风险城投平台、影子银行、僵尸企业、地产仍是现阶段我国金融风险的几大"灰犀牛"。在内部经济增长动力不足、外部环境不确定性增强的背景下,金融体系内部风险仍在持续累积。

## 第五节    国家经济安全模拟、仿真、预测

### 一、国家经济安全模拟、仿真

#### (一)国家经济安全模拟、仿真定义

仿真是系统科学中用来描述或评价系统行为、验证系统模型和预报系统响应的有力工具,在系统建模和系统分析中已成为必不可少的关键步骤之一。在模拟仿真的基础上,基于科学理论体系的经济安全预测方法可以弥补经济政策无法进行模拟推演的缺陷。对经济系统进行充分建模,尽可能全面地考虑系统影响因素及影响规律,以此为基础,加入政策方案,实现政策方案影响下的经济系统观测,即判断采取这种方案的干预结果是否与主观愿望相符、是否能达到预期的目标。以此辅助决策,从推演层次直观有效地减少决策的失误。

经济安全模拟仿真研究是在经济学模型的基础上,重点突破经济学科大样本、复杂经济行为安全性预测、多源数据融合及分析处理等关键技术,运用云仿真方法和大数据处理技术,对复杂经济系统进行全方位定性定量的描述,形成仿真置信度高、全流程自主可控的经济安全仿真能力,满足宏观经济指标预测、多维干预政策模拟等现实需求,辅助经济政策制定,保障国家经济安全。

#### (二)国家经济安全模拟仿真方法及模型

模拟仿真就是采用仿真的手段模拟真实场景。基于一些政策假定,设定相关情景,进行仿真模拟分析,研究宏观调控政策对经济的影响。

常用的宏观政策模拟方法有宏观经济计量模型方法和投入产出表方法。相配套的模型有可计算一般均衡模型(CGE)和动态随机一般均衡模型(DSGE)。

---

① 《习近平谈治国理政》第3卷,外文出版社2020年版,第219-220页。

可计算一般均衡模型是指在宏观经济体系中,消费者、厂商、政府与中央银行等每一个市场参与者,在根据其偏好及对未来的预期下所做出的最优选择的总和。脱胎于瓦尔拉斯一般均衡理论[①]的 CGE 模型,是经济学领域一种比较规范的进行经济基准预测和政策影响模拟分析的工具,能够很好地模拟政策与管理措施的实施对各经济主体行为的影响。

所谓动态随机一般均衡模型,顾名思义就是指该模型具有三大特征。"动态"指经济个体考虑的是跨期最优选择(Intertemporal Optimal Choice)。因此,模型得以探讨经济体系中各变量如何随时间变化而变化的动态性质。"随机"则指经济体系受到各种不同的外生随机冲击。举例来说,可能的冲击有:技术性冲击(Technology Shock)、货币政策冲击(Monetary Shock)或是偏好冲击(Preference Shock)等。

仿真是系统科学中用来描述或评价系统行为、验证系统模型和预报系统响应的有力工具,在系统建模和系统分析中已成为必不可少的关键步骤之一。经济安全仿真研究是在经济学模型的基础上,重点突破经济学科大样本、复杂经济行为安全性预测、多源数据融合及分析处理等关键技术,形成仿真置信度高、全流程自主可控的经济安全仿真能力。

## 二、国家经济安全预测

### (一)经济安全预测定义

预测是在一定的理论与方法指导下,以表征事物发展历史和现状的统计数据和调查资料为依据,对事物发展过程进行定性和定量分析,认识其发展规律,进而对未来发展做出科学的推测。即对尚未发生的或目前还不明确的事物进行预先的估计和推测。

经济安全预测是指利用多种计量方法预测重要指标的发展趋势,以便前瞻性地把握宏观经济的运行,为制定调控政策服务。采用单指标模型及宏观经济结构模型等多种方法进行预测,实现对重要经济变量的多方法预测,实现预测集成、预测跟踪、预测性能衡量等。

### (二)经济安全预测方法和模型

从方法和手段角度来分,可以归为三类:经验判断方法、经济数学模型方法和模拟方法。

1. 经验判断方法

经验方法是人们根据对研究对象历史和现状的了解和发展规律性的认识,依据主观判断和综合分析,对未来的发展趋势作出的定性或定量的预测的一类方法。近些年来人们常常批评的"拍脑袋",其实也是一种预测方法,一个经验丰富的专家,在掌握了充分的信息和对规律性有准确的把握的基础上,"拍脑袋"也可以得到较准确的预测结果。将众多专家的经验判断汇总起来,应用适当的数学方法加以综合分析,提出预测结果,显然较单个专家拍

---

① 　一般均衡理论是 1874 年法国经济学家瓦尔拉斯(Wal-ras)在《纯粹经济学要义》(*The mere economics to justice*)一书中首先提出的。经希克斯、萨缪尔森、阿罗、德布鲁等人延伸和完善。

脑袋前进了一步。这类方法称为专家调查法,依据综合分析方法的不同又有特尔裴法、层次分析法等,这是目前宏观经济决策过程中仍然采用的预测方法。虽然在这些方法中用到了数学,甚至较多地应用了数学方法,但其基础是专家的主观判断,仍属于经验方法。经验方法具有简单易行的优点,对于较为简单的预测对象进行短期预测,无疑是切实有效的,不能一概加以否定。

2. 经济数学模型方法

经济数学模型方法是用数学方法揭示并描述经济活动的内在规律性,在反映经济活动历史和现状数据的支持下,对未来的经济活动作出定量预测的一类方法。在实际经济预测中常用的有时间序列分析模型、投入产出模型、经济计量模型等。

(1) 时间序列分析模型用于宏观经济预测的理论基础是经济活动所固有的动态性和连续性,以及由此产生的宏观经济主要指标在随时间变化过程中呈现出的规律性。用数学方法揭示这种规律性,形成了关于这些宏观经济指标的时间序列分析模型。根据所用的数学模型形式不同又分为两类。一类是时间序列趋势预测模型,揭示不同时点上指标数值之间的关系。通常所应用的移动平均模型、指数平滑模型、线性趋势模型等均属此类,是其中的几种简单模型。另一类是增长曲线预测模型,揭示某一指标数值随时间的变化规律。通常应用的增长指数曲线、龚珀兹曲线、逻辑曲线等均属此类。时间序列分析模型较多地应用于单个宏观经济指标的预测。

(2) 投入产出模型以经济系统为研究对象,其理论是建立在经济系统内部各部分(各部门、各产品)之间客观存在着相互关联和在一定假设下处于均衡状态的基础上的。用一张棋盘式投入产出表定量描述各部分之间的关联,并据此计算直接消耗系数和完全消耗系数。从这两组系数出发,可以建立各种形式的用于各种目的的投入产出经济数学模型。用投入产出模型进行宏观经济预测的优点是保证了经济系统各部分、社会再生产各环节主要预测指标之间的协调平衡,还可方便于从最终使用方面对宏观经济实施调控的各种政策方案的比较。

(3) 经济计量模型(狭义的而不是广义的)揭示经济活动中最本质的关系变量之间的因果关系。通过对研究对象的行为理论的分析,用一个(或一组)方程描述这些因果关系的关系类型,然后应用回归分析方法,在样本数据的支持下,揭示变量之间的定量关系。经济计量模型是最灵活、应用最广泛的一类经济预测模型。可以用于研究单一的经济指标,揭示影响这一指标变化的因果关系,称为单方程模型;也可以用来研究经济系统,揭示系统中变量之间错综复杂的因果关系,称为联立方程模型。目前我国建立的宏观经济模型多为经济计量模型。由于它揭示了经济活动的行为规律,用于预测时具有较好的可靠性,并且由于可以方便地将各种政策作为一个影响因素引入模型,所以是一个较为理想的经济政策实验室。但由于它对样本数据的依赖,要求预测期的经济活动具有与样本期相同的规律,否则预测结果会大相径庭。

3. 模拟方法

经济活动的规律性、经济变量之间的关系,并不是都可以用数学模型加以描述的;即使可以描述,由于其引入了众多假设与抽象,也会造成较大误差。随着计算机技术而发展起来的模拟方法,避免了数学描述,适用于对影响因素较为复杂的宏观经济指标的预测。常用的方法有系统动力学方法、灰色系统方法、人工神经元网络技术等。

需要特别指出的是,由于在宏观经济预测中较多地采用了经济数学模型方法,容易使人们把经济预测理解为纯粹的数学过程,以至在从事一项预测工作时,过多注重数学方法而忽视其他。事实上,任何一个成功的经济数学模型都是经济学、经济统计学和数学的结合,经济理论、数据质量、模型方法应该成为建立与应用经济数学模型的三要素,缺一不可。经济理论是建立经济数学模型的基础,模型只是经济行为理论的数学化描述。同一研究对象,依据不同的理论假设,可以建立不同的数学模型。数据反映研究对象的活动水平是建立经济数学模型的原料,数据的质量关系到模型的成败,一般讲,数据的完整性、准确性、可比性、一致性是对数据质量的基本要求。

利用多种计量方法和智能方法预测重要经济指标和大宗商品价格的发展趋势,以便前瞻性地把握宏观经济及重点的运行,为我国政府及时制定调控政策服务。具体而言,要能从短期和中长期两个不同的时间尺度进行预测;要能采用多种模型进行预测,主要根据不同预测时间段要求选择不同的模型。适合短期(1~12个月)预测的模型有自回归分布滞后模型(ADL)、差分自回归移动平均模型(ARIMA)、向量自回归模型(VAR)、向量误差修正模型(VECM)等。对将来1~3年经济形势的把握属于长期预测,由于长期中经济系统受到的冲击较多,不确定性较大,其预测难度也较大,主要的工具为政策模拟模块中的CGE模型、DSGE模型以及宏观经济结构模型。要想实现预测的整个过程,则可使用预测建模、预测集成、预测跟踪、预测性能衡量及预测修正等。

 **思考题**

1. 大数据时代背景下经济安全评价预警面临怎样的机遇与挑战?
2. 简述经济安全评价预警指标体系设计原则。
3. 简述国家经济安全评价的基本方法。
4. 简述国家经济安全预警的基本方法。
5. 简述国家经济安全预测的方法。

# 第八章 维护国家经济安全

国家经济安全保障的本质即主权国家为维护国家经济安全、提升国家经济安全能力、解决国家经济安全隐患而进行的体系化的制度、组织和技术安排。改革开放以来,我国取得了举世瞩目的经济社会建设成就,历经亚洲金融危机、源自美国"次贷危机"的国际金融危机、中美贸易冲突、新冠肺炎疫情等非传统安全的威胁,在危机四伏的全球政治经济环境下仍然保持着经济社会发展的韧性与无限潜力,其间离不开中国共产党对经济工作的全面领导,更得益于社会主义基本经济制度的保驾护航。为有效保障我国经济实现可持续安全与高质量发展,有必要继续深入发挥新型举国体制的制度保障优势,进一步健全国家经济安全法律制度体系,坚持高水平对外开放,运用国际通行规则维护国家安全,建立起基于模拟仿真等科学手段的安全风险预测预警机制,切实提高安全风险识别与危机管控能力和水平。

## 第一节 坚持党对经济工作的领导,
## 保证基本经济制度安全

只有保证基本经济制度安全才能保持国家经济主权独立,经济主权独立是一个国家经济自主发展的前提。党的十九届四中全会审议通过《中共中央关于坚持和完善中国特色社会主义制度、推进国家治理体系和治理能力现代化若干重大问题的决定》(简称《决定》),《决定》指出中国共产党领导是中国特色社会主义最本质的特征,是中国特色社会主义制度的最大优势,经济工作是中心工作,党的领导当然要在中心工作中得到充分体现。根据《决定》要求,我国的国家经济安全保障机制建设也要旗帜鲜明地加强党的领导。"坚持党对国家安全工作的领导,是做好国家安全工作的根本原则。各地区要建立健全党委统一领导的国家安全工作责任制,强化维护国家安全责任,守土有责、守土尽责。要关心和爱护国家安全干部队伍,为他们提供便利条件和政策保障。"[1]

---

[1] 《习近平谈治国理政》第 2 卷,外文出版社 2017 年版,第 383 页。

## 一、以政治建设为统领,加强党对国家经济工作的全面领导

总体国家安全观强调,政治安全是根本,核心是政权安全和制度安全,最根本的就是维护党的领导和执政地位,维护中国特色社会主义制度,维护习近平同志党中央的核心、全党的核心地位,维护党中央权威和集中统一领导。要清醒地看到,政治安全是重中之重,无论风险如何传导如何升级如何变幻,最终指向的还是政治安全这个"心脏"。必须始终牢牢守住政治安全这个魂,时刻绷紧政治安全这根弦,将"四个意识""四个自信""两个维护"贯穿于、落实到防范风险全过程各方面,以维护政治安全,统领推进各领域工作。党的十九届五中全会把坚持党的全面领导作为"十四五"时期经济社会发展必须遵循的首要原则,明确提出实现"十四五"规划和二〇三五年远景目标必须坚持党的全面领导,充分调动一切积极因素,广泛团结一切可以团结的力量,形成推动发展的强大合力。

进入新发展阶段、贯彻新发展理念、构建新发展格局,必须加强党的全面领导,善于用政治眼光观察和分析经济社会问题,真抓实干把党中央决策部署贯彻到经济工作各方面。首先,要加强政治机关建设。深入学习贯彻习近平新时代中国特色社会主义思想,坚决贯彻落实习近平重要指示批示精神,完善抓落实的机制,增强"四个意识"、坚定"四个自信"、做到"两个维护"。持续加强政治机关意识教育,把讲政治从外部要求转化为内在主动,不断提高政治判断力、政治领悟力、政治执行力。其次,致力于打造高素质专业化干部队伍。增强领导干部政治意识,提高政治站位,善于从讲政治的高度,运用政治眼光观察和分析经济问题。加强队伍能力建设,强化专业培训和实践锻炼,不断增强政治能力、调查研究能力、科学决策能力、改革攻坚能力、应急处突能力、群众工作能力、抓落实能力,培养更多各方面的行家里手。再次,深入推进党风廉政建设和反腐败斗争。落实全面从严治党要求,压紧压实管党治党主体责任。严格落实中央八项规定及其实施细则精神,大力整治形式主义、官僚主义,深化"好差评"系统应用,不断改进政风行风。完善监督体系,坚决查处各类腐败案件,着力整治群众身边腐败和不正之风,一体推进不敢腐、不能腐、不想腐,打造清廉干部队伍,为国家经济高质量、安全、可持续发展保驾护航。

中国共产党中央国家安全委员会(简称"国安委")于2014年1月24日正式设立,国安委是党中央关于国家安全工作的决策和议事协调机构,从这个定位来说,由国安委对国家经济安全进行科学统筹无疑是做好工作的关键,由此建立和完善中国国家经济安全保障机制就有了明确的落实主体。在国安委下可设关于国家经济安全事务的专门管理机构,由该机构负责统筹协调目前相对分散的关于国家经济安全的管理职能;确定国家经济安全管理的总体目标;组织各级机构设置及其职责方案;负责国家经济安全相关政策的订立与执行;评价国家经济安全的管理状况和管理能力;组织建设全国国家经济安全管理信息系统等。在此基础上,可依托国家应急管理工作组织体系,先行设立国家经济安全预警与应急领导小组,逐步形成并完善国家经济安全预警与应急管理,形成处理重大经济安全事件的统筹管理体系,最终设立国家经济安全管理委员会。针对国家经济安全突发事件预警与管理需要,国

家经济安全管理委员会下设领导机构、办事机构、工作机构、地方/行业机构和专家库等部门,形成国家经济安全应急管理体系。

## 二、坚持和完善社会主义基本经济制度

我国社会主义基本经济制度是随着实践的发展不断深化完善的。改革开放以来,我们党总结社会主义建设正反两方面经验,把"公有制为主体、多种所有制经济共同发展"概括为社会主义初级阶段基本经济制度的内涵。党的十八大以来,以习近平同志为核心的党中央围绕新时代如何坚持和完善我国社会主义基本经济制度,在理论和实践的结合中进行了深入探索。基于新的实践和发展需要,党的十九届四中全会审议通过的《决定》明确指出,公有制为主体、多种所有制经济共同发展,按劳分配为主体、多种分配方式并存,社会主义市场经济体制等社会主义基本经济制度,既体现了社会主义制度优越性,又同我国社会主义初级阶段社会生产力发展水平相适应,是党和人民的伟大创造。《决定》将公有制为主体、多种所有制经济共同发展,按劳分配为主体、多种分配方式并存,社会主义市场经济体制三项制度并列,都作为社会主义基本经济制度,是对社会主义基本经济制度做出的新概括,是对社会主义基本经济制度内涵做出的重要发展和深化,也是对社会主义基本经济制度做出的一次重大理论创新。

新冠肺炎疫情、大国博弈及主要强国对冲战略决策实施的常态化使得世界处于"不安的和平",未来国际秩序可能长期处于失序状态。① 当前和今后一个时期将是我国各类矛盾和风险易发期,各种可以预见和难以预见的风险因素明显增多,我们必须坚持统筹发展和安全,增强机遇意识和风险意识,树立底线思维。这要求我们要以政治建设为统领,加强党对国家经济工作的全面领导,进一步坚持和完善社会主义基本经济制度,牢固树立只有保证基本经济制度安全才能保持国家经济主权独立、经济主权独立是一个国家经济自主发展的前提这一信念。

# 第二节　充分发挥新型举国体制的制度保障优势

从根本上讲,中国特色社会主义制度是当前中国民众生活安全稳定、社会安定和谐的根本保障,同时也是国家经济安全的最有力保障。所谓举国体制,就是指以国家利益为最高目标,动员和调配全国有关的力量(国家的人力、物力、财力),包括精神意志和物质资源,去攻克某一项世界尖端领域或国家级特别重大项目的工作体系和运行机制,其实质上是社会主义制度能够集中力量办大事的优越性。新中国成立之初,举国体制在我国科技发展中发挥了重要作用,取得了"两弹一星"等诸多重大成就;改革开放后,中国共产党沿着中国特色社

---

① 阎学通、徐舟:《数字时代初期的中美竞争》,《国际政治科学》2021年第6卷第1期,第24-55页。

会主义道路,集中力量进行社会主义现代化建设,在不断战略调整和探索实践中逐步形成新型举国体制。新型举国体制更遵循科学规律,在聚焦国家重大战略需求、高效配置资源的同时,强调要维护和激发各类创新主体的活力,发挥市场在资源配置中的决定性作用。

## 一、举国体制以实现国家利益为根本目标

中国自古以来就崇尚集体主义的社会价值观和政治信仰,加上我国社会主义制度的强大政治动员能力,为中国奠定了实行举国体制的文化与制度基础。举国体制是一项组织体系的制度安排,是社会主义制度的独特优势所在。这种组织制度和运行机制适应了我国在国家建设初期资源匮乏、资金短缺、工业基础薄弱、优秀人力资本短缺的初始条件,充分发挥了国家的资源动员优势和集中力量办大事的制度优势。

举国体制以实现国家利益为根本目标,以国家意志支配科技活动的过程和方向,以公共财政的支持为主要手段,为科技创新提供适宜的规则体系、组织构架和各类资源保障。在国家资源紧缺的条件下,科技举国体制通过高度计划、将稀缺资源集中到战略目标领域进行"科技攻关"或"科技会战",可实现组织的协同作用,提高资源的使用率,发挥局部规模效应,并取得重大科技突破。举国体制成功的首要条件就是国家动员和调动科技资源的能力,其次是多种创新主体协同攻关的组织协调能力。因此,举国体制既是一种工作机制,更是一种政治实力。

## 二、制度优势结合市场机制,构建新型举国体制

举国体制在我国发展的不同阶段,会呈现出不同的形式,也将承担不同的历史使命、发挥不同的历史作用,当前世界正面临百年未有之大变局,因此我们要探索建立"新型举国体制",将我国政治制度优势与市场机制作用互动协同起来,使举国体制在新时代发挥出更强大的创新效能。新型举国体制以实现国家发展和国家安全为最高目标,以科学统筹、集中力量、优化机制、协同攻关为基本方针,以现代化重大创新工程为战略抓手,以创新发展的制度安排为核心实质,是体现中国特色社会主义制度优势、推动国家强盛和经济发展的重大制度安排。

2006年2月国务院印发《国家中长期科学和技术发展规划纲要(2006—2020年)》,指出"坚持社会主义制度,把集中力量办大事的政治优势和发挥市场机制有效配置资源的基础性作用结合起来,为科技事业的繁荣发展提供重要的制度保证",描述了新型举国体制的基本特征。2008年10月,国家科技重大专项组织实施推进会强调:"要坚持、完善和创新举国体制,发挥政府主导作用,在国家层面建立多部门协作机制和合作大平台,形成部门、地方、全社会参与的格局,积极引入市场机制,鼓励、引导金融资金参与支持重大专项研发。"《国家"十二五"科学和技术发展规划》提出:"加快建立和完善社会主义市场经济条件下政产学研用相结合的新型举国体制。"2012年出台的《关于深化科技体制改革加快国家创新体系建设

的意见》要求，"探索社会主义市场经济条件下的举国体制"，"注重发挥新型举国体制在实施国家科技重大专项中的作用"。《"十三五"国家科技创新规划》要求，"探索社会主义市场经济条件下科技创新的新型举国体制"。《中华人民共和国国民经济和社会发展第十三个五年规划纲要》提出："在重大关键项目上发挥市场经济条件下新型举国体制优势。"《中华人民共和国国民经济和社会发展第十四个五年规划和2035年远景目标纲要》提出："健全社会主义市场经济条件下新型举国体制。"习近平指出："在推进科技体制改革的过程中，我们要注意一个问题，就是我国社会主义制度能够集中力量办大事是我们成就事业的重要法宝。我国很多重大科技成果都是依靠这个法宝搞出来的，千万不能丢了！要让市场在资源配置中起决定性作用，同时要更好发挥政府作用，加强统筹协调，大力开展协同创新，集中力量办大事，抓重大、抓尖端、抓基本，形成推进自主创新的强大合力。"[1]

伴随国家经济社会的长远深入发展，举国体制的制度优势逐步与灵活高效的市场机制相融合，发展为能更好地服务于国家建设的新型举国体制。首先，相较于传统举国体制主要依靠政府财政投入、资源配置由政府大包大揽，新型举国体制是建立在市场起资源配置决定性作用基础上的，国家利用科技产业政策和其他手段引导市场，企业成为科技创新主体，运用市场方式、经济手段解决国家科技创新工程立项、决策、预算投入、利益分配等问题。其次，传统举国体制更注重技术链，相对忽视价值链；更注重科技成果和工程的产出，相对忽视市场和价格表现及相关方的利益分配。而新型举国体制既看技术链也看价值链、既看产品也看市场表现，并兼顾利益分配。最后，传统举国体制目标相对单一，更看重科技目标实现，较少考虑经济效益；而新型举国体制既要考虑实现目标，也要考虑投入产出效益。北斗三号基本系统建成及提供全球服务，是新型举国体制的生动实践。

### 三、发挥新型举国体制优势，保障国家经济安全

新冠肺炎疫情给我国经济社会造成的负面影响正逐渐消减，经济正稳步复苏，这很好地彰显了中国经济的韧性和制度优势，但也必须清醒地看到，当前疫情变化和外部环境仍存在诸多不确定性，我国经济恢复基础尚不牢固。立足新发展阶段，要贯彻新发展理念，构建新发展格局，以推动高质量发展为主题，巩固拓展疫情防控和经济社会发展成果，更好统筹发展和安全，扎实做好"六稳"工作、全面落实"六保"任务，贯彻落实好中央经济工作会议部署的强化国家战略科技力量、增强产业链供应链自主可控能力等重点任务。这就要求必须充分发挥我国社会主义制度能够集中力量办大事、办难事、办急事的独特优势，以强大的政治领导力、社会号召力、群众组织力和资源调配力，确保做好经济工作。

过去几十年来，在实现经济追赶的道路上，中国没有盲目追随别人走过的道路，没有简单模仿别国的制度，取得了经济发展的巨大成就。在走向未来的道路上，我们仍然需要坚持道路自信和制度自信，不断总结经济发展中的经验和教训，推动实现理论创新，为实现经济

---

[1]　《习近平谈治国理政》第1卷，外文出版社2018年版，第126-127页。

高质量发展做出更大的理论贡献。未来,新型举国体制还将进一步彰显中国特色社会主义制度优势,在推进经济发展、普惠民生福祉、促进科技创新、维护国家安全等方面发挥重大作用。

# 第三节　健全国家经济安全法律制度体系

国家经济安全保障机制建设的目的在于通过相关法律的建设和国际规则制定的参与,打通国内国际两个市场,综合配置国内国外两种资源,减少国家在国际经济相互依存体系中过高的脆弱性和敏感性。鉴于国家经济安全的重要性,把国家经济安全立法提上日程是全面推进依法治国的重要举措。为了保障中国经济的发展拥有良好的法律环境,应发挥好中国的制度优势,本着维护经济主权原则、适度国家干预原则和促进经济发展的原则,尽快制定一部关于国家经济安全的统一法。在短期内无法实现统一立法的情况下,应尽快补充和完善行业的法律法规。

## 一、坚持依法维护国家经济安全

国家安全是国家生存发展的首要条件,维护国家安全是国家的头等大事,国家安全立法则是国家安全的基本保障。我国历来高度重视国家安全法治建设。新中国成立初期,为应对国家安全面临的严峻复杂形势,我国制定了《中华人民共和国宪法》(以下简称《宪法》)等法律法规,初步奠定了国家安全立法的基础。改革开放后,我国加强社会主义法制建设,国家安全立法取得了长足进展。1979年7月1日,第五届全国人民代表大会第二次会议通过了《中华人民共和国刑法》和《中华人民共和国刑事诉讼法》,为维护国家安全提供了部分法律依据。1983年7月1日,国家安全部成立,国家安全法起草工作同时启动。1993年2月22日,第七届全国人民代表大会常务委员会第三十次会议通过了《中华人民共和国国家安全法》(以下简称《国家安全法》),但其主要规范了反间谍工作。此后,我国制定了一系列相关法律法规,有力维护了我国国家主权、安全和发展利益。党的十八届三中全会提出设立国家安全委员会,完善国家安全体制和安全战略。2014年1月24日,中央国家安全委员会成立,主要职责之一就是推动国家安全法治建设。党的十八届四中全会首次提出贯彻落实总体国家安全观,构建国家安全法律制度体系。此后,国家安全立法提速。2014年11月1日,第十二届全国人民代表大会常务委员会第十一次会议通过了《中华人民共和国反间谍法》,同时废止了1993年制定的《国家安全法》。2015年7月1日,第十二届全国人民代表大会常务委员会第十五次会议审议通过了新制定的《国家安全法》。2015年8月29日,第十二届全国人民代表大会常务委员会第十六次会议通过了《中华人民共和国刑法修正案(九)》,将五种恐怖相关活动列入刑事追责范围。2015年12月27日,第十二届全国人民代表大会常务委员会第十八次会议通过了《中华人民共和国反恐怖主义法》,规范了反恐怖主义工作。据统计,我国有 190 多部法律法规涉及国家安全问题,其中数十部主要规范国家安全问题,内容涵盖国家安全各领域,已初步搭建起我国国家安全法律制度体系框架。2020 年 10 月 17 日,第十三届全国人民代表大会常务委员会第二十二次会议通过《中华人民共和国生物安全法》,指出生物安全是国家安全的重要组成部分,维护生物安全应贯彻总体国家安全观,统筹发展和安全。

经济安全是对国家、民族经济利益的维护和拓展,是国家和民族最基本的生存安全。健全开放监管机制,实施好出口管制法、外资安全审查办法等法律法规,加强产业损害预警体系等建设,从法律制度层面筑牢开放安全屏障,对于维护国家经济安全至关重要。2013 年 11 月党的十八届三中全会通过《中共中央关于全面深化改革若干重大问题的决定》,明确了我国经济改革的方向和目标,为维护国家经济安全提供了指导性方针。2015 年 1 月,中共中央政治局审议通过《国家安全战略纲要》,充分体现了"总体国家安全观"中关于国家经济安全的战略思想,成为建立和完善中国国家经济安全保障机制的方针指南。2015 年 7 月 1 日第十二届全国人民代表大会常务委员会第十五次会议通过新的《中华人民共和国国家安全法》,使国家经济安全在国家安全中的基础地位以法律的形式得到了强化,也构成建立和完善中国国家经济安全保障机制的法律基础。在这一阶段,习近平经济安全观形成,标志着党和国家把对国家经济安全问题的理论认识提升到了新的高度。2019 年 10 月 31 日,党的十九届四中全会通过的《中共中央关于坚持和完善中国特色社会主义制度、推进国家治理体系和治理能力现代化若干重大问题的决定》,提出要将中国特色社会主义制度和国家治理体系建设提升到新的历史高度。由此加快国家经济安全的制度化建设也相应提上了日程,国内对国家经济安全的研究有望进入以制度建设为中心任务的规范发展阶段。

## 二、我国国家经济安全法律体系初具雏形,仍亟待完善

目前,中国国家经济安全的法律建设已经取得了长足进步。在立法层次上建立了宪法、法律、行政法规和部门规章等层次有序结合的保障体系。在资源安全、产业安全、金融安全和经济信息安全等领域也有了相应的法律保障,尤其是在资源安全法律保障方面,除了在《宪法》第 9 条有明文规定之外,还通过了一系列直接调整和规范相关自然资源开发利用、保护与管理活动的专门法,如《中华人民共和国水土保持法》《中华人民共和国煤炭法》《中华人民共和国矿产资源法》《中华人民共和国森林法》《中华人民共和国草原法》《中华人民共和国水法》《中华人民共和国土地管理法》《中华人民共和国渔业法》等。亚洲金融危机以来,中国国家经济安全保障机制建设明显加快了进度,在金融安全领域,先后成立了证监会(1992 年 10 月)、保监会(1998 年 11 月)、银监会(2003 年 4 月)、国务院金融稳定发展委员会(2017 年 7 月)、中国银行保险监督管理委员会(2018 年 3 月)。在战略性资源领域,为了防范石油短缺,中国于 2005 年开始实施战略石油储备计划,《国家安全法》第 21 条对战略资源的保障机制建设工作做了明确的规定。在投资领域,2019 年 3 月 15 通过的《中华人民共和国外商投资法》成为中国第一部外商投资领域统一的基础性法律。在一些特殊领域,主要

通过相关的政策法规来应对短期应急性的国家经济安全风险,例如针对跨国公司并购中国装备制造业骨干企业引发的产业安全问题出台了《国务院关于加快振兴装备制造业的若干意见》等。

但整体来看,我国国家经济安全法律制度体系建设方面仍存在相关立法缺位现象。当前中国还没有专门关于国家经济安全的具有系统性与权威性的上位法,虽然我国在农业、能源、金融等经济领域已经有了比较详尽的法律规定,但这些法律规定不是以调整全国经济安全为整体目标,没有形成维护国家经济安全的法律服务网络,不足以从整体上保障中国国家经济安全。另外,对新形势下出现的可能危及国家经济安全的领域缺少相应的法律规定。以中国对外直接投资方面的法律为例,法律法规建设明显落后于中国对外直接投资高速增长的现实,现有法律体系中关于境外投资的条款与国际法律不协调,缺少解决由国内外相关法律不同而造成矛盾的法律规定。

### 三、以《国家安全法》为基础,积极构建国家经济安全法律体系

2015 年 7 月 1 日,《国家安全法》颁布实施,为健全中国特色国家安全法律制度体系夯基垒石、立柱架梁,开启了国家安全法治建设的崭新篇章。《国家安全法》使国家经济安全在国家安全中的基础地位以法律的形式得到了强化,也构成建立和完善中国国家经济安全保障机制的法律基础。

在此基础上,我国国家经济安全领域立法工作取得积极进展,如《外商投资法》在法律层面正式确立外商投资准入前国民待遇加负面清单管理制度,建立外商投资信息报告制度,大幅提升外商投资便利化程度;2020 年 12 月 19 日,我国正式公布《外商投资安全审查办法》。外商投资安全审查是国际通行的外资管理制度,在平衡经济利益和维护国家安全方面发挥重要作用,旨在适应推动形成全面开放新格局的需要,健全对外开放安全保障体系,以在积极促进和保护外商投资的同时有效预防和化解国家安全风险,为更高水平对外开放保驾护航。但同时也要看到,我国国家经济安全立法还存在一些突出问题。主要表现在:一些重要领域,如维护我国海外利益安全等方面还存在立法空白;一些安全领域还缺乏支架性法律,立法位阶偏低,约束力不足;一些法律法规陈旧过时、操作性不强,已不适应现实需要;一些法律法规相互之间不相衔接、配套法规制度不健全等。

以国家安全法为基础和依据,加快国家经济安全法治建设,建立健全国家经济安全法律制度体系已十分必要且紧迫。没有安全保障的开放不可持续,只有把防控安全风险的篱笆扎得更密更牢,才能为新一轮对外开放奠定坚实基础,更好实施更大范围、更宽领域、更深层次的开放。首先,要加强顶层设计。结合当前国务院各部门对行政法规、部门规章和规范性文件的清理,摸清国家经济安全立法家底,在此基础上制定国家经济安全立法规划,明确相关立法项目的责任单位、主要内容、完成时间,确保尽早如期建成系统完备、科学规范、运行有效的中国特色国家经济安全法律制度体系。其次,要及时制定一批支架性法律,为维护国家安全提供基本法律依据。再次,在制定支架性法律的同时,还要同步规划起草相关配套法

规制度,增强国家经济安全立法的可操作性和实效性。当前,网络安全、资源安全、金融安全等问题是国家安全面临的紧迫问题。要抓紧制定和修改陆地国界法、粮食法、能源法、国防交通法、人民防空法(修改)、电信法等法律法规。最后,要落实好立法规划计划,加快立法进度,推动相关立法尽早出台。

## 第四节　坚持高水平对外开放,运用国际通行规则维护国家安全

党的十九届五中全会强调,实行高水平对外开放,坚持实施更大范围、更宽领域、更深层次对外开放;要把安全发展贯穿国家发展各领域和全过程,防范和化解影响我国现代化进程的各种风险,筑牢国家安全屏障。习近平指出:"越是开放越要重视安全,统筹好发展和安全两件大事,增强自身竞争能力、开放监管能力、风险防控能力。"[①]因此,要把握好开放和安全的关系,在统筹发展和安全中积极谋划对外开放。在新发展格局下实行高水平对外开放,必须以强大的国内经济循环体系和稳固的基本盘为基点,以国际循环提升国内大循环效率和水平为出发点和落脚点,更好利用国际国内两个市场、两种资源,提升我国经济国际竞争力。

### 一、有序扩大服务业市场开放

新发展格局绝不是封闭的国内循环,而是开放的国内国际双循环,要全面提高对外开放水平,推动贸易和投资自由化便利化,推进贸易创新发展,增强对外贸易综合竞争力。首先,有序扩大金融服务业市场开放。支持社会资本依法进入银行、证券、资产管理、债券市场等金融服务业;允许在境内设立外资控股的合资银行、证券公司及外商独资或合资的资产管理公司;统筹规划银行间与交易所债券市场对外开放,优化准入标准、发行管理,明确中国债券市场对外开放的整体性制度框架,研究制定交易所债券市场境外机构债券发行管理办法;支持符合条件的民营金融机构和境内外资金融机构获得非金融企业债务融资工具 A 类主承销商资格,参与银行间债券市场。其次,继续扩大社会服务业市场开放。以医疗、教育、体育、托幼、环保、市政等领域为重点,减少市场准入限制,取消对营利性医疗、教育等机构在证照办理、设备购置等方面的不合理限制。完善医疗机构设置规划方式,对社会办医疗机构实行指导性规划,加强对社会资本投资医疗机构的服务。

### 二、推动规则等制度型开放

深化竞争规则领域开放合作。积极推进多双边自由贸易协定竞争政策等议题谈判,加

---

①　习近平:《论把握新发展阶段、贯彻新发展理论、构建新发展格局》,中央文献出版社 2021 年版,第412 页。

强竞争领域多双边合作交流,不断深化改革,提升合作水平。促进内外贸法律法规、监管体制、经营资质、质量标准、检验检疫、认证认可等相衔接。推动检验检测认证与海外投资、产能合作项目紧密对接,加强国际合格评定人才培养,主动参与认证认可有关国际标准和规则制定。

推动消费品国内外标准接轨。在医用电器、消毒用品、智能照明电器、家用电器、学生用品、婴幼儿配方食品等领域制定修订一批国家标准及其检测方法,加大国际标准采用力度。实施内外销产品同线同标同质工程,在消费品领域积极推行高端品质认证。

### 三、积极构建多双边经贸合作关系,深度参与国际规则制定

多双边经贸关系突破,正在为我国开放型经济发展注入强大动力,未来要继续坚持多边主义和自由贸易,积极参与世贸组织改革,推动构建更高水平的国际经贸规则和形成更加公平合理的国际经济治理体系。

2013年3月,习近平出访俄罗斯,首次提出推动建立以合作共赢为核心的新型国际关系这一重要主张,并首次向世界提出"人类命运共同体"重大倡议。2013年9月,习近平在哈萨克斯坦首次提出共建"丝绸之路经济带"的构想;2013年10月,习近平在印度尼西亚首次提出共同建设"21世纪海上丝绸之路"倡议。2014年3月,习近平访欧,提出共同打造中欧和平、增长、改革、文明四大伙伴关系。2014年5月,在上海举行的亚洲相互协作与信任措施会议第四次峰会上,习近平提出共同、综合、合作、可持续的亚洲安全观。2014年7月,习近平在巴西利亚同拉美和加勒比国家领导人举行首次集体会晤,确立平等互利、共同发展的中拉全面合作伙伴关系。2014年11月,北京APEC会议期间,中国推动亚太自贸区建设,完成了《亚太经合组织推动实现亚太自贸区路线图》制定。2015年12月,亚洲基础设施投资银行正式成立,这是全球首个由中国倡议设立的多边金融机构。2016年9月,我国主办G20领导人杭州峰会,首创贸易投资合作机制,使贸易投资成为G20合作重要支柱,有效推动G20从危机应对向长效治理机制转变。2017年5月,第一届"一带一路"国际合作高峰论坛在北京举行。2017年9月,金砖国家领导人第九次会晤在福建厦门举行,我国在担任金砖国家轮值主席国期间,推动各方就电子商务、知识产权、服务贸易、电子口岸网络等建立合作机制。2018年6月,中央外事工作会议在北京召开,确立了习近平外交思想这一中国对外工作的根本遵循和行动指南。2018年11月,首届中国国际进口博览会在上海举行,我国在中国国际进口博览会期间成功举办虹桥国际经济论坛,把脉全球经济发展新趋势,以"虹桥智慧"和"虹桥主张"探索世界经济发展路径和前景,为全球经济治理贡献公共产品。2019年5月,亚洲文明对话大会在北京举办。2020年10月12日,中国与柬埔寨通过视频正式签署《中华人民共和国政府和柬埔寨王国政府自由贸易协定》。2020年11月15日,《区域全面经济伙伴关系协定》(RCEP)成功签署,并成为全球规模最大的自贸区。2020年12月30日,历时7年的中欧投资协定谈判终于如期完成。2020年,面对新冠肺炎疫情全球暴发,中方在联合国、G20、APEC、金砖国家提出携手抗击疫情、分享抗疫经验、维护多边贸易体制、稳定贸易投资的中

国方案,得到广泛认同,达成《G20 应对新冠肺炎、支持全球贸易投资集体行动》等 20 多份重要文件,为维护全球供应链产业链稳定发挥了积极作用。与此同时,国家还进一步推进中日韩以及与挪威、以色列、海合会等自贸谈判;积极考虑加入《全面与进步跨太平洋伙伴关系协定》(CPTPP)等。并且,我国开始更加主动地参与国际经贸规则的制定,如继续牵头推进原产地规则谈判,做好 RCEP 关税减让和原产地规则实施准备各项工作;积极开展双多边国际合作,深入参与 WTO、WCO(世界海关组织)有关规则的修订,推广"智慧海关、智能边境、智享联通"合作理念,深化能力建设合作。

近年来,我国在引导多边区域经贸合作方向上取得积极成效。2016 年担任 G20 主席国期间,中方推动各方达成《G20 全球贸易增长战略》《G20 全球投资指导原则》等多边纲领性文件,为促进全球贸易投资发展指明方向。2015 年以来,我国相继推动金砖国家批准《金砖国家经济伙伴战略》《金砖国家经贸合作行动纲领》《金砖国家经济伙伴战略 2025》等重要合作文件,有效促进金砖经贸合作机制化、系统化和实心化,为新时期金砖国家经贸合作打下坚实基础。在 2017 年第一届"一带一路"国际合作高峰论坛期间,发布《推进"一带一路"贸易畅通合作倡议》,促进沿线国家更具活力、更加包容、更可持续的经贸合作。在亚太经合组织(APEC)机制下,中方积极推动成员落实 2014 年 APEC 领导人关于建设亚太自贸区共识,并于 2020 年推动各方制定《2040 年 APEC 布特拉加亚愿景》,为亚太经济增长提供新动能。

在加强多边区域经贸务实合作领域取得实质性进展。近几年,中方继续深化与联合国贸发会议、国际贸易中心等经贸领域多边组织合作,就支持多边贸易体制发出中国声音,推动国际社会就推进经济全球化进程、全面落实 2030 年可持续发展议程达成共识,推动落实《联合国对华发展援助框架》,协调联合国有关发展机构配合"十三五"规划重点,支持国内经济社会发展。深入参与亚欧会议、中亚区域经济合作等机制,成功主办大图们倡议、大湄公河次区域经济走廊论坛部长级会议,推动加快我国东北、西北、西南对外开放和区域经济融合进程,服务"一带一路"倡议和地方开放发展。在 G20、APEC、金砖国家等机制下就价值链、投资便利化、电子商务、知识产权、中小微企业等议题提出多项中国倡议,有效推进上述机制下各领域经贸务实合作。

这些成绩的取得有利于我国坚决维护多边体制和贸易自由化,团结维护世界和平的进步力量,在与单边主义、保护主义和逆全球化思潮的斗争中赢得更大的发展空间,增强在对外开放环境中动态维护国家经济安全的本领。

## 四、完善外商投资负面清单管理制度,有序引导我国对外直接投资

在塑造我国参与国际合作和竞争新优势方面,要不断推进"放管服"改革,健全外商投资准入前国民待遇加负面清单管理制度,打造一流的市场化、法治化、国际化营商环境,增强对人才等高端生产要素和总部经济等高附加值产业活动的吸引力。进一步缩减外商投资准入负面清单,扩大鼓励外商投资产业目录范围,支持外资加大创新投入力度,营造内外资企业一视同仁、公平竞争的公正市场环境。抓好重大外资项目落地,破除各种市场准入隐性壁

垒,打造市场化法治化国际化营商环境,提高外商投资服务水平。与此同时,有序引导和支持我国企业扩大对外投资,提升国际市场开拓能力和在全球价值链上的位置,并警惕产业外迁风险和大宗商品的海外供应安全问题,增强开放监管能力和风险防控能力。

## 五、优化海关服务,促进更高水平对外开放

2020年以来,面对前所未有的困难和挑战,党中央、国务院出台一揽子稳外贸、稳外资的政策措施,推动我国成为全球唯一实现货物贸易正增长的主要经济体,进出口、出口、进口国际市场份额均创历史新高,贸易结构持续优化。但外贸发展大而不强的问题仍然存在,出口产品附加值有待进一步提高,部分劳动密集型产品出口面临较大的竞争压力,外贸发展面临的外部环境依然严峻复杂,一些国家贸易保护主义抬头,我国外贸发展的外部不确定性上升。

外循环越通畅,内循环就越有质量、越有效益。这要求海关在管得住的前提下,大力优化服务,促进更大范围、更宽领域、更深层次的对外开放,更好服务构建新发展格局。首先,着力促进国内国际两个市场更好联通。围绕共建"一带一路",深化通关便利化合作,深入推进"经认证的经营者"(AEO)互认合作,支持中欧班列发展,畅通国际物流大通道。其次,持续优化口岸营商环境。深化"放管服"改革,组织开展跨境贸易便利化专项行动,强力推动减少进出口环节单证,巩固压缩整体通关时间成效,进一步推动降低进出口环节合规成本;推进国际贸易"单一窗口"流程优化、业务协同和国际互联互通,为企业提供全程"一站式"通关物流信息服务,助力营造市场化、法治化、国际化营商环境。再次,积极培育外贸发展新动能。创新保税监管,推进全球维修和再制造业务全面落地实施,全面推广企业集团加工贸易监管模式,推动对高端制造业探索实施全产业链保税模式;做好"进博会"监管服务保障工作,支持进境展品常年保税展示展销,扩大"进博会"效应;支持跨境电商、市场采购等新业态、新模式规范健康发展;促进边境贸易加快创新发展和转型升级。

# 第五节 大力提高安全威胁识别与评估能力

国家经济安全威胁识别是对国家经济领域面临的各种重大风险的感知预判。要防范风险,就要有一定感知安全威胁的能力,并能准确判断风险状态。只有这样,才有可能在风险管控中做到从应急转向前置,有效化解安全威胁,避免结构性或系统性重大经济风险的出现。

## 一、全面提升安全威胁识别能力

威胁识别的任务就是从错综复杂的环境中找出经济主体所面临的主要风险。

### （一）安全威胁与安全风险

"威胁"是安全研究领域最重要的概念之一，其能帮助我们更加直观地了解"安全"。威胁通过制造一种类似于惩罚效应的负面感知，使受威胁者本能地产生相应的安全需求，针对"影响威胁形成的主要因素"这一问题，国内外研究者总体上提供了两种截然不同的理解路径：现实主义强调物质因素在"威胁"形成中起决定性影响，这里的物质因素是广义概念，除自然、利益等方面的可计量要素外，还包括权力、军事能力等可相对计量的要素；建构主义及一些国际安全扩展学派则主张认知因素在"威胁"形成中起主导作用。[①] 尽管在威胁理解上存在较大分歧，但多数研究都没有因为过于强调物质/认知的作用而否认另一方因素对威胁的影响，现有研究更多地采用综合视角来解读威胁。

仅从安全分析单元来看，威胁评估与风险评估具有一定的相似性，二者所要考察的对象均为能给指涉对象带来负面影响的具体实物或问题，然实质上二者在评估内容和目的方面均存在较大差异。《国家安全词典》将"威胁"定义为"可能对国家利益造成损害的某人或某物"，将"风险"解释为"由特定威胁导致的危害性后果"，它更多地意味着"（预测）危害后果出现的概率以及对于现实危害程度的评估"。[②] 不难发现，威胁评估侧重于事物或问题本身，而风险评估则侧重于事物或问题引发的后果。"威胁"的存在导致了"风险"的产生，威胁研究旨在探讨一些具体的存在，而风险研究则是针对"存在的继发现象"进行的探索。由此，威胁评估的目的在于应对"存在性威胁"，为如何确定威胁应对的优先性提供决策参考；而风险评估意在降低风险，为如何选择一个风险较小的最优方案提供决策依据。[③]

### （二）在发展中识别经济安全威胁

不同于传统安全的"待发生"，国家经济安全作为一种现象存在于我们的经济生活中，其一直处于发生和不发生的临界状态，或正在持续性地发生。党的十九届五中全会将"统筹发展和安全"确定为"十四五"时期经济社会发展的主要原则，《中共中央关于制定国民经济和社会发展第十四个五年规划和二〇三五年远景目标的建议》中首次提出"把安全发展贯穿国家发展各领域和全过程"。统筹发展和安全，把安全发展贯穿国家发展各领域和全过程，是防范化解各类风险挑战的现实需要，更是推动我国经济高质量发展的重要前提和必然路径。[④] 安德鲁·韦曼等（1999）从心理测量学角度出发，指出人们总是更加倾向于高估和重视不熟悉的风险，而对熟悉的风险通常容易低估和轻视。[⑤] 因此，一方面我们要具有感知、识别潜在威胁的能力，能从众多不确定性中找出威胁经济安全的主要因素；另一方面，要具有

---

① 余潇枫等：《非传统安全概论》（第 3 版·上卷），北京大学出版社 2020 年版，第 55-57 页。

② Paul Robison, Dictionary of International Security, Cambridge and Malden: Polity Press, 2008, p212, p182.

③ 余潇枫等：《非传统安全概论》（第 3 版·上卷），北京大学出版社 2020 年版，第 58-59 页。

④ 吴琼：《把安全发展贯穿国家发展各领域和全过程》，《光明日报》2020 年 11 月 11 日。

⑤ A. K. Weyman and C. J. Kelly, Risk Perception and Risk Communication: A Review of the Literature, Health and Safety Laboratory, CRR248/1999.

准确判断风险状态的能力,给出威胁优先性排序,避免因误判而造成更大的经济损失。

### （三）识别境外投资威胁

我们在扩大开放过程中的安全性问题日益凸显,必须把安全问题放在新的高度,借此实现发展质量、结构、规模、速度、效益、安全相统一,实现更高质量、更有效率、更加公平、更可持续、更为安全的发展。随着我国企业大规模的"走出去",企业对国际通行规则、商业惯例、法律,甚至是文化宗教、政治等因素可能引发的风险,应进行充分的识别、评估和防控。在拓展境外业务之前,一定要根据所在国(地区)的法律、监管要求和文化习俗,进行充分的风险识别和评估。对境外市场缺乏充分的风险识别和管理,已成为中国企业出海的最大软肋。

## 二、完善安全威胁评估方法体系

面对复杂严峻的内外部环境,要坚持底线思维,提高国家经济安全风险预见预判能力。已有关于安全问题的研究主要针对军事、政治等传统安全领域,当前以国家经济安全为代表的非传统安全问题日益凸显,并在一定程度上影响着国家整体安全。不同于传统安全,非传统安全威胁作为一种现象或问题存在,很多时候难以明确其威胁主体,这就为威胁识别与评估带来一定难度,因此有必要深入系统研究,尽快构建起科学有效的非传统安全威胁识别方法与评估框架。

### （一）安全威胁评估的主要方法

在早期的国际关系和冷战时期的传统安全研究中,"国家"几乎成为唯一的分析单元,国家面临的安全威胁来自另一个国家或国家联盟,"当一国(一群国家)既有制约他国安全的意图又有此实力时,就会造成安全威胁"。① 可见,从意图与实力两个层面看,威胁都是一种明确的存在,而非一种模糊的可能。当前关于威胁评估的方法主要有威胁要素评估法和威胁特征评估法。

威胁要素评估法主要运用于传统国家安全威胁的评估研究中。斯蒂芬·沃尔特研究指出,来自其他国家的威胁可以通过威胁发起国的综合实力、地缘毗邻性、进攻实力和侵略意图加以综合判断。② 乔安娜· M. 菲什等学者提出了行为者、意图、实力和反应时间四大威胁要素,并进一步指出威胁行为者的侵略意图越明显(意图)、实力越强大(能力)、发动侵略的时间越短(临近性),则该威胁就越大。③ 该评估法日后被英美等国家应用于国家恐怖主义威胁评定,如美国国防部选取存在、能力、意图、历史、目标等因素对恐怖主义威胁进行系

① 余潇枫等:《非传统安全概论》(第 3 版·上卷),北京大学出版社 2020 年版,第 59 页。

② [美]斯蒂芬·沃尔特:《联盟的起源》,周丕启译,北京大学出版社 2007 年版,第 168 页。

③ Joanne M. Fish,Samuel J. McCraw and Christopher J. Reddish,*Fighting in the Gray Zone:A Strategy to Close the Preemption Gap*,Carlisle,PA:Strategy Studies Institute,U. S. Army War College,2004,p. 4.

统评估,并根据要素信息的不同组合,得出威胁的不同等级(见表 8-1)。① 戴维·斯特罗恩-莫里斯通过对比分析不同的恐怖主义威胁评估后指出,威胁在很大程度上是威胁者的"能力"与"意图"的综合体现,通过将上述两大要素划分等级并两两组合,得出威胁等级判别矩阵(见表 8-2)。分析发现,威胁要素评估法受制于"发现威胁者"这一前提,尤其"能力"和"意图"两大核心要素更具有相当的威胁者依赖。而现实情况在于,当今我们所面对的绝大多数非传统安全却是"没有威胁者的威胁",因此需要一种能够直击威胁现象或问题本身的评估法。

### 表 8-1　美国国防部关于恐怖主义威胁的等级评定

| 威胁等级 | 紧急威胁 | 要素 1、2、5 存在;要素 3、4 可能存在 |
| --- | --- | --- |
| | 高度威胁 | 要素 1、2、3、4 存在 |
| | 中等威胁 | 要素 1、2、4 存在;要素 3 可能存在 |
| | 低度威胁 | 要素 1、2 存在;要素 4 可能存在 |
| | 微不足道 | 要素 1、2 可能存在 |

### 表 8-2　威胁等级判别矩阵

| 熟练的 | 中等威胁 | 高度威胁 | 高度威胁 | 极端威胁 |
| --- | --- | --- | --- | --- |
| 强 | 中等威胁 | 中等威胁 | 高度威胁 | 高度威胁 |
| 中 | 低度威胁 | 中等威胁 | 中等威胁 | 高度威胁 |
| 弱 | 低度威胁 | 低度威胁 | 中等威胁 | 中等威胁 |
| 能力 | 弱 | 中 | 强 | 极端的 |
| | 意图 | | | |

不同于威胁要素评估法对威胁构成的关注,威胁特征评估法提供了一种从事物特质看待威胁的视角。巴里·布赞将国际安全研究领域从传统的军事安全扩大至军事、政治、社会、经济和生态五大安全,并着重提及关于安全议程扩大后的威胁评估问题。巴里·布赞指出,影响威胁强度的主要因素是其自身特征,即其在时空距离、发生概率、重要程度、对此威胁的认知被历史境遇强化程度,通过对上述特征进行描述性二元区分可评定威胁的强度(见表 8-3)②。

通过对比分析可知,威胁要素评估法适用于传统安全威胁或具有明显威胁者的非传统安全威胁,而将威胁评估归纳为针对威胁者"能力"和"意图"两大因素的综合评估,显然更

---

① Department of Defense,Joint Tactics,Techniques,and Procedures for Antiterrorism:Joint Publication 3-07.2, Washington,DC:Department of Defense,1998:V7-V8.

② [英]巴里·布赞:《人、国家与恐惧——后冷战时代的国际安全研究议程》,闫健等译,中央编译出版社 2009 年版,第 136-137 页。

具操作性;威胁特征评估法则是为了衡量作为事件或现象存在的威胁,由于摆脱了威胁者依赖,加之可依托非传统安全威胁的"集合性特征"为形态迥异、内容多样的威胁提供相互比较的可能,使得该方法在非传统安全威胁评估中的优势凸显。[①] 另外,从时空两个维度看,所有这些特征想要表达的内容都在影响威胁构成的物质和认知因素框架中,即要素和特征之间的联系是互通的:"能力"与物质因素特征意在表现"威胁者"或"威胁现象"自身具有的能力型特质;"意图"与认知因素特征则重在反映"威胁者"或"威胁现象"给人们带来的认知影响。[②]

表 8-3　威胁强度评估特征

|  | 低强度 | 高强度 |
|---|---|---|
| 发生情况 | 扩散 | 特定 |
| 空间布局 | 远距离 | 近距离 |
| 时间范围 | 长期 | 短期 |
| 发生可能 | 低可能性 | 高可能性 |
| 预计后果 | 轻微 | 严重 |
| 历史维度 | 中性历史特征 | 放大性历史特征 |

### (二)非传统安全威胁评估框架构建

借鉴前人研究成果,非传统安全威胁的集合特征可划分为"解释性特征"和"程度性特征"两类。前者主要解决"何为非传统安全"这一问题;后者主要指突发性、扩散性、联动性、不易控性等,这类特征对于非传统安全威胁的界定而言并非必不可少,但却能很好地反映出非传统安全威胁在其动态发展过程中表现出的独特性(如威胁的作用方式与变化趋势等),从而能为威胁程度大小的衡量提供有力参考,所以需对"程度性特征"按照"能力"和"认知"维度进行再分类,借此构建起非传统安全威胁评估框架(见表 8-4)。[③]

表 8-4　非传统安全威胁评估框架

| 分类特征 | | 特征指标 |
|---|---|---|
| 解释性特征 | | 非军事暴力性、跨国性、不对称性、治理的综合性 |
| 程度性特征 | 能力特征 | 突发性、扩散性、转化性、 |
| | 认知特征 | 历史严重性、现时复杂性、未来可控性 |

传统安全研究通常将威胁表述为国家、组织等安全行为体及其物质性危害,而像经济安

---

① 余潇枫等:《非传统安全概论》(第 3 版·上卷),北京大学出版社 2020 年版,第 62 页。
② 余潇枫等:《非传统安全概论》(第 3 版·上卷),北京大学出版社 2020 年版,第 63 页。
③ 余潇枫等:《非传统安全概论》(第 3 版·上卷),北京大学出版社 2020 年版,第 63—68 页。

全等多数非传统安全威胁则往往是一种由特定原因引发,继而可能对其他行为体的安全状态产生负面影响的问题或现象,反映非传统安全威胁不同阶段致灾能力的程度性特征主要为:突发性威胁发生阶段的典型特征;扩散性威胁发展过程中的"量变"特征;转化性威胁发展过程中的"质变"特征。

出于威胁预防考虑,安全威胁发生的时间、地点、形式等信息是否明确对于威胁的应对方至关重要,威胁发生阶段的挑战主要来自其突然爆发带来的措手不及。威胁者相对缺失使得非传统安全威胁的突发性相较于传统安全更加显著且复杂,复杂的突发性会模糊威胁者所处环境、拥有的技术条件及可支配的资源与社会财富等信息的传递,从而无法迅速构筑起危机防范屏障。威胁突发性特征指标的强弱主要可通过威胁发生信息是否易于捕捉(预测或称为检测)加以判断。

威胁扩散性特征预示着威胁的性质与内容并未发生改变,只是威胁强度经由威胁影响在时空中的扩散而发生了改变,这种时空维度上的"量"保证了威胁的普遍性,而作为一种安全威胁存在的问题也必然具有某种使得具体存在的威胁轻而易举向外扩散的能力,对某些国家地区乃至全球社会形成冲击。威胁扩散性特征指标的强弱主要可通过威胁在发展过程中产生的影响是否易于蔓延或传递加以判断。

威胁转化性特征体现了非传统安全威胁发展到一定程度,转向抑或引发了传统安全威胁,从而使得该威胁更加难以把握和对付。一旦"质变",国家层面的军事、政治、外交介入将不可避免,并有引发战争灾难的潜在风险。基于发展的观点,几乎所有非传统安全威胁都存在因某些偶发因素而转向或引发传统安全威胁的可能。威胁转化性特征指标转化能力的判断主要可通过辨析其自身的构成条件与表现形式(主要为其与军事、政治等传统安全内容的关联度)来实现。

对于非传统安全威胁而言,"认知影响"可以帮助威胁应对方摆脱威胁者依赖这一局限,将威胁伤害的发生视为既定事实或至少短期内可预见的,并时刻保持高度警惕性。认知特征评估要求将威胁认知纳入一个连续的时间过程,从历史、现时和未来三个维度对其进行解构。

从历史维度看,威胁的发生情况与威胁认知紧密相关,非传统安全威胁的历史发生情况会影响不同国家、不同地区的人们对于具体安全威胁的认知,尤其是那些在本地区发生过且造成严重乃至灾难性后果的威胁。从现时维度看,应对方面临安全威胁的复杂程度则是影响威胁认知的重要变量,这种复杂性一方面源自威胁本身的客观实际(威胁的内容、层次)的交织复合程度不同给威胁应对带来难易程度差异;另一方面则体现在威胁对于本国而言是否新发及其罕见程度如何。威胁现象在本国是否较为常见而不易引发恐慌是衡量应对复杂性的重要认知特征指标,常见的威胁意味着人们在应对过程中更易获得经验性帮助,可借助现有应对机制最大可能规避潜在的负面影响;而新发或罕见威胁的应对经验及应对机制相对缺乏,会给威胁的成功应对带来极大的不确定性,易导致整体社会的悲观避险情绪,不利于科学有效应对安全威胁。从未来维度看,威胁强度的认知与威胁产生的预期影响紧密相关,预期影响表征的则是对于威胁紧迫程度的感知。国家经济安全等非传统安全威胁作为一种现象或问题存在，一直处于发生和不发生的临界状态或正在持续性地发生，对这类威胁紧迫性的判断主要通过威胁产生的影响加以衡量。对威胁影响的控制反映出其可治理性，威胁的可治理性影响着人们对于威胁强度的判断，研究中可治理性通常由威胁影响的时效性加以衡量，即威胁影响是阶段性的、可消除的（弱），抑或是持久性的、不可逆的（强）。

## 第六节　建立基于模拟仿真等科学手段的安全风险预警机制

2016 年 5 月 17 日，习近平在哲学社会科学工作座谈会上的讲话中指出，"对一切有益的知识体系和研究方法，我们都要研究借鉴""对现代社会科学积累的有益知识体系，运用的模型推演、数量分析等有效手段，我们也可以用，而且应该好好用""需要注意的是，在采用这些知识和方法时不要忘了老祖宗，不要失去了科学判断力""解决中国的问题，提出解决人类问题的中国方案，要坚持中国人的世界观、方法论"。①

站在新的历史方位，面对充满不确定因素的国际形势，国家经济安全也要适应新时代、新要求，全面贯彻落实总体国家安全观。要将安全发展理念与创新、协调、绿色、开放、共享的新发展理念紧密结合在一起，作为共同谋划和确定未来发展思路、发展方向、发展着力点的行动引领，统筹传统安全和非传统安全，加强国家安全体系和能力建设。通过加强经济安全风险预警、应急机制和能力建设，实现重要产业、基础设施、战略资源、重大科技等关键领域安全可控。

### 一、预警指标体系在国家经济安全中的作用

从经济学意义上讲，预警是指对经济系统未来的演化趋势进行预期性评价，以提前发现特定经济系统未来运行可能出现的问题及原因，为提前进行某项决策、实施某项防范措施或化解措施提供依据。② 预警的基本组成要素为警义、警源、警兆和警度，上述要素均与警情有直接关联。其中，警义指需戒备的事件或信息，警情是所需戒备的突发事件发生时的不同情况；警义是警情的含义，是预警的对象；警源是警情产生的根源，即预警对象在安全状况下潜伏的"病兆"；警兆指警素发生异常变化导致警情形成之前的先兆，而警素则是构成警情的指标；警度指警情所处的状态，即其所具有的严重程度。③ 而预警系统就是为达到预测风险、发布警告的目的，对预警中各基本要素进行准确判断与识别的一套完整系统。

对国家宏观经济、重点行业领域进行监测分析时，经济活动的变化特征会通过统计指标

① 《习近平谈治国理政》第 2 卷，外文出版社 2017 年版，第 341 页。
② 彭靖里等：《基于竞争情报的危机预警体系构建及其应用研究》，《情报理论与实践》2009 年第 6 期，第 46—50 页。
③ 吕靖等：《保障我国海上通道安全研究》，经济科学出版社 2018 年版，第 332 页。

的数量变动反映出来,通过分析统计指标的数量变动评价经济活动的变动特征,是经济评价预警的基本思想。但是,每一个经济统计指标仅仅表征经济活动的一个方面或某一时刻的特征,而我们不可能对所有经济统计指标进行全面监督,即使可以做到,也难以从如此复杂的指标数量变化中把握经济变动的脉搏。这就需要建立具有特定功能的预警指标体系,实现经济安全预警的基本要素功能,即警义识别、警源查找、警兆分析、警度预报。

宏观经济预警研究的意义一方面在于正确评价当前经济的运行态势,预测经济走势,揭示经济运行中的潜在威胁,对经济发展过程中可能出现的问题提前做出警示,给政府制定调控措施以及措施出台时机提供必要的支持,从而推动经济更健康地发展;另一方面,宏观经济评价与预警研究为各个行业的评价与预警工作提供参考,为企业开展经营活动提供宏观指导,企业经营决策者可以利用相关信息,及时预见即将出台的宏观调控措施,使企业经营活动适应政府的调控措施。

## 二、积极构建基于模拟仿真等科学手段的安全风险预警方法体系

当前,世界正处于百年未有之大变局,民族主义、单边主义、贸易保护主义等"逆全球化"思潮泛滥,霸凌主义和新冷战行径甚嚣尘上,必须做好长期应对外部严峻复杂局面及风险挑战的思想准备。积极防范市场异常波动和外部冲击风险,加强对大宗商品、资本、技术、数据等重点市场交易的监测及预测预警;研究制定重大市场风险冲击应对预案;健全金融风险预防、预警、处置、问责等制度体系;提高通过大数据等方式认定竞争违法行为、识别市场运行风险的能力,强化市场预期管理。因此,积极构建基于模拟仿真等科学手段的安全风险预警方法体系就成为维护我国经济安全、保障国家安全、可持续发展的当务之急。

构建经济安全评价预警指标体系是经济安全预警系统的核心,经济安全预警系统必须通过预警指标体系来识别警义、揭示警源、分析警兆、报警警示。建立实操性较强的国家经济安全评价预警指标体系并尽快付诸应用,应成为下一阶段关于中国国家经济安全机制建设的重点。以近年来中国迅速增长并一度影响到国家金融安全的中国对外直接投资(OFDI)为例,今后在设计国家经济安全评估指标体系时,应充分考虑对中国国家经济安全可能产生重大影响的相关指标,如反映 OFDI 规模的流量、存量指标;反映 OFDI 速度的流量增长率、存量增长率指标;反映 OFDI 效益的 OFDI 绩效指数和反映环境性风险的 OFD1 环境指数;等等。

仿真是系统科学中用来描述或评价系统行为、验证系统模型和预报系统响应的有力工具,在模拟仿真的基础上,基于科学理论体系的经济安全预测方法可以弥补经济政策无法进行模拟推演的缺陷。通过对经济系统进行充分建模,尽可能全面地考虑系统影响因素及影响规律,据此加入政策方案,实现政策方案影响下的经济系统观测,即判断采取这种方案的干预结果是否与主观愿望相符、是否能达到预期的目标。以此辅助决策,可从推演层次直观有效地减少决策的失误。

经济安全模拟仿真研究是在经济学模型的基础上,重点突破经济学科大样本、复杂经济

行为安全性预测、多源数据融合及分析处理等关键技术,运用云仿真方法和大数据处理技术,对复杂经济系统进行全方位定性定量的描述,形成仿真置信度高、全流程自主可控的经济安全仿真能力,满足宏观经济指标预测、多维干预政策模拟等现实需求,辅助经济政策制定,保障国家经济安全。

采用模拟仿真技术对经济安全进行单指标模型及宏观经济结构模型等多种方法预测,可实现预测集成、预测跟踪、预测性能衡量,从而利用多种计量方法预测重要指标的发展趋势,前瞻性地把握宏观经济的运行态势,为国家制定调控政策服务。

## 思考题

1. 如何理解"保证基本经济制度安全"?
2. 如何理解新型举国体制在保障国家经济安全中的作用?
3. 如何评价我国当前的经济安全法律制度体系?
4. 开放型经济条件下,如何运用国际通行规则维护我国国家安全?
5. 结合当前的国际政治经济形势,简述如何提升安全威胁的识别能力。
6. 简述预警指标体系在国家经济安全中的作用。

# 第九章 统筹经济发展和经济安全

　　党的十八大以来,供给侧结构性改革作为我国重大的理论和实践创新,推动我国经济稳中有进,迈入高质量发展阶段。当前,我国进入实现第二个百年奋斗目标的新发展阶段,更需要我们完整准确全面贯彻新发展理念,以深化供给侧结构性改革为主线,统筹好经济发展和经济安全的关系,构建以国内大循环为主体、国内国际双循环相互促进的新发展格局,实现经济更高质量发展。

## 第一节 深化供给侧结构性改革<br>经济迈入高质量发展阶段

　　推进供给侧结构性改革,是以习近平同志为核心的党中央深刻洞察国际国内形势变化,科学把握发展规律和我国经济运行主要矛盾,做出的具有开创性、全局性、长远性的重大决策部署。经过"十三五"以来供给侧结构性改革的伟大实践,我国经济稳中有进,迈入了高质量发展的新阶段。

### 一、供给侧结构性改革的重要意义

#### (一) 供给侧结构性改革是适应和引领经济发展新常态的重大创新

　　党的十八大以来,习近平从时间和空间角度审视我国发展,2014 年 5 月在河南考察时,首次提出"新常态"这一概念。同年 12 月,习近平主持中央政治局会议,做出"我国进入经济发展新常态"这一重要论断。

　　与以往不同,经济新常态下,我国经济发展面临"四降一升",即经济增速下降、工业品价格下降、实体企业盈利下降、财政收入下降、经济风险发生概率上升。这些不安全问题所反映的主要矛盾不是周期性的,而是结构性的,即供给结构错配问题严重,主要表现在国内有效供给能力不足带来大量"需求外溢",消费能力严重外流;一些行业和产业产能严重过剩,同时大量关键装备、核心技术、高端产品还依赖进口,国内庞大的市场没有掌握在我们自己手中。因此,单纯依靠刺激内需难以解决产能过剩等结构性矛盾,必须把改善供给结构作为主攻方向,实现由低水平供需平衡向高水平供需平衡跃升,实现"有没有"向"好不好"的华丽蜕变。

**(二)供给侧结构性改革是适应国际金融危机发生后综合国力竞争新形势的主动选择**

2008年国际金融危机的爆发使得世界经济不安全因素上升,西方国家结束黄金增长期,世界经济结构发生深刻调整,打破了欧美发达经济体借贷消费,东亚地区提供高储蓄、廉价劳动力和产品,俄罗斯、中东、拉美等提供能源资源的全球经济大循环,国际市场有效需求急剧萎缩,经济增长远低于潜在产出水平;再工业化、产业回流本土的进口替代效应增强,直接导致我国出口需求增速放缓。西方国家强化贸易保护主义,除反倾销、反补贴等传统手段之外,在市场准入环节对技术性贸易壁垒、劳工标准、绿色壁垒等方面的要求越来越苛刻,由征收出口税、设置出口配额等出口管制手段引发的贸易摩擦越来越多。与此同时,我国劳动力等生产要素成本上升较快,东盟等新兴经济体和其他发展中国家凭借劳动力成本和自然资源比较优势积极参与国际分工,产业和订单向我国周边国家转移趋势明显,导致我国出口竞争加剧。我国传统产业和增长动力不断衰减,新兴产业体量和增长动能尚未积聚。在这个大背景下,需要我们从供给侧发力,找准在世界供给市场上的定位,创造竞争新优势。

**(三)供给侧结构性改革是落实新发展理念的必然要求**

支持经济增长特别是长期增长的要素,主要是劳动力、土地和自然资源、资本、制度、创新五个方面。国际经验表明,各个经济体在进入中等收入行列之前,即经济的"起飞"阶段,强调所谓的"要素驱动",劳动力、土地和自然资源、资本三个要素对经济增长的贡献容易比较多地生成和体现出来。当进入中等收入阶段之后,制度变革、创新等要素形成的贡献会更大,而且极为关键。所谓"全要素生产率",主要就是指制度、创新这两个要素能够给予的新支撑。我国也不例外。

党的十八大以来,我国经济下行压力较大,固然与2008年国际金融危机冲击所引起的内外需缩减有关,但主要还是由于中国经济增长内在动力减弱,即全要素生产率下降、人口红利的逐渐消失,土地等自然资源的耗竭、资本的短缺。这些要素相互叠加、共同作用,对供给能力构成约束和抑制。因此,需要贯彻落实创新、协调、绿色、开放、共享的新发展理念,实现经济增长方式从规模速度型粗放增长转向质量效率型集约增长,经济发展动力从主要依靠资源和低成本劳动力等要素投入转向创新驱动,维护能源安全、粮食安全、网络安全、生态安全、金融安全等经济安全,推动我国经济从高增长阶段向高质量发展阶段跃升,而供给侧结构性改革不失为一剂良药。

## 二、供给侧结构性改革的主要内容

**(一)供给侧结构性改革的提出**

2012年党的十八大报告提出要"推进经济结构战略性调整","着力解决制约经济持续健康发展的重大结构性问题"。报告不仅提出了经济结构战略性调整的重大历史任务,而且指明了制约我国经济持续健康发展的重大结构性问题。由此,"结构性改革"的概念也就提了出来,这是我国未来经济方略探索的第一阶段。

2013年底,中央经济工作会议提出"增长速度换挡期、结构调整阵痛期、前期刺激政策消化期"的"三期叠加"表述和经济发展新常态的概念,这是中央强调结构性改革的第二阶段。这次会上,中央把结构调整阵痛期,放在"三期叠加"的经济发展新常态的逻辑框架下来认识和对待。

2014年底召开的中央经济工作会议,对怎样认识、适应、引领中国经济发展新常态,做出了系统论述,并再次强调了对我国经济实行结构调整和结构改革的问题。

2015年11月10日,习近平在中央财经领导小组第十一次会议上,第一次提出了供给侧结构性改革。他指出:"在适度扩大总需求的同时,着力加强供给侧结构性改革,着力提高供给体系质量和效率,增强经济持续增长动力,推动中国社会生产力水平实现整体跃升。"[①]

2015年12月召开的中央经济工作会议再次提出"推动经济发展,要更加注重提高发展质量和效益。稳定经济增长,要更加注重供给侧结构性改革"的要求。

2016年1月,习近平在省部级主要领导干部学习贯彻十八届五中全会精神专题研讨班上的讲话中,对供给侧结构性改革的性质、内涵、要求做了深刻阐述。

### (二)供给侧结构性改革的内涵

所谓供给侧结构性改革,主要是指从供给侧入手,针对结构性问题而推进的改革。

供给侧结构性改革中的"侧"就是"端、面"的意思。其包含三个重要因素:一是主体发展,即劳动力或创业者、企业和企业家、投资者、政府管理者等主体素质的提高及其积极性创造性的发挥;二是产业发展,即产业结构优化、产业升级、新兴产业成长等;三是区域发展,即区域创新、区域结构优化、区域新增长点的形成等。

从供给侧入手、针对结构性问题推进的改革几乎包括所有重要的改革,如行政管理制度改革、产权制度改革、土地制度改革、国有企业改革、财税制度改革、金融制度改革、价格制度改革、社会福利制度改革、生态制度改革等。可以说,从"需求侧"转向"供给侧",相当于从"政府调控侧"转向"全面改革侧"。

推进供给侧结构性改革,其根本目的就是提高供给质量满足需求,使我国供给能力更好满足广大人民日益增长、不断升级和个性化的物质文化和生态环境需要,从而实现社会主义生产目的;其主攻方向就是减少无效和低端供给,扩大有效和中高端供给,增强供给结构对需求变化的适应性和灵活性,提高全要素生产率;其本质属性就是深化改革,优化要素配置,破除体制机制障碍。

---

① 习近平:《论把握新发展阶段、贯彻新发展理念、构建新发展格局》,中央文献出版社2021年版,第55页。

### （三）供给侧结构性改革的主要举措

2015 年中央经济工作会议提出"三去一降一补"（即去产能、去库存、去杠杆、降成本、补短板）的工作思路，2017 年中央经济工作会议提出重点在"破""立""降"（即破除无效供给、培育新动能、降低实体经济成本）上下功夫，2018 年中央经济工作会议提出"巩固、增强、提升、畅通"（即巩固"三去一降一补"成果、增强微观主体活力、提升产业链水平、畅通国民经济循环）八字方针。按照上述具体思路，供给侧结构性改革不断深化，通过一系列政策举措，特别是化解过剩产能、推动科技创新、发展实体经济的政策措施，来解决我国经济供给侧存在的问题，有效改善供求关系和经济结构。

1. 化解过剩产能，破除无效供给

2016 年以来，各地方、各部门认真分析钢铁、煤炭去产能的地方、行业特点，加强顶层设计，印发了关于钢铁、煤炭行业化解过剩产能的文件，对一个时期内化解钢铁煤炭行业过剩产能、推动实现脱困发展提出要求，明确任务，作出部署；相关部门陆续出台关于奖补资金、职工安置、财税、金融、国土、环保、质量、安全 8 个方面的配套文件及落实措施，通过印发去产能公示公告、产能退出验收标准等文件，进一步统一标准，明确要求，为做实做细相关工作奠定了基础。为强化统筹协调和协作配合，国务院建立了由 25 个成员部门和单位组成的钢铁煤炭行业化解过剩产能和脱困发展工作部际联席会议制度，针对不同阶段重点任务，及时做好对地方的指导和督促，对实施方案编制、目标分解落实、通报工作进度、严格关闭标准、治理违规建设等工作，进行具体部署和专项督查，确保产能退出到位。

2. 强化科技创新，增强内生动力

2016 年以来，我国大力实施创新驱动发展战略，扩大科研机构和高校科研自主权，改进科研项目和经费管理，深化科技成果权益管理改革；推进全面创新改革试验，支持北京、上海建设科技创新中心，新设 14 个国家自主创新示范区，以此带动形成一批区域高地；以企业为主体加强技术创新体系建设，推动产生一批具有国际竞争力的创新型企业和新型研发机构；深入开展大众创业、万众创新，实施普惠性支持政策，完善孵化体系；优化创新生态，形成多主体协同、全方位推进的创新局面。

3. 加快动能转换，激发主体活力

2016 年以来，我国深入开展"互联网+"行动，实行包容审慎监管，推动大数据、云计算、物联网广泛应用，促进新兴产业蓬勃发展、传统产业深刻重塑；实施《中国制造 2025》，推进工业强基、智能制造、绿色制造等重大工程，加快发展先进制造业；出台现代服务业改革发展举措，创新服务新业态新模式，推动传统消费提档升级、新兴消费快速兴起，促进各行业融合升级；深化农业供给侧结构性改革，培育新型经营主体，提高规模经营比重；优化投资结构，鼓励民间投资，发挥政府投资撬动作用，引导更多资金投向强基础、增后劲、惠民生领域，补齐发展短板；大力推进国有企业改革，坚决打好国有企业提质增效攻坚战；大幅放宽电力、电信、交通、石油、天然气、市政公用等领域市场准入，消除各种隐性壁垒，更好激发非公有制经济活力；坚持推动军民深度融合发展，加快"军转民""民参军"步伐，加速推进军民科技协同创新;深入推进新型城镇化,推动"一带一路"建设、京津冀协同发展、长江经济带发展三大战略,深入实施优化区域发展格局;实施"引进来"与"走出去"并重战略,推行外商投资负面清单制度,完善开放型经济新体制。

4. 降低实体经济成本,优化发展环境

2016 年,国务院印发《降低实体经济企业成本工作方案》,进一步减轻企业负担,优化发展环境;分步骤全面推开营改增,结束了 66 年的营业税征收历史,并对小微企业采取税收优惠、清理各种收费等措施,减轻市场主体税费负担;三次降低失业保险费率,并适当降低工伤、生育和企业职工基本养老保险费率,降低企业人工成本,促进实体经济发展。全力推动简政放权,深化"放管服"改革,最大限度降低企业制度性交易成本;实施降低企业贷款成本、规范金融机构收费和放贷行为、降低企业融资担保成本、提高企业直接融资比重、充分发挥财政杠杆作用、大力推动金融产品和服务创新等多种措施,降低企业融资成本;通过实施煤电价格联动机制、开展输配电价改革、完善基本电价执行方式、降低国内非居民用气价格政策、公转铁等措施,降低企业用电、用气和物流成本。

## 三、供给侧结构性改革的主要成效

2016 年以来,在以习近平同志为核心的党中央坚强领导下,全国上下坚定不移贯彻新发展理念,以推进供给侧结构性改革为主线,努力破解发展难题、厚植发展优势,推动我国经济发展取得历史性成就,迈入高质量发展的新阶段。

### (一)经济实力显著提升

2016—2019 年,我国国内生产总值年均增速为 6.7%,高于世界经济平均水平 3.9 个百分点。2019 年我国经济对世界经济的贡献率超过 32%,比 2015 年提高 5 个百分点,占全球经济比重为 16%。2020 年,我国国内生产总值突破百万亿级的大关,人均国内生产总值突破 1 万美元。尤其是面对新冠肺炎疫情,我们彰显了社会主义的优越性,迅速控制了疫情,实现了"V"字复苏,成为 2020 年全球唯一一个实现经济正增长的主要经济体。2021 年我国国内生产总值达到 114 万亿元,增长 8.1%。①

### (二)创新能力显著增强

我国全社会研发经费支出从全社会研发经费由 2015 年的 1.42 万亿元增至 2020 年的 2.44 万亿元,我国系统推进基础研究和重大技术攻关,科技创新能力实现新跃升,基础研究占研发投入比重首次超过了 6%;世界知识产权组织发布的全球创新指数显示,我国排名从 2015 年的第 29 位跃升至 2020 年的第 14 位。基础研究和应用基础研究显著加强,在量子信

---

① 李克强:《政府工作报告——2022 年 3 月 5 日在第十三届全国人民代表大会第五次会议上》,人民出版社 2022 年版,第 2 页。

息、铁基超导、干细胞、合成生物学等方面取得一批重大原创成果。关键核心技术加快突破,嫦娥四号首登月背,北斗导航全球组网,C919首飞成功,"墨子号"等系列科学实验卫星成功发射。重大专项引领重点领域跨越发展,国产芯片、操作系统和计算机整机自主保障能力进一步提升,5G成功商用,一批高端机床装备研制成功,自主研发235个新药,涌现了"嫦娥五号""奋斗者"号等一批国之重器。区域创新水平快速提升,北京、上海、粤港澳等科创中心加快建设,区域创新是创新型国家建设的重要支柱,是国家创新体系的基础和依托。2020年,国家高新区生产总值达到13.6万亿元,以不到3‰的国土面积贡献了13.3%的全国GDP,培育集聚高新技术企业超过10万家,占到全国的36.3%。2020年,全国高新技术企业数量突破27万家。[①]

### (三)经济结构持续优化

产业结构不断优化。2016年以来,我国累计压减粗钢产能1.5亿吨以上,退出煤炭落后产能8.1亿吨,淘汰关停落后煤电机组2 000万千瓦以上,"三新"(新产业、新业态、新商业模式)经济增加值占GDP的比重由2015年的14.8%提高到2020年的17.08%。[②] 战略性新兴产业加快发展,2020年高技术制造业、装备制造业增加值占规模以上工业增加值的比重分别达到15.1%和33.7%,对规模以上工业增长的贡献率超过70%,成为带动制造业发展的主要力量;信息传输、软件和信息技术服务业等新兴服务业成为助推产业持续增长的新动能。粮食产量连续多年保持在1.3万亿斤以上,农业基础地位得到加强。

区域结构不断优化。2016年以来,京津冀、长三角和粤港澳大湾区逐渐成为中国经济发展的发动机;国家级城市群、黄河流域生态保护和高质量发展等区域规划迅速落地;东中西和东北"四大板块"联动发展,纵横联动东西南北、统筹联通国内国外的发展新格局正加快形成。城乡结构不断优化。2016年以来,1亿多农业转移人口成为新市民;2021年末全国常住人口城镇化率为64.72%,比2015年提高8.62个百分点。

### (四)对外开放不断扩大

对外贸易稳中提质。我国货物贸易进出口额从2015年的3.95万亿美元增加至2020年的4.65万亿美元,保持全球第一,规模和国际市场份额均创新高位居世界第一;服务贸易进出口额从2015年的6 542亿美元增加至2020年的6 617.2亿美元,稳居世界第二。利用外资水平不断提高。非金融类利用外资从2015年的1 263亿美元增加至2020年的1 444亿美元,规模创历史新高,跃居全球第一。对外投资有序发展。2020年我国对外直接投资为1 329亿美元,位居全球前列,对外直接投资存量超过2.3万亿美元,比2015年末翻了一番。开放型经济新格局加快构建。截至2021年1月底,我国成功举办两届"一带一路"国际合作高峰论坛,累计同140个国家和31个国际组织签署205份共建"一带一路"合作文件,设立

---

① 数据来源:中华人民共和国科学技术部、国家统计局网站。

② 数据来源:中华人民共和国国家发展和改革委员会网站。

21个自由贸易试验区,海南成为内地第一个自由贸易港,全球营商环境排名跃升至2020年的第31位。

### (五)生态文明建设成效显著

污染防治力度空前加大,资源利用率提升,生态环境明显改善。在大气环境质量方面,2020年全国地级及以上城市优良天数比例达到了87%,比2015年增长5.8个百分点。PM2.5(细颗粒物)平均浓度为37微克/立方米,比2015年下降28.8%。在水环境质量方面,全国地表水优良水体比例由2015年的66%提高到2020年的83.4%;劣Ⅴ类水体比例由2015年的9.7%下降到2020年的0.6%。在土壤环境质量方面,全国受污染耕地安全利用率和污染地块安全利用率双双超过90%,顺利实现了"十三五"目标。在生态环境状况方面,全国森林覆盖率2020年为23.04%,自然保护区以及各类自然保护地面积占到陆域国土面积的18%。在应对气候变化碳减排方面,2020年单位GDP二氧化碳排放比2015年下降18.8%,顺利完成了"十三五"目标任务。[①] 大力发展绿色建筑、绿色交通,生活垃圾分类,公共交通出行,节约粮食,反对浪费,绿色成为高质量发展的鲜明底色。

### (六)人民生活不断改善

就业机会不断扩大。2020年达4.6亿人,占比从2016年的55.2%提升至2020年的61.6%。第三产业就业规模扩大,2020年末达3.6亿人,占比从2016年的43.3%提升至2020年的47.7%,劳动参与率和就业率在主要经济体中始终处于较高水平。劳动者素质普遍提高。2020年,九年义务教育巩固率95.2%,高等教育毛入学率54.4%;2016—2020年,劳动年龄人口平均受教育年限从10.2年提高到10.8年,技能人才总量由1.3亿人增至2亿人,其中高技能人才超过5 000万人。收入水平不断提高。2020年全国居民人均可支配收入32 189元,比2015年增长46.5%。人民健康和医疗卫生水平不断提高。2020年,全国参保人数13.61亿人,参保率稳定在95%以上;基本养老、失业、工伤保险参保人数分别为9.99亿人、2.17亿人、2.68亿人;居民平均预期寿命达到77.93岁,比世界平均预期寿命高5岁。居住环境不断改善。2021年,全体居民人均住房建筑面积59.1平方米。其中,城镇常住居民人均住房建筑面积53.6平方米,较2017年增加6.3平方米,农村常住居民人均住房建筑面积69.4平方米,较2017年增加6.6平方米。5 575万农村贫困人口实现脱贫,960多万建档立卡贫困人口通过易地扶贫搬迁摆脱了"一方水土难养一方人"的困境,现行标准下农村贫困人口全部脱贫、贫困县全部摘帽的目标任务如期实现,困扰中华民族几千年的绝对贫困问题历史性得到解决。

---

① 国家统计局:《中华人民共和国2020年国民经济和社会发展统计公报》。

# 第二节  把握新发展阶段  推动发展与安全深度融合

全面建成小康社会、实现第一个百年奋斗目标之后,我国进入全面建设社会主义现代化国家、向第二个百年奋斗目标奋进的新发展阶段。新发展阶段需要我们胸怀"两个大局",把握我国仍处于重要战略机遇期,统筹经济发展与经济安全的关系,全力办好自己的事情。

## 一、新发展阶段的提出

2020 年 8 月 24 日,习近平在主持召开经济社会领域专家座谈会时指出,"十四五"时期是我国全面建成小康社会、实现第一个百年奋斗目标之后,乘势而上开启全面建设社会主义现代化国家新征程、向第二个百年奋斗目标进军的第一个五年,我国将进入新发展阶段。[①]这既表明了我国在社会主义初级阶段向上发展的历史方位,又为下一阶段发展指明了方向。

此后,习近平在教育文化卫生体育领域专家代表座谈会、中央党校(国家行政学院)中青年干部培训班开班式、深圳经济特区建立 40 周年庆祝大会等重要会议和场合反复强调"十四五"时期我国将进入新发展阶段,并就做好相关工作提出明确要求。

2020 年 10 月召开的党的十九届五中全会对"新发展阶段"这一论断作了更系统更深入的阐述。

"进入新发展阶段"是以习近平同志为核心的党中央关于我国发展的一个重大战略判断,把握好"新发展阶段"的历史方位和历史定位,理解好这一论断的科学内涵,方能谋求推动我国发展进步的治国之策。

## 二、准确理解新发展阶段

**(一)新发展阶段是社会主义初级阶段中的一个阶段,同时是经过几十年积累、站到了新的起点上的一个阶段**

不同的历史时代中有若干个不同的发展阶段。新发展阶段是一个相对概念,它本身依存于特定的历史时代。从世界社会主义 500 年发展历程的角度看,尽管我们所处的时代同马克思所处的时代相比发生了巨大而深刻的变化,但是我们依然处在马克思主义所指明的时代,即当今人类依然处在资本主义社会形态占统治地位并逐步向社会主义过渡的大的历史时代。同时,这个大的历史时代又分为不同的发展阶段。早在民主革命时期,毛泽东就指

---

① 习近平:《论把握新发展阶段、贯彻新发展理念、构建新发展格局》,中央文献出版社,2021 年版,第 371 页。

出："认清中国的国情,乃是认清一切革命问题的基本的根据。"①认识国情,最重要的是搞清楚现实社会的性质和发展阶段,认识社会主要矛盾和它的变化。正是由于以毛泽东同志为核心的党的第一代中央领导集体全面、准确地把握了我国处于半殖民地半封建社会这一基本国情,才正确地解决了新民主主义革命的对象、任务、性质、动力和前途等一系列基本问题,引导中国革命取得了胜利。社会主义制度建立以后,也有一个如何认清国情、正确判断我国社会所处历史方位的问题。党的十三大系统阐述了社会主义初级阶段理论,强调社会主义初级阶段不是泛指任何国家进入社会主义都会经历的起始阶段,而是特指我国生产力落后、商品经济不发达条件下建设社会主义必然要经历的特定阶段。即从 1956 年社会主义改造基本完成到 21 世纪中叶社会主义现代化基本实现的整个历史阶段。因此,科学认识我国发展新的历史方位,必须从社会主义初级阶段这样一个大的历史跨度来审视。社会主义初级阶段不是一个静态、一成不变、停滞不前的阶段,也不是一个自发、被动、不用费多大气力自然而然就可以跨过的阶段,而是一个动态、积极有为、始终洋溢着蓬勃生机活力的过程,是一个阶梯式递进、不断发展进步、日益接近质的飞跃的量的积累和发展变化的过程。改革开放 40 多年来,我国经济社会发展取得了历史性成就,并推动中国特色社会主义进入新发展阶段。由此可见,新发展阶段是经过几十年积累、站到了新的起点上的一个阶段,是改革开放 40 多年来发展历程的必然接续,也是新中国 70 多年来发展历程的必然接续,其未来前途是为社会主义初级阶段夯实基础。全面建设社会主义现代化国家、基本实现社会主义现代化,既是社会主义初级阶段我国发展的要求,也是我国社会主义从初级阶段向更高阶段迈进的要求。

### (二) 新发展阶段是站起来、富起来到强起来历史性跨越的新阶段

实现中华民族的伟大复兴,是中国共产党人孜孜追求的发展目标,是近代以来中国人民最伟大的梦想。无数仁人志士苦苦探索救国救民、实现中国现代化的道路,均未取得成功。只有中国共产党带领和依靠人民经过 28 年浴血奋斗建立了新中国,走上了现代化的正确之路。早在新中国成立前夕召开的中共七届二中全会上,毛泽东就向全党发出了"迅速地恢复和发展生产,使中国稳步地从农业国转变为工业国"的号召。② 在 1954 年召开的第一届全国人民代表大会上,周恩来在《政府工作报告》中明确提出:"我国的经济原来是很落后的,如果我们不建设起强大的现代化的工业、现代化的农业、现代化的交通运输业和现代化的国防,我们就不可能摆脱落后和贫困,我们的革命就不能达到目的。"③1964 年,周恩来在第三届全国人民代表大会上又进一步提出了分两步走、在 20 世纪末实现"四个现代化"的奋斗目标。党的十一届三中全会以后,随着工作重心的转移,我国对社会主义现代化建设规律的认识不断深化。1987 年,邓小平完整概括了"三步走"经济发展战略。同年,"三步走"战略写入党

---

①　《毛泽东选集》第 2 卷,人民出版社 1991 年版,第 633 页。

②　《毛泽东选集》第 4 卷,人民出版社 1991 年版,第 1437 页。

③　中共中央文献研究室编:《建国以来重要文献选编》(第五册),中央文献出版社 1993 年版,第 584 页。

的十三大报告:"党的十一届三中全会以后,我国经济建设的战略部署大体分三步走。第一步,实现国民生产总值比 1980 年翻一番,解决人民的温饱问题。这个任务已经基本实现。第二步,到本世纪末,使国民生产总值再增长一倍,人民生活达到小康水平。第三步,到下个世纪中叶,人均国民生产总值达到中等发达国家水平,人民生活比较富裕,基本实现现代化。然后,在这个基础上继续前进。"①按照这一设想,达到中等发达国家水平的时间是 2050 年。随着时间的推移,"三步走"战略也不断得到丰富和延伸。1997 年 10 月,党的十五大报告明确指出:"展望下世纪,我们的目标是,第一个十年实现国民生产总值比 2000 年翻一番,使人民的小康生活更加宽裕,形成比较完善的社会主义市场经济体制;再经过十年的努力,到建党一百年时,使国民经济更加发展,各项制度更加完善;到世纪中叶建国一百年时,基本实现现代化,建成富强民主文明的社会主义国家。"②2002 年党的十六大将第三步战略目标分为前 20 年和后 30 年,前 20 年的目标是集中力量建设全面小康社会,后 30 年的目标是把我国建成富强民主文明的社会主义国家。党的十八大报告提出"确保到二〇二〇年实现全面建成小康社会"的宏伟目标。由此,"全面建成小康社会"成为 21 世纪我国现代化建设进程中一个重要的发展阶段。党的十九大报告站在中国特色社会主义新时代的历史方位,对实现第二个百年奋斗目标做出了"从全面建成小康社会到基本实现现代化,再到全面建成社会主义现代化强国"的"两阶段"战略安排,即到 2035 年基本实现社会主义现代化,到本世纪中叶把我国建成富强民主文明和谐美丽的社会主义现代化强国。由此可见,新发展阶段是中华民族伟大复兴历史进程中的大跨越阶段。

**(三)新发展阶段是我国社会主义发展进程中的一个重要阶段**

中国特色社会主义的伟大实践,可以划分为五个阶段。新中国成立后,以毛泽东同志为核心的党的第一代中央领导集体,带领全国人民对社会主义现代化建设进行了艰辛探索,在"一穷二白"的基础上建立起独立的、比较完整的工业体系和国民经济体系,为在新的历史时期开创中国特色社会主义提供了宝贵经验、理论准备、物质基础。党的十一届三中全会以后,以邓小平同志为主要代表的中国共产党人,团结带领全党全国各族人民,深刻总结新中国成立以来正反两方面经验,借鉴世界社会主义历史经验,创立了邓小平理论,作出把党和国家工作中心转移到经济建设上来、实行改革开放的历史性决策,深刻揭示社会主义本质,确立社会主义初级阶段基本路线,明确提出走自己的路、建设中国特色社会主义,科学回答了建设中国特色社会主义的一系列基本问题,制定了到二十一世纪中叶分三步走、基本实现社会主义现代化的发展战略,成功开创了中国特色社会主义。党的十三届四中全会以后,以江泽民同志为主要代表的中国共产党人,团结带领全党全国各族人民,坚持党的基本理论、基本路线,加深了对什么是社会主义、怎样建设社会主义和建设什么样的党、怎样建设党的认识,形成了"三个代表"重要思想,在国内外形势十分复杂、世界社会主义出现严重曲折的

①　中共中央文献研究室编:《改革开放三十年重要文献选编》(上),中央文献出版社 2008 年版,第 478 页。
②　中共中央文献研究室编:《改革开放三十年重要文献选编》(下),中央文献出版社 2008 年版,第 891 页。

严峻考验面前,捍卫了中国特色社会主义,确立了社会主义市场经济体制的改革目标和基本框架,确立了社会主义初级阶段的基本经济制度和分配制度,开创全面改革开放新局面,推进党的建设新的伟大工程,成功把中国特色社会主义推向 21 世纪。党的十六大以后,以胡锦涛同志为主要代表的中国共产党人,团结带领全党全国各族人民,在全面建设小康社会进程中推进实践创新、理论创新、制度创新,深刻认识和回答了新形势下实现什么样的发展、怎样发展等重大问题,形成了科学发展观,抓住重要战略机遇期,聚精会神搞建设,一心一意谋发展,强调坚持以人为本、全面协调可持续发展,着力保障和改善民生,促进社会公平正义,推进党的执政能力建设和先进性建设,成功在新形势下坚持和发展了中国特色社会主义。党的十八大以来,以习近平同志为主要代表的中国共产党人,团结带领全党全国各族人民,全面审视国际国内新的形势,通过总结实践、展望未来,深刻回答了新时代坚持和发展什么样的中国特色社会主义、怎样坚持和发展中国特色社会主义这个重大时代课题,创立了新时代中国特色社会主义思想,坚持统筹推进"五位一体"总体布局、协调推进"四个全面"战略布局,坚持稳中求进工作总基调,对党和国家各方面工作提出一系列新理念新思想新战略,推动党和国家事业发生历史性变革、取得历史性成就,中国特色社会主义进入了新时代。[①]新发展阶段作为我国社会主义发展进程中的一个重要阶段,是全面回应我国社会主要矛盾发生变化、不断满足人民美好生活需要的新阶段;是全面贯彻新发展理念、加快构建新发展格局,不断实现更高质量、更有效率、更加公平、更可持续、更为安全的发展的新阶段;是坚持和完善中国特色社会主义制度、确保实现国家治理体系和治理能力现代化的新阶段;是在充满不确定性的国际环境中继续深化改革开放、实现更大发展的新阶段。

### （四）新发展阶段是我国发展仍然处于重要战略机遇期的阶段

战略机遇期,是指有利于战略实施的历史阶段及其环境和条件。进入 21 世纪,经济全球化的速度在加快,世界新科技革命浪潮继续迅猛发展,美国"9·11"事件后世界多极化趋势越来越明显,和平与发展仍是时代的两大主题,2001 年我国加入世界贸易组织后迎来发展的黄金期。针对国际国内形势发生的巨大变化,2002 年 5 月 31 日,江泽民在中央党校发表重要讲话时指出,"综观全局,二十一世纪头二十年,对我国来说,是一个必须紧紧抓住并且可以大有作为的重要战略机遇期。"[②]之后这段话被写入党的十六大报告。20 年弹指一挥间,虽然期间国际国内环境发生了深刻复杂变化,但我国发展重要战略机遇期的重大判断没有改变。2021 年 1 月习近平在省部级主要领导干部学习贯彻党的十九届五中全会精神专题研讨班开班式上明确指出:"当今世界正经历百年未有之大变局,但时与势在我们一边,这是我们定力和底气所在,也是我们的决心和信心所在。同时,必须清醒看到,当前和今后一个时期,虽然我国发展仍然处于重要战略机遇期,但机遇和挑战都有新的发展变化,机遇和挑

---

① 《中共中央关于党的百年奋斗重大成就和历史经验的决议》,人民出版社 2021 年版,第 6-27 页。
② 《江泽民文选》第 3 卷,人民出版社 2006 年版,第 542 页。

战之大都前所未有,总体上机遇大于挑战。"①由此可见,新发展阶段是我国发展仍然处于重要战略机遇期的阶段,需要我们辩证地认识机遇和挑战的关系,善于在危机中育先机、在变局中开新局。

## 三、新发展阶段的战略要求

### (一)胸怀"两个大局"

所谓"两个大局",一个是中华民族伟大复兴的战略全局,一个是世界百年未有之大变局。新发展阶段是实现中华民族伟大复兴进程中的重要阶段,中华民族复兴战略全局就是建立在新发展阶段之上的。而推进中华民族伟大复兴战略全局,必须放在世界大变局的背景下来谋划。当今世界正经历百年未有之大变局,新一轮科技革命和产业变革深入发展,国际力量对比深刻调整,和平与发展仍然是时代主题,人类命运共同体理念深入人心,同时国际环境日趋复杂,不稳定性不确定性明显增加,新冠肺炎疫情影响广泛深远,经济全球化遭遇逆流,世界进入动荡变革期,单边主义、保护主义、霸权主义对世界和平与发展构成威胁。世界百年未有之大变局,既为中华民族复兴孕育着新的机遇,同时也带来了新的挑战。这就要求我们必须深刻认识"两个大局"的来龙去脉,并在思想上和行动上始终以"两个大局"为战略支撑点,既能善于顺势而为开好"顺风船",又能勇于逆势而上开好"顶风船",在新发展阶段形成新合力,展现新作为。

### (二)以高质量发展为主题

我国已进入高质量发展阶段,社会主要矛盾已经转化为人民日益增长的美好生活需要和不平衡不充分的发展之间的矛盾,人均国内生产总值达到 1 万美元,城镇化率超过 60%,中等收入群体超过 4 亿人,人民对美好生活的要求不断提高。我国制度优势显著,治理效能提升,经济长期向好,物质基础雄厚,人力资源丰厚,市场空间广阔,发展韧性强大,社会大局稳定,继续发展具有多方面优势和条件。同时,我国发展不平衡不充分问题仍然突出,创新能力不适应高质量发展要求,农业基础还不稳固,城乡区域发展和收入分配差距较大,生态环保任重道远,民生保障存在短板,社会治理还有弱项。新发展阶段不仅要继续发展,而且要高质量发展,要以推动高质量发展为主题,贯彻新发展理念,构建新发展格局,锲而不舍地实现我们的既定目标。

### (三)强化机遇意识和风险意识

经济发展和经济安全是一体之两翼、驱动之双轮。中华民族伟大复兴不是轻轻松松、敲

---

① 《深入学习坚决贯彻党的十九届五中全会精神　确保全面建设社会主义现代化国家开好局》,《人民日报》2021 年 1 月 12 日。

锣打鼓就能实现的。从全面小康到全面现代化,不是简单的延续,而是新的高峰、新的课题、新的挑战,会遇到来自不同方面和方向的风险和挑战。安全是发展的前提,发展是安全的保障。为此,我们要坚持统筹经济发展和经济安全的关系,把经济安全同经济发展一起谋划、一起部署。一方面要用好自己的优势和条件,紧紧抓住机遇而不能丧失机遇,特别是要勇于开顶风船,善于转危为机,通过经济发展提升经济安全实力;另一方面要牢固树立底线思维,发扬斗争精神,增强斗争本领,防微虑远、趋利避害,把防范化解重大风险作为一项极其重要的工作,深入推进经济安全思路、体制、手段创新,密切关注那些可能迟滞甚至中断中华民族伟大复兴进程的重大风险,综合研判、统筹谋划、有力应对,营造有利于经济发展的安全环境,以发展促安全、以安全保发展,努力实现经济发展和经济安全的动态平衡。

### （四）坚定维护改革发展稳定大局

改革发展稳定是我国社会主义现代化建设的三个重要支点。改革是经济社会发展的强大动力,发展是解决一切经济社会问题的关键,稳定是改革发展的前提。只有社会稳定,改革发展才能不断推进:只有改革发展不断推进,社会稳定才能具有坚实基础。面对复杂多变的国际形势和国内一些不利因素,需要我们自觉适应新时代新要求,坚持辩证唯物主义和历史唯物主义世界观和方法论,坚持稳中求进工作总基调,坚持把改革的力度、发展的速度和社会可承受的程度统一起来,坚持方向不变、道路不偏、力度不减,把改善人民生活作为正确处理改革发展稳定关系的结合点,坚持在保持社会稳定中推进改革发展,通过改革发展促进社会稳定,奋力开创新时代中国特色社会主义事业发展新局面。

## 第三节　贯彻新发展理念　增强安全发展能力

理念是行动的先导,发展理念是否对头,从根本上决定着发展成效乃至成败。创新、协调、绿色、开放、共享的新发展理念,是党中央针对我国发展中的突出矛盾和问题提出来的。进入新发展阶段,我们更需要完整准确全面贯彻好新发展理念,指引我国经济朝着更高质量、更有效率、更加公平、更可持续、更为安全的方向坚定前行。

### 一、贯彻新发展理念的重要意义

#### （一）通过创新发展解决发展动力不足问题

改革开放 40 多年来,尽管遇到各种困难,但我国创造了第二次世界大战结束后一个国家经济高速增长持续时间最长的奇迹。到 2010 年,我国制造业规模超过美国,居世界第一,我们用几十年时间走完了发达国家几百年走过的工业化发展历程,创造了世界发展的奇迹。但是,随着经济总量的不断增大,到 2015 年我们在发展中遇到了一系列新情况新问题:经济发展面临速度换挡节点,世界经济的不景气、保护主义、外需疲软等导致出口拉动经济增长方式受到很大制约,高速增长逐渐慢了下来;经济发展面临结构调整节点,低端产业产能过剩需要集中消化,中高端产业需要加快发展;经济发展面临动力转换节点,劳动力成本上升,资源环境约束增大,低成本资源和要素投入形成的驱动力明显减弱,粗放的发展方式难以为继,经济增长需要更多驱动力创新,与此同时,我国经济大而不强,尤其是创新能力不强,我国关键核心技术受制于人的局面没有根本改变,创造新产业、引领未来发展的科技储备远远不够,产业仍处于全球价值链中低端,军事、安全领域高技术方面同发达国家仍有较大差距,成为我国经济的"阿喀琉斯之踵"。因此,通过创新引领和驱动发展就成为我国发展的迫切要求。

### (二)通过协调发展解决发展不平衡问题

改革开放之初,为了解决温饱问题,解放和发展生产力,我们更多强调的是发展速度,相应采用的是"农业支持工业、农村支持城市",东部沿海地区率先对外开放,允许一部分人一部分地区先富裕起来的非均衡发展战略。但当经济发展到一定阶段,我国进入中等收入国家行列之后,就更需关注发展质量和整体效果,解决发展中存在的不平衡问题。乡村发展滞后于城市发展,城乡差距越来越大,城乡不平衡问题突出;中西部地区发展滞后于东南沿海地区发展,北方地区发展滞后于南方地区发展,区域差距增大,区域不平衡问题严重;社会建设滞后于经济建设,经济与社会发展不平衡问题凸显;精神文明建设滞后于物质文明建设,二者发展极不平衡;国防建设与经济建设失衡。这些问题如果得不到有效解决,就会加剧社会矛盾,影响社会和谐稳定。因此,需要通过协调发展实现发展的全面性与整体性。

### (三)通过绿色发展解决发展不可持续问题

改革开放以来,我国经济实现了多年的高速增长,创造了中国奇迹,但也积累了大量生态环境问题,成为人民群众反映强烈的突出问题。主要表现在:高投入、高污染、低产出的模式尚未得到根本性改变;能源资源消耗严重,我国 GDP 占全世界的 10%,钢铁、煤炭、水泥的消耗却占世界的一半之多,石油的对外依存度也超过 50%,单位 GDP 能耗高,资源利用率低;大气污染严重,PM2.5 数值高,二氧化硫、氮氧化物排放量已到了触目惊心的地步;水污染严重,废水、污水排放超过环境容量,七大江河水系近一半是劣质水;土壤污染严重,沙化面积不断扩大,全国 80%多的草原出现退化,占国土总面积 37%的水土出现流失;生物多样性下降。这些短板成为民生之患、民心之痛,迫切需要绿色发展实现人与自然的和谐共存。

### (四)通过开放发展解决内外联动不足问题

改革开放初期,我们自身力量不强、经验不足,面对占据优势地位的西方国家,却主动顺应世界发展潮流,毅然决然地大胆开放、走向世界,拓展了发展空间,提升了国际竞争力。但是党的十八大以来,我们面临的国际国内形势同以往大不相同,总体上有利因素更多,更深层次的风险挑战却不容忽视。主要表现在:新兴市场国家和发展中国家群体性崛起,国际力量对比"东升西降",世界多极化和国际关系民主化大势难逆,但西方发达国家在经济、科技、政治、军事上的优势地位尚未改变,更加公正合理的国际政治经济秩序的形成依然任重道远;世界经济逐渐走出国际金融危机阴影,西方国家通过再工业化总体保持复苏势头,但国际范围内保护主义严重,国际经贸规则制定出现政治化、碎片化苗头,不少新兴市场国家和发展中国家经济持续低迷,世界经济还没有找到全面复苏的新引擎;我国成为世界第二经济大国、最大货物出口国、第二大货物进口国、第二大对外直接投资国、最大外汇储备国、最大旅游市场,在世界经济和全球治理中的分量迅速上升,成为影响世界政治经济版图变化的一个主要因素,但我国经济大而不强问题依然突出,人均收入和人民生活水平更是同发达国家不可同日而语,我国经济实力转化为国际制度性权力依然需要付出艰苦努力;我国对外开放进入"引进来"和"走出去"更加均衡的阶段,我国对外开放从早期"引进来"为主转为"大进大出"新格局,但与之相应的法律、咨询、金融、人才、风险管控、安全保障等都难以满足现实需要,支撑高水平开放和大规模走出去的体制和力量仍显薄弱。这就需要开放发展增强我们更好利用国际国内两个市场、两种资源的能力。

**(五)通过共享发展解决发展不公平性问题**

"治国有常,而利民为本。"新中国成立初期,毛泽东就指出:"现在我们实行这么一种制度,这么一种计划,是可以一年一年走向更富更强的,一年一年可以看到更富更强些。而这个富,是共同的富,这个强,是共同的强,大家都有份。"①经过长期艰苦奋斗,尤其是改革开放40多年以来,我国人民生活质量和社会共享水平显著提高,但就业不充分,高校毕业生、农民工等重点群体就业面临较大压力;教育资源配置不均衡;分配不公,城乡、区域、不同群体间收入差距较大;城乡区域公共服务水平差距大;城乡社会保障体系不健全;医疗卫生事业和社会治理领域存在短板,这些都是不争的事实。为此,需要我们通过共享发展让发展成果更多更公平惠及全体人民。

## 二、把握新发展理念的主要内容

### (一)新发展理念的提出

中国特色社会主义进入新时代,中国经济发展进入新常态。2015年以来,我国经济社会形势错综复杂,习近平多次召开各层级会议,并到多省调研,与专家座谈,分析研判我国经济社会状况,布局我国经济社会发展,提出诸多新观点、新论断,其中多次提到发展理念的问题。

2015年7月20日召开的中央政治局会议上,在谋篇布局"十三五"时,习近平再次强调了"发展理念"。他说,"十三五"时期,我国发展的环境、条件、任务、要求等都发生了新的变

---

① 《毛泽东文集》第6卷,人民出版社1999年版,第495页。

化。认识新常态、适应新常态、引领新常态，保持经济社会持续健康发展，必须有新理念、新思路、新举措。发展理念是发展行动的先导，是发展思路、发展方向、发展着力点的集中体现。要认真总结经验、深入分析问题，把发展理念梳理好、讲清楚，以发展理念转变引领发展方式转变，以发展方式转变推动发展质量和效益提升，为"十三五"时期我国经济社会发展指好道、领好航。[1]

2015 年 10 月，党的十八届五中全会首次提出"创新、协调、绿色、开放、共享"五大发展理念，指出"创新是引领发展的第一动力，协调是持续健康发展的内在要求，绿色是永续发展的必要条件和人民对美好生活追求的重要体现，开放是国家繁荣发展的必由之路，共享是中国特色社会主义的本质要求"。全会强调，坚持创新发展、协调发展、绿色发展、开放发展、共享发展，是关系我国发展全局的一场深刻变革。全党同志要充分认识这场变革的重大现实意义和深远历史意义，统一思想，协调行动，深化改革，开拓前进，推动我国发展迈上新台阶。[2]

2017 年，党的十九大明确将"坚持新发展理念"纳入习近平新时代中国特色社会主义思想的基本方略，成为习近平新时代中国特色社会主义经济思想的主要内容。新发展理念的提出，是以习近平同志为核心的党中央，在把握世界历史脉络和发展大势、深刻总结国内外发展经验基础上提出来的，集中体现了我们党对发展规律认识的升华，开启了我国发展全局的思想解放和理念变革。

"十三五"时期，正是在新发展理念的引领下，我国经济发展实现了从"有没有"到"好不好"的转向、由"量"到"质"的跨越，我国发展不断开拓新境界，成功应对了国内"三期叠加"和国际金融危机影响持续发酵的双重压力，更成功应对了新冠肺炎疫情带来的冲击和挑战，引导我国经济发展取得了历史性成就、发生了历史性变革。新发展理念是经我国经济社会发展实践检验过的科学指引。面对未来新发展阶段，我们必须更好贯彻新发展理念，实现高质量发展。

### （二）新发展理念的丰富内涵

新发展理念是一个系统的理论体系，完整准确全面地理解新发展理念的内涵，需从根本宗旨、问题导向、忧患意识三个方面予以把握。

#### 1. 从根本宗旨把握新发展理念

中国共产党领导人民治国理政，首先要回答好为什么人发展、由谁享有发展这个重大问题。人民是我们党执政的最深厚基础和最大底气，为人民谋幸福、为民族谋复兴，这既是中国共产党的初心和使命，是中国共产党领导现代化建设的出发点和落脚点，更是新发展理念的"根"和"魂"。只有坚持以人民为中心的发展思想，坚持发展为了人民、发展依靠人民、发展成果由人民共享，才会有正确的发展观、现代化观。实现共同富裕不仅是经济问题，而且是关系党的执政基础的重大政治问题，是社会主义的本质要求。为此，我们在制度安排上要

---

[1]　《中共中央政治局召开会议　决定召开十八届五中全会》，《人民日报》2015 年 7 月 21 日。
[2]　《中共十八届五中全会在京举行》，《人民日报》2015 年 10 月 30 日。

彰显社会公平正义,要统筹考虑需要和可能,按照经济社会发展规律循序渐进,自觉主动解决地区差距、城乡差距、收入差距等问题,不断增强人民群众获得感、幸福感、安全感。

2. 从问题导向把握新发展理念

当前,我国发展已经站在新的历史起点上,已由高速增长阶段转向高质量发展阶段。所谓高质量发展,就是能够很好满足人民日益增长的美好生活需要的发展,是体现新发展理念的发展,是创新成为第一动力、协调成为内生特点、绿色成为普遍形态、开放成为必由之路、共享成为根本目的的发展。但是我们不得不清醒地看到,发展不平衡不充分问题仍然突出:创新能力不适应高质量发展要求,关键核心技术受制于人的状况尚未改观,基础研究投入低于发达国家水平;农业基础还不稳固;城乡区域发展和收入分配差距较大;生态环保任重道远;基本公共服务均等化程度仍需提升;民生保障存在短板,社会治理还有弱项;扩大开放的安全保障仍需进一步加强。只有坚持问题导向,根据新发展阶段的新要求,更加精准地贯彻新发展理念,推出更加务实有效的举措,才能切实解决好发展不平衡不充分等问题,真正实现更高质量、更有效率、更加公平、更可持续、更为安全的发展。

3. 从忧患意识把握新发展理念

进入新发展阶段,世界百年未有之大变局加速演变,全球新冠肺炎疫情扩散蔓延态势仍在持续,保护主义、单边主义上升,世界经济增长低迷,国内发展还面临社会主要矛盾变化带来的诸多风险挑战。贯彻落实新发展理念,前提都是国家安全、社会稳定。没有安全和稳定,一切都无从谈起。面对严峻复杂的国际形势和艰巨繁重的国内改革发展稳定任务,我们必须统筹好发展与安全的关系,增强机遇意识和忧患意识,坚持底线思维,既防"黑天鹅",又防"灰犀牛",下好防范风险的先手棋,打好化解风险的主动战,避免发展陷阱,克服路径依赖,实现弯道超车。在贯彻落实新发展理念中战胜各种风险挑战,关键是集中精力办好自己的事,不断提升应对复杂困难局面的能力和水平,增强我们的生存力、竞争力、发展力、持续力。只有坚持政治安全、人民安全、国家利益至上有机统一,做好经济上、政治上、文化上、社会上、外交上、军事上各种斗争的准备,敢于斗争、善于斗争,在伟大斗争的洗礼和磨炼中成长壮大,全面做强自己,才能推动中国号巨轮乘风破浪、行稳致远。

## 三、落实新发展理念的具体要求

新发展理念是相互贯通、具有内在联系的整体,提出的要求是全方位、多层面的。我们要坚持系统观念,把新发展理念贯穿发展全过程和各领域,努力提高以新发展理念引领高质量发展的能力和水平。

### (一)大力推动创新发展

科技兴则民族兴,科技强则国家强。要坚持创新在我国现代化建设全局中的核心地位,把科技自立自强作为国家发展的战略支撑,面向世界科技前沿、面向经济主战场、面向国家重大需求、面向人民生命健康,完善国家创新体系,加快建设科技强国;充分发挥国家作为重大科技创新组织者的作用,健全新型举国体制,打好关键核心技术攻坚战,加快推进国家实验室建设,布局建设综合性国家科学中心和区域性创新高地;强化企业创新主体地位,推进产学研深度融合,发挥企业家在技术创新中的重要作用,推动产业链上中下游、大中小企业融通创新,加快发展现代产业体系,增强产业链、供应链自主可控能力,提升产业链、供应链现代化水平,推动经济体系优化升级;加快发展数字经济,培育发展新动能;完善科技创新体制机制,激发人才创新活力,壮大高水平工程师和高技能人才队伍,弘扬科学精神和工匠精神,营造崇尚创新的社会氛围。

### (二)大力推动协调发展

新时代满足人民日益增长的美好生活需要,不仅包括满足人民对物质文化生活的更高要求,而且包括满足人民在民主、法治、公平、正义、安全、环境等方面日益增长的要求。因此,要坚持统筹推进"五位一体"总体布局、协调推进"四个全面"战略布局,加强顶层设计和战略布局,增强发展的整体性、协同性,科学统筹推动各方面工作。要坚持农业农村优先发展,全面实施乡村振兴战略,推动农村一、二、三产业深度融合,推进农村基础设施和公共服务提档升级,全面深化农村改革,促进城乡协调发展;改善人民生活品质、提高社会建设水平,推进以人为核心的新型城镇化,提升城市治理水平,增强县城综合承载力,促进经济社会协调发展;坚持实施区域重大战略、区域协调发展战略、主体功能区战略,促进区域协调发展;繁荣发展文化事业,提高社会文明程度、提升公共文化服务水平、健全现代文化产业体系,促进物质文明精神文明协调发展;统筹发展与安全的关系,加强国家安全体系和能力建设,确保经济安全。

### (三)大力推动绿色发展

生态文明建设是关系中华民族永续发展的根本大计。要坚持绿水青山就是金山银山理念,深化对人与自然是生命共同体的认识,坚持尊重自然、顺应自然、保护自然;坚持节约优先、保护优先、自然恢复为主的方针,守住自然生态安全边界;深入实施可持续发展战略,完善生态文明领域统筹协调机制,构建生态文明体系;发展绿色金融,支持绿色技术创新,推动重点行业和重点领域绿色化改造;加快推动绿色低碳发展,完善能源消费总量和强度双控制度,扎实开展碳达峰、碳中和相关工作,加快建设全国用能权、碳排放权交易市场,推进水电、风电、光伏发电等可再生能源及氢能等清洁能源发展,大力发展循环经济,推行垃圾分类和减量化、资源化,全面提高资源利用效率;增强全社会生态环保意识,继续开展污染防治行动,深入打好蓝天、碧水、净土保卫战,持续改善环境质量,提升生态系统质量和稳定性,切实防范化解生态安全风险。

### (四)大力推动开放发展

开放是当代中国的鲜明标识,中国对外开放的大门只会越开越大。要坚持实施更大范围、更宽领域、更深层次对外开放,依托我国大市场优势,促进国际合作,实现互利共赢;促进贸易和投资自由化便利化,推进贸易创新发展,增强对外贸易综合竞争力;加快推动规则、规制、管理、标准等制度型开放,完善外资准入前国民待遇加负面清单管理制度,有序扩大服务业对外开放;推动共建"一带一路"高质量发展,深入推进与沿线重点国家、国际组织合作,加强中欧班列通道能力等建设;深化国际产能合作,扩大双向贸易和投资,推进战略、规划、机制对接,加强政策、规则、标准联通;积极参与全球经济治理体系改革,维护多边贸易体制,推动完善更加公正合理的全球经济治理体系。

### (五)大力推动共享发展

增进民生福祉、实现共同富裕是发展的根本目的,实现好、维护好、发展好最广大人民根本利益是发展的出发点和落脚点,要完善工资制度,健全工资合理增长机制,着力提高低收入群体收入,扩大中等收入群体;千方百计稳定和扩大就业,强化对高校毕业生、农民工等重点群体就业帮扶,加强返乡入乡创业园(基地)建设;健全覆盖全民、统筹城乡、公平统一、可持续的多层次社会保障体系,加快实施棚户区改造等保障性安居工程,加强重要民生商品市场保供稳价,全力保障困难群众基本生活;着力补齐教育培训、养老育幼、医疗卫生、文化旅游、体育健身等民生领域短板,不断提升人民生活品质;加强和创新社会治理,不断增强人民群众获得感、幸福感、安全感,在促进全体人民共同富裕的道路上不断向前迈进。

## 第四节    构建新发展格局    牢牢把握发展底线

构建以国内大循环为主体、国内国际双循环相互促进的新发展格局,是根据我国发展环境、发展阶段、发展条件变化做出的战略之举,是实现我国未来经济发展的系统性深层次变革。构建新发展格局,必将筑牢我国经济高质量发展的安全之基,保障国民经济循环更加畅通高效,提升国民经济体系整体效能。

### 一、构建新发展格局的重要意义

#### (一)构建新发展格局是适应我国发展环境变化的战略之举

1949—1978 年改革开放前的 30 年,我国基本上是以内循环为主。改革开放以来特别是加入世贸组织后,我国抓住经济全球化的重要机遇,充分发挥劳动力、土地等要素成本低的比较优势,通过大力发展加工贸易、承接劳动密集型国际产业转移起步加入国际大循环,逐步融入全球产业分工体系,市场和资源"两头在外",形成"世界工厂"发展模式,提升了我国经济实力、改善了人民生活。但是 2008 年国际金融危机后,世界经济持续低迷,经济全球化遭遇逆流,各种保护主义、民粹主义、孤立主义抬头,多边贸易体制受到严重侵蚀,传统国际大循环明显弱化。此后我国发展面临的外部环境一直发生着深刻变革,尤其是自 2018 年中美贸易摩擦以来,国际环境、国际局势快速变化,美国决策者扬言与中国"脱钩",并加紧"去中国化"。再加上 2020 年新冠肺炎疫情暴发,更使世界经济陷入严重衰退,全球产业链、供应链因非经济因素遭受重创,逆全球化趋势更加明显,一些国家的单边主义、保护主义、霸权主义对和平与发展构成威胁,世界进入动荡变革期。面对更多逆风逆水的外部环境和我国"世界工厂"发展模式的难以为继,我们必须统筹好中华民族伟大复兴战略全局和世界百年未有之大变局、统筹好国内和国际两个大局,把发展立足点放在国内,以国内大循环为主体,构建安全、可控、富有弹性韧性的经济体系,保障我国经济安全,在动荡复杂的世界经济体系中建立稳固的基本盘,增强我们的生存力、竞争力、发展力;并在立足国内经济循环、办好自己的事情的基础上,更好地推动国际循环,形成双循环互动,推动经济全球化朝着开放、包容、普惠、平衡、共赢的方向发展,推动建设开放型世界经济。

**(二)构建新发展格局是适应我国发展阶段变化的战略之举**

"十三五"以来,我国贯彻新发展理念,推进供给侧结构性改革,转变发展方式取得显著进展,经济结构持续优化、增长动力转换步伐不断加快,我国经济已由高速增长阶段转向高质量发展阶段,即将开启第二个百年奋斗目标的新发展阶段。推动经济高质量发展、满足人民群众对美好生活的需要,是我们谋划发展战略、制定发展举措的根本要求。虽然我国经济快速发展,社会长期稳定,各项事业取得历史性成就、发生历史性变革,在世界经济中的地位不断上升,但是我们不得不看到,我国发展不平衡不充分的问题依然突出,城乡区域发展和收入分配差距较大,民生保障存在短板,生态环保任重道远,社会治理还有弱项,结构性、体制性、周期性问题相互交织。特别是创新能力不适应高质量发展要求,关键核心技术和零部件受制于人,"卡脖子"问题突出,流通体系现代化水平不高,国内国际双循环尚未打通;实体经济供给体系不适应需求结构变化,低端产能过剩和高端供给不足并存;城市和农村双向流动机制尚未形成;受制于体制性机制性障碍,生产、分配、流通、消费的国民经济循环还存在许多问题,在供给侧和需求侧两方面都存在着短板和堵点。因此,统筹推进"五位一体"总体布局,实现更高质量、更有效率、更加公平、更可持续、更为安全的发展,最根本的就是要牢牢把握我国经济发展的主动权,集中力量办好自己的事,构建新发展格局,从各个环节、各个部门、各个领域疏通国内经济大循环的断点和堵点,与时俱进提升我国经济发展水平,在更高水平上实现人民对美好生活的向往,进而更好吸引全球资源要素,形成参与国际经济合作和竞争新优势,在国内和国际双循环促进中实现高质量发展。

**(三)构建新发展格局是适应我国发展条件变化的战略之举**

美国、日本等发达国家的经济增长规律显示,在发展水平到了一定阶段,都要逐步从以国际大循环为主的发展模式转变为以国内循环为主的发展模式。今天我国作为世界第二大经济体,已具备实现这一发展模式转变的有利条件。我国幅员辽阔,有 14 亿多人口,4 亿多中等收入群体,人均国内生产总值已经突破 1 万美元,社会消费品零售总额和进出口总额位居世界前列,是全球最大和最有潜力的消费市场,具有巨大增长空间;我国是全世界唯一一个拥有联合国产业分类中所列全部工业门类的国家,在全球 500 种主要工业产品中,有 220 多种工业产品的产量居世界第一,具有强大的生产能力和完善的配套能力;我国拥有 9 亿劳动力、1.7 亿多受过高等教育或拥有各类专业技能的人才、1 亿多市场主体,具有发展高科技、高端制造业、现代服务业的人力资本优势;我国有中国共产党的坚强领导,集中力量办大事的制度优势,高度开放且可持续发展的政策环境优势,有应对经济危机的经验,社会大局稳定,连续 14 年成为拉动世界经济增长的最大引擎;我国创新能力不断提升,新经济迅速崛起,全球"独角兽"企业数量位居世界第一,具有创新潜在优势。因此,我们要充分发挥这些优势和有利条件,一方面以国内大市场需求为基础,进一步畅通国内经济循环,提高经济循环能力,不断提升我国经济综合实力,另一方面吸引全球优势资源,为我国经济发展和产业升级提供更大的空间,为我国发展创造一个相对良好的外部环境。

## 二、把握新发展格局的主要内容

### (一)新发展格局的提出过程

早在 2018 年年底中央经济工作会议上,习近平就提出要"畅通国民经济循环","促进形成强大国内市场"。这说明党中央已经看到我国发展面临的经济循环不畅问题,需要调整和优化发展格局。

2020 年 5 月 14 日,中共中央政治局常委会会议首次提出"构建国内国际双循环相互促进的新发展格局"。

2020 年 5 月 23 日,习近平在参加全国政协十三届三次会议经济界委员联组会上再次强调:"要坚持用全面、辩证、长远的眼光分析当前经济形势,努力在危机中育新机、于变局中开新局。"①面向未来,我们要把满足国内需求作为发展的出发点和落脚点,加快构建完整的内需体系,逐步形成以国内大循环为主体、国内国际双循环相互促进的新发展格局,培育新形势下我国参与国际合作和竞争新优势。

2020 年 9 月 1 日,习近平在中央全面深化改革委员会第十五次会议上强调:"加快形成以国内大循环为主体、国内国际双循环相互促进的新发展格局,是根据我国发展阶段、环境、条件变化作出的战略决策,是事关全局的系统性深层次变革。"②

2020 年 10 月召开的党的十九届五中全会进一步将"加快构建以国内大循环为主体、国内国际双循环相互促进的新发展格局"直接纳入"十四五"时期经济社会发展指导思想,写入《中共中央关于制定国民经济和社会发展第十四个五年规划和二〇三五年远景目标的建议》并做出重要部署,使之成为中长期经济政策指导思路。

---

① 习近平:《论把握新发展阶段、贯彻新发展理念、构建新发展格局》,中央文献出版社 2021 年版,第 351 页。
② 习近平:《论把握新发展阶段、贯彻新发展理念、构建新发展格局》,中央文献出版社 2021 年版,第 379 页。

## （二）正确理解新发展格局的内涵

新发展格局是主动作为和长期战略，而非被动应对和权宜之计。以国内大循环为主体、国内国际双循环相互促进的新发展格局，是党中央对我国进入新发展阶段面临的新机遇新挑战的深刻认识，是对我国客观发展规律和发展趋势的自觉把握，是对"十四五"和未来更长时期我国经济发展战略、路径做出的重大调整和完善，是着眼于我国长远发展和长治久安做出的重大战略部署，是实现我国更高质量、更有效率、更加公平、更可持续、更为安全的发展，促进世界经济繁荣的中国智慧。因此，它不是临时措施，也不是被动应对国际环境变化的权宜之计。

新发展格局强调的是以国内大循环为主体，而非搞自我小循环。国内国际循环有主次之分，国内循环是主循环，国际循环是次循环。以国内大循环为主体，就是要以国内大循环为基础，坚持扩大内需这个战略基点，以满足国内需求作为发展的出发点和落脚点。发展国内大循环，就是要建立在国内统一大市场基础上的大循环，促进各个地区、各个产业之间的分工协作和贸易流通，打通生产、分配、流通、消费等各个环节的堵点和断点，畅通整个国民经济循环，使生产、分配、流通、消费更多依托国内市场，提高国民经济体系整体效能，进而提升我国在国际循环中的地位和竞争力。所以，国内循环强调的是国内市场的统一，而不是让各地方都搞区域内循环或产业内循环，不是让层层搞省内循环、市内循环、县内循环，不是让每个地区、每个行业、每个企业都变成以国内循环为主体。

新发展格局强调的是开放的国内国际双循环，而非封闭的国内单循环。"历史向世界历史的转变"已成为现代社会发展的基本特征，开放带来进步，封闭必然落后。改革开放以来，通过融入国际大循环、实施出口导向型发展战略，我国经济得以快速发展，我国在世界经济中的地位持续上升，同世界经济的联系更加紧密，成为吸引国际商品和要素资源的巨大引力场。经济全球化是不可逆转的客观规律，中国离不开世界，世界也离不开中国。因此，新发展格局不是封闭的国内循环，不是对外"脱钩"，不是平行体系，而是开放的国内国际双循环。通过发挥内需潜力，使国内市场和国际市场更好联通、互补、互动，更好利用国内国际两个市场、两种资源，满足国内需求，提升我国产业技术发展水平，形成参与国际经济合作和竞争新优势，实现我国经济更加强劲和可持续的发展，同时为世界发展创造更多的机遇，"让中国市场成为世界的市场、共享的市场、大家的市场"，形成更加紧密稳定的全球经济循环体系，促进各国共享全球化深入发展的机遇和成果。

## 三、构建新发展格局的主要路径

### （一）深化供给侧结构性改革

构建新发展格局，关键在于经济循环的畅通无阻。从供给和需求的关系看，当前乃至未来一段时期，我国经济运行的主要矛盾仍然在供给侧，供给结构不能适应需求结构变化，不能适应人民对美好生活的需要。因此,我们必须坚持深化供给侧结构性改革这条主线,继续完成"三去一降一补"的重要任务,综合运用经济、法律手段淘汰落后产能,化解过剩产能;全面优化升级产业结构,加大传统产业改造提升力度,培育发展数字经济、新材料、生命健康等战略性新兴产业,推动制造业加速向数字化、网络化、智能化发展,大力发展现代服务业,提高产业链、供应链稳定性和现代化水平,提升产业创新能力、竞争力和综合实力;催生和激发新业态、新模式、新供给,向国际先进质量、标准看齐,开展质量提升行动,增强供给体系的适配性和韧性;深化国有企业改革,健全现代企业制度,完善公司治理,推动国有企业做好做实锻长板、补短板、强弱项等工作,增强国有经济竞争力、创新力、控制力、影响力和抗风险能力,在建设新发展格局中发挥中流砥柱作用;优化民营企业发展环境,破除各种不合理的市场准入限制,鼓励和引导民营企业主动向产业链高端延伸或创造新产业链,激发民营企业创新动力和主体活力;深化科技、财税、金融、户籍等体制机制改革,完善政府经济调节、市场监管、公共服务等职能,强化法治保障,塑造国际化法治化便利化营商环境,促进实体经济与科技、人才、金融等要素协同发展,推动效率变革、质量变革、动力变革,形成更高效率和更高质量的投入产出关系;建立统一开放、竞争有序、制度完备、治理完善的高标准市场体系,构建更加完善的生产要素市场化配置体制机制,破除要素自由流动的障碍,疏通供给和需求的传导机制,提高经济循环效率,实现经济在高水平上的动态平衡。

（二）加大自主创新力度

构建新发展格局,最本质的特征是实现高水平的自立自强。当前,新一轮科技革命和产业变革加速演变,更加凸显了加快提高我国科技创新能力的紧迫性。因此,我们必须更加强调自主创新,全面加强对科技创新的部署,制定"十四五"科技创新规划和实施基础研究十年行动方案,健全规划实施和资源配置机制,更好发挥政府在顶层设计、完善法律政策、改善营商环境、保护知识产权、促进公平竞争、提供公共服务、开展对外磋商等方面的积极作用;充分发挥"集中力量办大事"的制度优势,健全新型举国体制,集中力量打好关键核心技术攻坚战,推动人工智能、量子通信等领域的颠覆性技术创新,在关键核心技术领域实现突破;推进国家和地方实验室建设和重点实验室体系重组,提高基础创新和原始创新能力;发挥企业技术创新主体作用,加大对企业创新的支持力度,使企业成为创新要素集成、科技成果转化的生力军,并集合高校、研究机构等优势资源,提升产学研协同创新能力;依托我国的超大规模市场和完备产业体系,创造有利于新技术快速大规模应用和迭代升级的独特优势,加强创新链和产业链对接,加速科技成果向现实生产力转化,大力提升产业发展能力、竞争能力和创新能力;加强在人工智能、集成电路、生物制药、航空航天等领域的国际科技交流与合作,努力在关系国计民生的关键领域实现重大突破;加强科技创新激励制度建设,完善知识产权保护制度,有序推进创新攻关的"揭榜挂帅"体制机制,不断提高科技人员的待遇,激发科技人员创新的积极性,激发全社会创造活力,真正实现创新驱动发展,将高质量发展的路子走深走实。

### （三）实施扩大内需战略

以国内大循环为主体,关键在于畅通国民经济循环。这就要求我们必须把满足国内需求作为发展的出发点和落脚点,使生产、分配、流通、消费更多依托国内市场,加强需求侧管理,构建完整的内需体系,形成超大规模的国内市场。为此,在生产方面,要扩大战略性新兴产业投资,加快传统产业转型升级,补齐、壮大、拓展产业链条投资,推动东部产业向中西部地区有序转移,提升各区域产业竞争力;加强 5G、大数据等新型基础设施建设,推进以县城为载体的新型城镇化建设,积极开展老旧小区改造和市政设施升级,加快交通、能源、水利等重大工程建设,补齐农业农村、生态环保等领域短板;强化就业优先政策,大力发展外卖、快递等新行业新业态,增加更多的就业机会;进一步减税降费,降低各类市场主体生产成本。在分配方面,要完善职业技术教育体系,提高教育、医疗、养老、育幼等公务服务支出效率;不断提高居民收入水平,扩大中等收入群体比重,增强群众的消费能力;完善社会保障体系,建设更加公平更可持续的社会保障体系,建立统一的城乡居民基本养老、基本医疗保险制度,切实保障群众基本生活,改善群众的消费预期;坚持扶贫力度不放松,建立解决相对贫困问题的长效机制,夯实扩大消费需求的基础;坚持房住不炒,降低更多家庭的住房成本,释放更多内需潜力。在流通方面,要以现代流通体系建设为主要抓手,完善流通领域制度规范和标准,统筹推进现代流通体系硬件和软件建设,发展流通新技术新业态新模式,进一步减少交易环节、降低交易费用、提高流通效率,让生产要素在区域和城乡之间高效流通、有效配置。在消费方面,要扩大居民消费,推动汽车等消费品由购买管理向使用管理转变,落实带薪休假制度,扩大节假日消费;提升消费层次,促进消费向绿色、健康、安全发展;鼓励消费新模式新业态发展,支持线上消费发展,推动线上线下消费融合发展;扩大养老、健康、家政等服务消费,进一步净化消费环境,促进消费提档升级;通过举办世界进口博览会等形式扩大进口,满足人民日益增长的美好生活需要。

### （四）实行高水平对外开放

与以往不同,在新发展格局下实行高水平对外开放,必须以强大的国内经济循环体系和稳固的基本盘为基点,以国际循环提升国内大循环效率和水平为出发点和落脚点,更好利用国际国内两个市场、两种资源,提升我国经济国际竞争力。为此,在推动我国产业转型升级方面,要扩大先进技术、关键设备及零部件等进口,改善我国生产要素质量和配置水平;鼓励外商投资现代农业、先进制造业、战略性新兴产业和现代服务业,促进国内产业结构优化升级。在促进我国区域协调发展方面,要适时修订中西部地区外商投资优势产业目录,引导外资更多投向中西部地区和现代农业、先进制造业、现代服务业、生态建设等领域,促进中西部地区经济发展。在促进我国增强创新能力方面,要鼓励外资企业参与国家重大科技项目集体攻关。在关键共性技术、前沿技术、颠覆性技术等方面开展创新合作;建设一批进口贸易促进创新示范区,鼓励企业以进口等方式引进先进技术,促进消化吸收再创新。在塑造我国参与国际合作和竞争新优势方面,要不断推进"放管服"改革,健全外商投资准入前国民待遇加负面清单管理制度,打造一流的市场化、法治化、国际化营商环境,增强对人才等高端生产要素和总部经济等高附加值产业活动的吸引力;加强自贸试验区、自由贸易港、服务业扩大开放综合试点等对外开放高地的建设,探索实践更高水平更高标准贸易投资自由化便利化措施,加快金融等服务领域开放,完善外商管理、服务、保护体系,促进制度型开放;扎实推进"一带一路"建设,统筹推进"五通"合作,扩大西部和沿边地区开放,形成陆海内外联动、东西双向互济的开放格局;有序引导和支持我国企业扩大对外投资,提升国际市场开拓能力和在全球价值链上的位置,并警惕产业外迁风险和大宗商品的海外供应安全问题,增强开放监管能力和风险防控能力;坚持多边主义和自由贸易,积极参与世贸组织改革,推动构建更高水平的国际经贸规则和形成更加公平合理的国际经济治理体系。

 **思考题**

1. 如何理解新发展阶段的科学内涵?
2. 如何完整准确全面地理解新发展理念的内涵?
3. 如何把握新发展格局的内涵?

## 主要参考文献

[1]《马克思恩格斯选集》第 1 卷，人民出版社 2012 年版。

[2]《马克思恩格斯选集》第 2 卷，人民出版社 2012 年版。

[3]《马克思恩格斯全集》第 42 卷，人民出版社 2016 年版。

[4]《毛泽东文集》第 2 卷，人民出版社 1993 年版。

[5]《毛泽东文集》第 3 卷，人民出版社 1996 年版。

[6]《毛泽东选集》第 1 卷，人民出版社 1991 年版。

[7]《习近平关于社会主义经济建设论述摘编》，中央文献出版社 2017 年版。

[8]《习近平关于总体国家安全观论述摘编》，中央文献出版社 2018 年版。

[9]《习近平谈治国理政》第 2 卷，外文出版社 2017 年版。

[10]《习近平谈治国理政》第 3 卷，外文出版社 2020 年版。

[11] 习近平：《高举中国特色社会主义伟大旗帜 为全面建设社会主义现代化国家而团结奋斗——在中国共产党第二十次全国代表大会上的报告》，人民出版社 2022 年版。

[12] 习近平：《把握新发展阶段，贯彻新发展理念，构建新发展格局》，《求是》2021 年第 9 期。

[13] 中共中央党史研究室：《中国共产党历史》第 1 卷（1921—1949），中共党史出版社 2011 年版。

[14] 中共中央党史研究室：《中国共产党历史》第 2 卷（1949—1978），中共党史出版社 2011 年版。

[15]《总体国家安全观干部读本》编委会编著：《总体国家安全观干部读本》，人民出版社 2016 年版。

[16] 本书编写组编：《国家安全知识百问》，人民出版社 2020 年版。

[17]【德】弗里德里希·李斯特：《政治经济学的国民体系》，陈万熙译，商务印书馆 1961 年版。

[18]【英】亚当·斯密：《国民财富的性质和原因的研究》（下卷），郭大力、王亚南译，商务印书馆 1974 年版。

[19]【英】巴里·布赞：《人、国家与恐惧：后冷战时代的国际安全研究议程》，闫健等译，中央编译出版社 2009 年版。

[20] 谷源洋等：《经济全球化与国家级经济安全》，经济科学出版社 2002 年版。

〔21〕雷家骕主编:《国家经济安全:理论与分析方法》,清华大学出版社 2001 年版。

〔22〕李孟刚:《产业安全理论》,经济科学出版社 2006 年版。

〔23〕李孟刚:《产业安全理论研究》,经济科学出版社 2012 年版。

〔24〕汪寿阳等:《宏观经济预警方法应用与预警系统》,科学出版社 2015 年版。

〔25〕汪寿阳等:《宏观经济预测方法应用与预测系统》,科学出版社 2018 年版。

〔26〕吕靖:《保障我国海上通道安全研究》,经济科学出版社 2018 年版。

〔27〕王逸舟:《全球化时代的国际安全》,上海人民出版社 1999 年版。

〔28〕王瑛:《经济安全——中国面临的挑战》,山西经济出版社 2004 年版。

〔29〕余潇枫等:《非传统安全概论》(第 3 版·上卷),北京大学出版社 2020 年版。

〔30〕张朝民、李霞:《供给侧结构性改革的理论与实践》,中国文史出版社 2017 年版。

〔31〕郑通汉:《经济全球化中的国家经济安全问题》,国防大学出版社 1999 年版。

〔32〕张幼文、伍贻康:《国家经济安全:金融全球化的挑战》,上海社会科学院出版社 2000 年版。

〔33〕汪寿阳等:《大数据时代下计量经济学若干重要发展方向》,《中国科学基金》2019 年第 4 期。

〔34〕洪永淼、汪寿阳:《数学、模型与经济思想》,《管理世界》2020 年第 10 期。

〔35〕江涌:《经济全球化背景下的国家经济安全》,《求是》2007 年第 6 期。

〔36〕苏长和:《充分认识当今世界格局新变化》,《人民日报》2017 年 1 月 3 日。

## 郑重声明

高等教育出版社依法对本书享有专有出版权。任何未经许可的复制、销售行为均违反《中华人民共和国著作权法》，其行为人将承担相应的民事责任和行政责任；构成犯罪的，将被依法追究刑事责任。为了维护市场秩序，保护读者的合法权益，避免读者误用盗版书造成不良后果，我社将配合行政执法部门和司法机关对违法犯罪的单位和个人进行严厉打击。社会各界人士如发现上述侵权行为，希望及时举报，我社将奖励举报有功人员。

反盗版举报电话　（010）58581999　58582371

反盗版举报邮箱　dd@ hep. com. cn

通信地址　北京市西城区德外大街 4 号　高等教育出版社法律事务部

邮政编码　100120

### 读者意见反馈

为收集对教材的意见建议，进一步完善教材编写并做好服务工作，读者可将对本教材的意见建议通过如下渠道反馈至我社。

咨询电话　400-810-0598

反馈邮箱　gjdzfwb@ pub.hep.cn

通信地址　北京市朝阳区惠新东街 4 号富盛大厦 1 座

　　　　　高等教育出版社总编辑办公室

邮政编码　100029

### 防伪查询说明

用户购书后刮开封底防伪涂层，使用手机微信等软件扫描二维码，会跳转至防伪查询网页，获得所购图书详细信息。

防伪客服电话

（010）58582300